文渊 管理学系列

市场营销学
理论与实践

Marketing
Theory and Practice

杜鹏 樊帅 廖婧萍 编著

机械工业出版社
CHINA MACHINE PRESS

本书系统地反映了市场营销领域的最新研究成果和发展趋势。在内容设计方面，本书突出价值营销、关系营销、全面营销和新媒体时代下的营销等新理念，并将思政内容融入营销理论与实践，形成了自己的特色。在结构安排上，本书共分为十章，从营销的概念、营销的演变、营销环境分析、消费者洞察、STP策略、产品策略、品牌管理、价格游戏、渠道控制、促销策略等方面展开详细论述。本书采用实际案例与理论相结合的编写方式，每一章都设置了案例导入、思考题等，让读者能够结合实践更加深入地理解与市场营销相关的理论知识。

　　本书具有较强的实用性和操作性，既可作为高等院校经济管理类专业本科生、研究生（含 MBA）以及各类培训机构营销课程的教材，也可作为关注营销问题的企业管理人员、研究人员、咨询培训师的参考读物。

图书在版编目（CIP）数据

市场营销学：理论与实践/杜鹏，樊帅，廖婧萍编著. —北京：机械工业出版社，2023.4

（文渊·管理学系列）

ISBN 978-7-111-72988-4

I.①市… Ⅱ.①杜…②樊…③廖… Ⅲ.①市场营销学–高等学校–教材 Ⅳ.①F713.50

中国国家版本馆CIP数据核字（2023）第064622号

机械工业出版社（北京市百万庄大街22号　邮政编码100037）
策划编辑：张有利　　　　　　责任编辑：张有利
责任校对：丁梦卓　周伟伟　　责任印制：李　昂
河北宝昌佳彩印刷有限公司印刷
2023年7月第1版第1次印刷
185mm×260mm·16.5印张·356千字
标准书号：ISBN 978-7-111-72988-4
定价：55.00元

电话服务　　　　　　　　　　　网络服务
客服电话：010-88361066　　　机 工 官 网：www.cmpbook.com
　　　　　010-88379833　　　机 工 官 博：weibo.com/cmp1952
　　　　　010-68326294　　　金 书 网：www.golden-book.com
封底无防伪标均为盗版　　　机工教育服务网：www.cmpedu.com

文 渊 管理学系列

"师道文宗
笔墨渊海"

文渊阁 位于故宫东华门内文华殿后，是故宫中贮藏图书的地方
中国古代最大的文化工程《四库全书》曾经藏在这里，阁内悬有
乾隆御书"汇流澄鉴"四字匾。

文渊 管理学系列

作者简介

杜鹏 教授，中南财经政法大学工商管理学院营销管理系主任、中南财经政法大学 MBA 教育中心学术主任、MBA、EMBA 导师；湖北省市场营销学会常务理事、中国高等院校市场学研究会常务理事、中国高等院校市场学研究会新媒体营销学会秘书长；坎特伯雷大学访问学者（2013）、香港城市大学高级研究助理（2015）；市场营销国家一流本科专业负责人（教育部直属院校仅 6 所）、"市场营销学"国家级一流本科课程（线上线下混合课程）负责人、国家级精品视频公开课"人人学点营销学"负责人、国家级视频公开课"价值营销概说"主讲、国家级精品课程"市场营销学"主讲、国家级规划教材《市场营销教程（第四版）》主编、国家级精品视频公开课配套教材《人人学点营销学》主编、首届全国 MBA 百篇优秀案例获得者、湖北省第八届教学成果奖一等奖获得者。

近年来，随着"互联网＋""新媒体营销"热潮的兴起，市场营销环境从表面来看已经发生了巨大变化。大部分人从"看不见、看不起、看不懂"到"来不及"，各行各业都惊呼要利用互联网技术和思维进行转型升级，学界也开始探讨经典营销理论和框架在此背景下的适用性问题。互联网通过连接解决了信息沟通的效率问题，但尚未解决信息沟通的效果和效益问题，而新媒体的兴起推动了新营销方式的出现，使信息沟通问题得到了有效解决。被誉为全球最具影响力的 50 位管理思想家之一、哈佛大学教授罗杰·马丁（Roger Martin）认为：当下很多流行说法都缺乏逻辑基础，商业环境变化并没有人们想象得那么前所未有，更重要的是看到不变的东西。为此，本书在编写修订过程中秉持兼容并蓄的理念，在吸纳新观点、新事物、新理论的基础上，对原有营销框架进行解构、重塑和"再拼图"，并力求探寻营销在新环境下的不变性。

本书具有以下特点。

（1）将学科发展的前沿理论与传统理论有机结合，并致力于打造立体教材，实现教学环节全渠道化。本书是国家级精品在线开放课程"人人学点营销学"的配套教材，该课程由本教学团队录制，成体系地讲授了 49 个主题，视频时长 600 分钟，并在中国大学 MOOC、文华在线优学院、超星尔雅、喜马拉雅等平台同步推出。读者只用扫一扫教材中对应知识点的二维码，即可学习；每一章都增加了案例分析及思考题，只须扫一扫即可获得原版案例；书后的延伸阅读部分增设了国家精品视频课程"价值营销概说"、国家精品资源共享课"市场营销学"的网址链接，读者可以借此全面、系统地学习相关课程。另外，本书将价值营销、SICAS 模型、非理性行为、产品层次、互联网定价策略、全渠道、新零售、新媒体营销等营销新理论融入相应的章节内容，而不是孤立地单独论述。

（2）案例赋能，强化可操作性和可借鉴性。本书引用了近几年有关中国经济和中国企业发展的最新案例，以案例为切入点，突出案例教学和案例库建设。每一章都以最新案例进行解读，帮助学生理解对应概念和理论；每一章最后都增加了案例分析及思考题，大部分案例是编者自主开发，且获评"全国百篇优秀管理案例"，均由专业教师带领学生以校友企业为样本,深入实地调研访谈,掌握一手资料,并将案例融入教学过程,使原本稍显枯燥的知识鲜活化,加强读者对市场营销相关理论与实践的认知。

(3)实现对中国本土思想的弘扬与传承。本书将中国传统文化等思政内容与营销理论与实践进行有机融合,在每章开头设置一句与本章相关的传统古言,并在部分章的结尾处设置"思政课堂",旨在体现大变局下的中国管理思想,帮助读者树立政治信仰、全球意识以及底线思维,并坚定中国道路。本书扎根中国实际,通过中与外、古与今、理论与实践、多学科的"四结合""四碰撞",形成了以我为主、博采众长、融合提炼、自成一家的鲜明特色,以期引发读者的共鸣、领悟与反思,并在较大程度上避免了单一的西方学术思想体系,弘扬了以爱国主义为核心的民族精神和以改革创新为核心的时代精神。

本书是国家级一流本科课程"市场营销学"(线上线下混合式一流课程)、国家级一流本科课程"人人学点营销学"(线上一流课程)、国家级精品在线开放课程"人人学点营销学"的配套教材,也是市场营销国家一流本科专业建设阶段性成果,并受中南财经政法大学 2022 年校级本科教材立项资助(JC2022033)。在编写过程中编者力求更完美一些,但由于编者水平有限,本书难免存在许多不足之处。恳请读者不吝赐教,以便今后对之进行补充和修正。

编者

2023 年 1 月于武汉

第一章　变幻无穷、包罗万象：
营销的概念

仁者见之谓之仁，知者见之谓之知。

——《周易·系辞上》

:: 学习目标

1. 明确营销的含义和演变过程。
2. 理解市场营销的核心概念以及核心概念之间的区别与联系，认识交换的含义、市场流程结构以及简化的营销交换系统。
3. 掌握顾客满意和顾客忠诚的内涵，理解两者之间的区别与联系，掌握并应用顾客让渡价值理论达到顾客满意的营销策略。

:: 重难点

营销的核心概念以及顾客让渡价值的含义及应用。

:: 关键词

市场营销；核心概念；顾客满意；顾客忠诚；顾客让渡价值。

:: 框架图

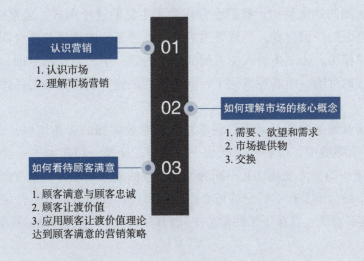

🔖 案例导入

蜜雪冰城的营销策略

"你爱我，我爱你，蜜雪冰城甜蜜蜜"，2021年6月，蜜雪冰城主题曲"血洗"B站、"冲榜"抖音。"上头""洗脑""做梦都在唱"是网友对该主题曲的评价。

其实，蜜雪冰城主题曲火遍全网并非偶然，而是一次有"预谋"的广告营销。

时间追溯到2021年6月3日，蜜雪冰城官方账号分别在抖音和B站发布了蜜雪冰城主题曲。该主题曲的旋律取材于民谣 *Oh Susanna*，这是斯蒂芬·福斯特于1847年创作的乡村民谣，在此之前就有很高的传唱度。蜜雪冰城选用了曲中韵律感强、旋律简单的部分进行了改编和重复，曲中歌词则源自蜜雪冰城的标语——"你爱我，我爱你，蜜雪冰城甜蜜蜜"。

但蜜雪冰城熟知，在互联网平台，几条视频带来的传播量无法触达全网受众，大V和网友都行动起来进行二次创作，才能形成持续的强力输出，实现病毒式的传播。能否调动大V和网友的二次创作欲望是引爆全网的关键。

因此，主题曲在网络平台进行小范围发酵后，蜜雪冰城便在B站和抖音上上传了传播效果更好的英文、电音及纯伴奏版本的主题曲，并号召网友参与主题曲的舞蹈挑战赛。显然，不同版本的主题曲为网友的二次创作提供了素材，官方号召大家参与主题曲舞蹈挑战，则进一步激励了博主的二创热情。

一时间，"蜜雪冰城14国唱法""阴间蜜雪冰城""猛男舞团"等二创视频在抖音和B站实现了病毒式的传播。人们到蜜雪冰城门店唱"你爱我，我爱你，蜜雪冰城甜蜜蜜"即可免单的活动，更是掀起了主题曲的裂变式传播。6月15日，"蜜雪冰城社死现场"话题冲上抖音热搜榜首后，更多大V自发地参与到了免单活动的视频创作中来，蜜雪冰城主题曲热度再创新高。

目前，有关蜜雪冰城主题曲的传播还在继续，蜜雪冰城吉祥物"雪王"的表情包还出现在了网络聊天中。可以说，蜜雪冰城在互联网时代进行了一次成功的音乐广告营销。

資料来源："腾讯新闻.靠一首歌稳赚20亿的营销套路，蜜雪冰城又学会了"，2021年6月25日。

复盘蜜雪冰城的这次营销，我们会发现除了主题曲这个形式，最重要的就是渠道。其中，表现最亮眼的当属抖音。抖音渠道的成功，源于它的流量和平台调性。公域流量机制，海量用户使用，让更多的人能看到品牌的内容。平台轻松的氛围，使品牌与用户产生互动和连接的可能。随着短视频平台商业化的加速，越来越多的品牌和商家开始重视抖音营销。

成功的市场营销绝非偶然，而是科学规划和有效实施的必然结果。就其实质而言，在21世纪的营销环境中，市场营销既是一门科学，又是一门艺术——营销者努力应对21世纪营销环境中的重大变化，并不断为经常出现的复杂挑战寻找富有创新性的全新解决方案。那么市场营销是什么？它的核心概念有哪些？我们该如何看待顾客的需求？又该如何理解顾客满意呢？在接下来的章节中我们将一一探寻这些问题的答案。

第一节　认识营销

营销引入

　　街上沿路派发的传单，超市里的免费试吃推广，服装店里的降价促销，写字楼外墙悬挂的海报，社交网站上轮换的广告……营销活动以各种难以想象的方式充斥在我们的生活中。随着社会经济的高速发展，商品品类得到极大的丰富和发展，消费者的需求愈发多样，市场营销在企业经营活动中的重要性日渐凸显。对于市场营销，大部分人的理解是：市场营销就是想办法把产品卖出去。所以相对应的，关于市场营销的各种方法就变成了：如何吸引眼球？如何促进交易？如何引爆传播？但广告和销售就是市场营销的全部吗？如果不是，那市场营销是什么呢？

一、认识市场

| 案例直通车 |

　　雪花啤酒当时在成都是非常有渠道基础的，有200多家一二级经销商，10亿元的大盘子，市场占有率75%以上，许多AB类的优质网点的老板与雪花啤酒的经销商有着千丝万缕的关系。而江小白的产品和雪花啤酒正好是反季节互补的产品，啤酒的旺季是在10月以前，而江小白的旺季是在10月以后。那么江小白就干一件事情，把雪花啤酒的渠道给拿下，而且对对方来说没有任何损失，因为产品互补，还可以让渠道方在淡季的时候有一个利润的填补，渠道方当然是非常愿意的。通过江小白团队的努力，搞定了30%左右的雪花啤酒的渠道，这样江小白就成功进入了成都的市场。

　　通过这个案例你学会了什么？总的来说，你要懂得去分析市场，弄清楚你自己的产品和哪些产品的客户群体是一样的。如果对方的产品有淡季，且在对方淡季的时候你的产品刚好是旺季，那么就可以成功地把你的产品嫁接进去，由此获得一片天地。

　　资料来源："知乎.有哪些比较成功的市场营销案例？"，2019年5月20日。

（一）市场的定义

　　对于企业来说，市场是其营销活动的出发点和归宿。能否正确地认识其特征和作用，了解市场购买者的行为，关系到企业能否制订正确的营销方案，获取竞争优势，战胜对手。市场营销学是20世纪初从经济学中分离出来的新兴学科，在学科发展的初期，很多概念都是沿用经济学中的定义，随着学科理论的发展，才逐步形成符合自身学科特点的定义。市场是商品经济的范畴，是一种以商品交换为核心的经济联系形式，是社会生产和社会分工的产物。在商品经济的不同时期，人们对市场的界定和理解有所不同，总的来说主要有以下几种定义。

1. 商品流通学视角：市场是商品交易的场所

"市"就是买卖，"场"就是场所，"市场"即买者和卖者于一定的时间聚集在一起进行交换的场所。早期人类社会的生产力水平低下，人类的交换是物物交换，这样就要求交换的双方必须在约定的时间和地点进行交换。例如，我国古代文献中记载有"（神农氏）日中为市，致天下之民，聚天下之货，交易而退，各得其所"。一定的时间和空间为物物交换创造了条件，但物物交换的匹配难度比较大，所以那时的市场规模小，交易水平低。后来发展到商品交换的阶段，有了货币作为媒介，人们的交易变得高效得多，有的交易场所就被固定下来，如菜市场、建材市场、花鸟市场等。

2. 经济学视角：市场是商品交换关系的总和

随着社会生产力水平的提高，生产者的生产活动不再仅仅是满足自己的需求，同时也可以为他人的需求提供商品，从而出现了便于实现商品交换的商品流通。马克思指出："生产劳动的分工，使它们各自的产品互相变成商品，互相成为等价物，使它们互相成为市场。"此时的市场不仅是指具体的交易场所，而且是指买者和卖者在一定时间、地点条件下实现商品让渡的交换关系的总和。经济学一般是在这种意义上使用"市场"概念的，它关注的是买卖双方在达成交换关系时互相博弈的过程。

伴随商品流通的范围不断扩大，人们发现，商品交换关系不仅存在于买卖双方间，还存在于买方与买方、卖方与卖方、买方与中间商、卖方与中间商以及中间商与中间商之间，它是商品在流通过程中各方进行交换时发生的关系。它还包括商品在流通过程中促进或发挥辅助作用的一切机构、部门（如银行、保险公司、物流公司、海关、消费者保护协会等）与商品的买卖双方之间的关系。

3. 市场营销学视角：市场是需求的集合

市场营销学主要是从卖方角度来认识和理解市场的含义，研究的是如何采取有效的措施，来满足消费者需求，其中包括现实的需求和潜在需求。美国市场营销协会（AMA）1960 年对市场提出的定义是："市场是指一种货物或劳务的潜在购买者的需求集合"，可以说，在市场营销学的范畴里，"市场"等同于"需求"。

营销学大师菲利普·科特勒把市场定义为："市场是对某种商品或劳务具有需求、支付能力和希望进行某种交易的人或组织"，并认为"市场的大小，取决于那些有某种需要，并拥有别人感兴趣的资源，同时愿意以这种资源来换取所需要的东西的人数"。他认为，市场是一个由购买者、购买欲望和购买力等多因素构成的集合体，是一个动态变化的组合概念，用公式表达为：

$$市场 = 购买者 + 购买欲望 + 购买力$$

其中，购买者是构成市场的基本因素，购买者的多少决定了市场规模与容量大小。

购买欲望是消费者购买商品的动机、愿望和要求，购买欲望形成了人们的潜在需求。而购买力是指人们支付货币购买商品或劳务的能力，是消费者把潜在的购买意愿转化为实际购买行为的重要条件。这三个要素并存，缺一不可。

（二）市场的类型

现代市场体系是一个多层次、多要素、全方位的有机系统，为了帮助大家更好地理解市场，我们从以下不同角度对市场进行了分类。

1. 按构成市场交易对象的商品形态分类

按构成市场交易对象的商品形态分类，市场可以分为一般商品、资金、技术、信息、房地产、服务市场等。

（1）商品市场，通常是指生活消费品、生产资料等有形的物质产品市场。

（2）资金市场，是指货币资金的接待，有价证券的发行和交易，以及外汇和黄金的买卖活动所形成的市场。

（3）技术市场，是将技术成果商品进行交换的场所，是技术流通领域，也反映了技术商品化后的经济关系总和。

（4）信息市场，是进行信息商品交换的场所，是促进信息产品在信息生产者、经营者和信息用户之间有偿交流的市场领域。

（5）房地产市场，是进行房地产交易的场所。它由房地产市场和土地市场两部分组成。

（6）服务市场，是利用一定的场所、设备和工具，为消费者提供"在服务形式上存在的消费品"的一种特殊商品市场。

2. 按竞争程度分类

按竞争程度可以把市场分为完全竞争市场、不完全竞争市场、寡头垄断市场和完全垄断市场。这种分法通常适用于经济学领域。

（1）完全竞争市场，是指市场价格由众多买者和卖者共同决定，任何单个的买者或卖者都只能是价格的承受者的市场。

（2）不完全竞争市场，又称"垄断竞争市场"，这样的市场拥有众多的彼此竞争的卖者，他们生产和销售的是同种产品，但这些产品又各自包含独特价值，对价格起着影响作用。这种市场的运行整体上遵循价值规律。

（3）寡头垄断市场，是指为数不多却占有相当大份额的卖者所构成的市场，这些卖者对市场价格有极大的影响力。

（4）完全垄断市场，是指只有一个买者或卖者，因而这唯一的买者或卖者能完全控制价格的市场，所以这个垄断者又被称为"价格制定者"。

3. 按照市场的地理位置或空间范围分类

按照一定的地域进行市场划分，具体包括以下几种划分方式。

（1）在世界范围内，按照洲别可以将市场划分为亚洲市场、美洲市场、欧洲市场、大洋洲市场、非洲市场等，按照国别又可以将市场分为中国市场、美国市场、英国市场、韩国市场等。

（2）在国家范围内，按照国界可以将市场分为国内市场和国际市场；按照地域，例如我国，可分为华南市场、华中市场、华东市场、华北市场等。

4. 按商品流通的交易形式分类

按商品流通的交易形式分类，市场可以分为现货市场、期货市场等。

（1）现货市场，是指买卖的商品、有价证券及外汇等实物均收取现金，并当即实现实物转移的交易市场。根据交易方式的不同，商品现货市场还可以进一步划分为批发市场和零售市场。

（2）期货市场，是买卖商品或金融工具的期货或期权合约的场所，主要由交易和清算场所、交易活动当事人和交易对象三部分构成。

5. 按市场主体地位分类

按市场主体地位分类，市场可以分为买方市场和卖方市场。

（1）买方市场，是指在商品供过于求的条件下，买方掌握着市场交易主动权的一种市场形态，此时卖方处于支配地位，掌握交易价格主动权。

（2）卖方市场，是指在商品供不应求的条件下，卖方掌握着市场交易主动权的一种市场形态，此时卖方处于支配地位，掌握交易价格主动权。

6. 按购买目的分类

按照购买目的分类，市场可以分为消费者市场和组织市场。

（1）消费者市场，是指为满足自身需要而购买的一切个人和家庭构成的市场，又称最终消费者市场、消费品市场或生活资料市场。

（2）组织市场，是指一切为了自身生产、转售或转租或者用于组织消费而采购的一切组织构成的市场。它主要包括生产者市场、中间商市场和政府市场。生产者市场也叫产业市场，是指为了再生产而采购的组织形成的市场。中间商市场则是指为了转售而采购的组织形成的市场，主要包括批发商、零售商、代理商和经销商。政府市场是指因为政府采购而形成的市场。

二、理解市场营销

什么是营销

正如营销大师菲利普·科特勒所言："营销学之父为经济学，其母为行为学；哲学和数学为其祖父、祖母"（美国市场营销协会成立 50 周年纪念大会上的讲话，1987 年）。20 世纪初，在经济学和行为科学蓬勃发展的背景下，市场营销学率先在美国创立。

进入 20 世纪，美国的资本主义快速发展，西部开发的铁路迅速向全国延伸，使美国国内市场迅速扩大，企业竞争日趋激烈，广告宣传和销售活动受到管理者的重视。理论界一批学者也开始关注企业在营销、分配等方面遇到的问题，美国的爱德华·D. 琼斯（Edward D. Jones）、西蒙·李特曼（Simon Litman）、乔治·M. 费斯克（Georege M. Fisk）、詹姆斯·E. 哈格蒂（James E. Hagerty）等人敏锐地捕捉到企业在营销方面的理论缺失，率先在大学里开设市场营销学的课程，开启了市场营销的理论研究。

经过几十年的发展，中外学者从多个不同角度给出了市场营销的定义，被人广泛认可的是美国市场营销协会给出的定义。此外，营销管理学派的代表人物——美国西北大学教授菲利普·科特勒、欧洲关系营销学派的代表人物——格隆罗斯，以及 4P 理论创始人——美国密歇根大学教授杰罗姆·麦卡锡对市场营销所下的定义也被世界各国市场营销界广泛引用，编者将上述定义整理如图 1-1 所示。

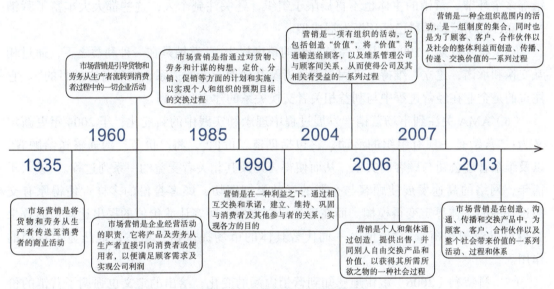

图 1-1　市场营销定义的发展过程

（1）AMA 的前身——美国全国营销与广告教师协会，于 1935 年最先将市场营销定义为"将货物和劳务从生产者传送至消费者的商业活动"。工业革命使生产方式由家庭手工作坊生产转变为机器批量生产之后，生产力水平大大提高，物资的极大丰富造成了生产者与消费者在供求地点上的显著差异，分销先于营销出现，因此，早期对营销的关注点偏向于商品流通的职能。

（2）AMA 于 1960 年给出的定义是："市场营销是引导货物和劳务从生产者流转到消费者过程中的一切企业活动。"这个定义提出的背景是第二次世界大战时聚集的强大生产能力提高了战后社会的整体供应水平，同时，战后消费者抑制的需求得到释放，美国市场迅速扩大，供需都很旺盛。面对日益饱和的需求，企业需要通过推销来"引导"顾客增加购买，促进货物和劳务的流转。这个定义虽然只改变了几个字，但是体现了营销范畴的增大，此时的营销已经跳出商品流通职能，扩展到销售职能。

（3）麦卡锡（1960）认为：“市场营销是企业经营活动的职责，它将产品及劳务从生产者直接引向消费者或使用者，以便满足顾客需求及实现公司利润。”其实当时已经出现了顾客导向的营销观念，但是还没有成为主导理念，因此，麦卡锡给出的定义虽然比AMA的定义前进了一步，指出企业的经营目标是满足顾客需求及实现企业盈利，但是并没有完全将顾客需求放在首位。

（4）AMA在1985年对之前的定义进行了补充：“市场营销是指通过对货物、劳务和计谋的构想、定价、分销、促销等方面的计划和实施，以实现个人和组织的预期目标的交换过程。”经过几十年的发展，社会人口逐渐稳定，而社会生产率仍在飞速发展，商品市场呈现出供过于求的状况，企业不得不转变经营观念，以顾客需求为导向开展企业经营活动。因此，这一定义比前面的诸多定义更为全面和完善，它不再只关注实体商品，而是将计谋这样的抽象概念也纳入产品中，并将营销活动从分销扩展到构想、定价和促销等多个环节，营销的主体也不再局限于组织，还关注到个人，这些都大大丰富了营销的内涵，说明营销学科已经逐渐发展成型。

（5）格隆罗斯（1990）从关系营销学的角度提出，“营销是在一种利益之下，通过相互交换和承诺，建立、维持、巩固与消费者及其他参与者的关系，实现各方的目的”。它注重的是企业在经营过程中与利益相关者交换关系的建立与管理。

（6）AMA关注到市场营销学发展过程中理念和实践中的新变化，于2004年更新定义为：“营销是一项有组织的活动，它包括创造‘价值’，将‘价值’沟通输送给顾客，以及维系管理公司与顾客间关系，从而使得公司及其相关者受益的一系列过程。”进入千禧年，网络的高速发展使顾客与企业的互动更加密切，顾客身份的多样性使得原有交换过程中的主体界定变得模糊。而在理论研究方面，顾客让渡价值的提出让营销的效果变得可以观测和衡量，“价值”一词代替具体的市场提供物，更贴切地凸显了营销的作用。

（7）科特勒（2006）敏锐地感知到营销内涵的变化，给出的定义也强调了营销的价值导向：“营销是个人和集体通过创造，提供出售，并同别人自由交换产品和价值，以获得其所需所欲之物的一种社会过程。”他认为营销管理（marketing management）是“艺术和科学的结合，它需要选择目标市场，通过创造、传播和传递优质的顾客价值来获取、维持和发展顾客”。并且，在这个定义中，顾客和企业的角色已经被替换为个人和组织，侧面反映出市场主体身份的多样性，例如，顾客以前只是消费者，而现在也可以参与企业价值共创，成为生产者。

（8）AMA在2007年发布了新的定义：“营销是一种全组织范围内的活动，是一组制度的集合，同时也是为了顾客、客户、合作伙伴以及社会的整体利益而创造、传播、传递、交换价值的一系列过程。”

（9）AMA于2013年给出了更完整和全面的定义，认为“市场营销是在创造、沟通、传播和交换产品中，为顾客、客户、合作伙伴以及整个社会带来价值的一系列活动、过程和体系"。

上述定义的变化过程说明，市场营销是一门动态发展、与时俱进的学科。随着时代的发展进步，市场营销的内涵也在不断丰富、充实、完善。现代营销是以实现企业和利益相关者等各方的利益为目的，对顾客价值进行识别、创造、传递、传播和监督，并将客户关系的维系和管理融入各项工作之中的社会和管理过程。我们可以通过梳理这些定义，从中了解市场营销概念的演进与营销内涵的扩展（见表 1-1）。

表 1-1　市场营销概念的演进与营销内涵的扩展

定义来源	主体	客体	过程	工具	目标
美国全国营销与广告教师协会（1935）	企业	货物和劳务	流通	分销	促进流通
AMA（1960）	企业	货物和劳务	流通	销售	提高销量：主体利益
麦卡锡（1960）	企业	产品及劳务	流通	销售	满足需求，实现利润：双方受益
AMA（1985）	个人与组织	货物、劳务和计谋	交换实施＋管理	4P	满足需求：主体利益
格隆罗斯（1990）	组织	关系	关系管理	交换和承诺	管理关系：公司及其相关者受益
AMA（2004）	组织	价值、关系	创造、沟通价值，管理顾客关系	全面营销	价值与关系：公司及其相关者受益
科特勒（2006）	个人和组织	产品和价值	选择、创造、传递价值；社会、管理过程	艺术和科学	主体利益及关系
AMA（2007）	组织	制度集合，价值	创造、传播、传递、交换价值的过程	全面营销	利益相关者受益及社会价值
AMA（2013）	组织	产品和价值	创造、沟通、传播和交换产品及价值	全面营销	利益相关者受益及社会价值

通过观察分析可知，市场营销概念的演进与营销内涵的扩展主要有以下几方面的变化。

（1）营销主体的变化：由"企业"变成"一切面向市场的个人和组织"。

（2）营销客体的扩展：由"货物和劳务"到"货物、劳务和计谋"，再到"价值"和"关系"。

（3）营销对象的变化：由单纯的"顾客"变成"利益相关者"。

（4）营销内容的扩展：由单纯的"销售"活动发展到"构想、定价、分销、促销"活动和"有目的、有计划的实施和管理过程"，再到"创造、沟通价值和管理顾客关系"，最后变成"社会和管理过程"。

（5）营销目标的变化：由单纯通过提高销量来获得主体利益，变成通过满足需求来获得主体利益，发展为通过价值的创造、沟通及顾客关系的管理使公司及其相关者受益，实现双赢、多赢的目标。

（6）营销工具的变化：由单纯的营销发展到4P（产品构想、定价、分销、促销）的组合，再到现代的全面营销。

第二节　如何理解市场的核心概念

营销基点
消费者需求

一、需要、欲望和需求

（一）需要

需要是指人们某种不足或短缺的感觉。它是促使人们产生购买行为的原始动机，是市场营销活动的源泉。人的需要是丰富而复杂的，它不是由企业营销活动创造出来的，而是客观存在于人类本身的。

1943年，美国犹太裔人本主义心理学家亚伯拉罕·马斯洛在《人类激励理论》中提出需要层次论（见图1-2），将人类的需要像阶梯一样从低到高按层次分为五种，分别是生理需要、安全需要、社交需要、尊重需要和自我实现需要，它是行为科学理论之一。

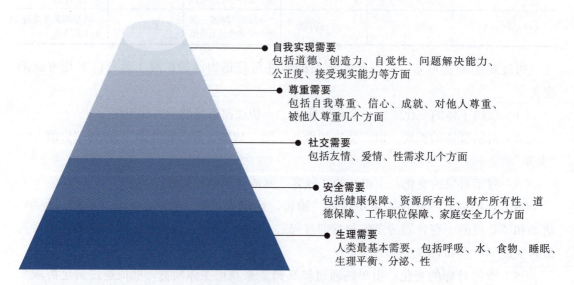

图1-2　马斯洛需要层次论

该理论有两个基本出发点：一是人人都有需要，某层的需要获得满足后，另一层需要才出现；二是在多种需要未获满足前，首先满足迫切需要，迫切需要满足后，后面的需要才显示出其激励作用。一般来说，某一层次的需要相对满足了，就会向高一层次发展，追求更高一层次的需要就成为驱使行为的动力。相应地，获得基本满足的需要就不再是一股激励力量。因此，需要的被满足过程可以对人形成一种激励力量，而这种激励力量在一定程度上可以促进营销活动的进行。

马斯洛需要层次论遵循以下几个原则。

（1）五种需要像阶梯一样从低到高，按层次逐级。

（2）递升，但这样的次序不是完全固定的，可以变化，也有种种例外情况。

（3）一般来说，某一层次的需要相对满足了，就会向高一层次发展，追求更高一层次的需要就成为驱使行为的动力。相应地，获得基本满足的需要就不再是一股激励力量。

（4）同一时期，人会有几种需要并存，其中某一种需要占支配地位。在高层次需要发展之后，低层次需要仍然存在，但相对来说影响较轻。

在市场营销中，营销不能创造需要，只能通过某些途径和手段，来形成刺激，进而唤起目标群体的某种潜在需要。

（二）欲望

欲望是实现需要的具体满足物的愿望，是需要的表现形式。不同文化环境下实现需要的满足物不同，例如，感到饥饿时，美国人可能想吃汉堡，日本人可能想吃寿司，而韩国人可能想吃紫菜包饭，大家补充能量的需要是一样的，对于用来满足需求的食品的期望却不一样，最终表现为对不同食品的获取欲望。人的需要是有限的，而欲望是无限的。营销人员无法创造人的基本需要，但可以采取各种营销手段激发人们的欲望，开发并销售特定的服务或产品来满足这种欲望。当已经满足了某种需要过后，就会产生一种新的欲望，并渴求让这种欲望变成已经可以满足的需要。就如同马斯洛需要层次论，当人们可以满足基本的生理需要后，就开始产生想要安全、稳定、免遭痛苦的生活的欲望。欲望是产生需求的必要条件。

（三）需求

需求是有能力购买并且有意愿购买的某个具体产品的欲望。需求是唯一可以进行定量分析的指标。需求是对欲望的理性归纳，该指标与消费者购买力有关。在市场营销的核心概念中有八大需求。

1. 负需求

负需求是指市场上众多顾客不喜欢的某种产品或者服务，如前些年商业保险普遍不被人接受，又如许多消费者为了预防疾病拒绝食用高脂肪、高胆固醇类的甜点、熏制食物等。这些都是消费者在不同市场上所拒绝和希望规避的产品或服务，属于负需求。针对这一需求现状，市场营销管理的任务是分析消费者不喜欢和拒绝这类产品的原因，并针对目标客户的需求重新进行产品的宣传、设计和推广，来改变顾客对于这类产品的态度，将负需求变为正需求。

2. 无需求

无需求是指该目标市场的顾客对某种产品从来不感兴趣或漠不关心。例如，非洲许多国家的居民从不穿鞋子，海南人对于羽绒服的购买力很低，又如经典案例——如何将梳子卖给和尚。在面对与以上情况类似的无需求市场时，市场营销的主要任务是创造需求，并通过有效的营销手段，把这类产品的利益同消费者的自然需求和兴趣相结合，从而改变无需求的市场现状。

3. 潜在需求

潜在需求是指现有产品或服务不能满足许多消费者的强烈需求。例如，当今社会科技和互联网高速发展，高科技智能产品市场迅速扩张。但是对于社会上某些特殊人群如残障人士，其对于便利科技的智能产品的需求远远超过正常的使用者，但许多企业并没有涉及这一市场。如果企业可以抓住这一市场空白，充分开发这一市场的潜在需求，就可以获得很大程度上的市场和销售的提升。以锤子手机为例，2017年，锤子手机在其最新版的产品中增加了视障人群的便捷使用模式，扩大了市场，挖掘了新的潜在市场需求，使其在竞争激烈的智能手机市场中开辟了一条新的捷径。

4. 下降需求

下降需求是指目标市场顾客对某些产品或服务的需求出现了下降趋势。例如，近年来中国传统的酒水市场受到外来产品的冲击，以及人们对健康生活的看重，市场上对于酒水类产品的需求出现了下降趋势。市场营销者在面对这一现状的时候，要充分了解需求下降的原因，同时通过改变产品的特色，采用更有效的营销手段刺激需求，进行再营销。以江小白为例，"江小白青春小酒"横空出世，开发了新的产品特色，即配合走心文案的概念酒，直击年轻人心中的小忧愁，配着微鸡汤，问一句"我有酒你有故事吗？"，扭转了其产品所面对的下降需求市场，获得新生。

5. 不规则需求

许多产品具有明显的时效性的特点，如具有季节性、周期性的产品，往往会因为季节、月份、周期等使人们对产品或服务的需求产生变化，这就是不规则需求。这类需求常常会造成生产能力和商品的闲置或过度使用。最明显的案例是旅游市场，在旅游旺季时，景区周边的各类服务设施都处于饱和状态，而在旅游淡季，景区周边的各类商铺设施等都处于闲置状态。

6. 充分需求

充分需求是指某种产品或服务目前的需求水平和时间等于期望的需求，但消费者需求会不断地变化，竞争日益加剧。因此，企业营销的任务是改进产品质量并不断地估计消费者的满足程度，维持现实需求。2017年共享经济迅速发酵，市场上仅共享单车一项产品就出现了10余家企业，但由于该产品正处于进入市场的初期阶段，消费者对其需求也很迫切，属于充分需求的市场状态。但在 2017 年年末多家共享单车公司却倒闭了，究其原因就是这些公司在充分需求的情况下没有进行持续的消费者需求追踪并进行产品的改良，不能跟上目标市场消费者的新需求和市场竞争者的发展速度，以致被市场淘汰了。

7. 过度需求

过度需求是指市场上顾客对某些产品的需求超过了企业的供应能力，产品供不应求。例如，在人口剧增的当下社会环境中，为配合人们的更高层次的美好生活的需求，引起的交通、能源以及住房等产品的供不应求。

8. 有害需求

有害需求是指对消费者身心健康有害的产品或服务，如烟、酒、毒品、黄色书刊等产品。面对这一需求的相关产品，企业需要通过进行提价、宣传传播和配合国家的立法管控等方式来积极采取措施，避免消费者接触这些有害需求。

（四）区别与联系

需要、欲望与需求是市场营销中的三个核心理念，这三者在一定程度上揭示了市场营销活动的本质和市场营销活动的产生原因。这三个核心理念在市场营销活动中具有重要的意义，那如何区分这三者？这三者之间又有什么联系呢？图 1-3 是需要、欲望、需求三者关系的示意图。

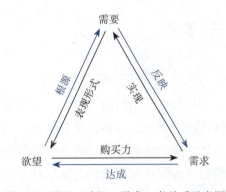

图 1-3　需要、欲望、需求三者关系示意图

（1）需要是人本身就存在的一种不足或者短缺的感觉，是产生购买行为的原始动机，它不是由营销活动创造出来的而是客观存在于人类本身的。满足需要是企业营销活动和生产的主要目的。

（2）欲望是需要的具体表现形式，欲望是建立在不同社会经济、文化和个性等基础上的表现形式。欲望可以随着社会的进步而不断变化，欲望是无限的。而企业的营销活动虽然不可以创造需要，但是可以通过营销手段来激发出人们的欲望，从而促进需要与欲望的结合。

（3）需求是以购买力为基础的欲望，人类的欲望是无尽的，但并非所有的欲望都可以得到实现，购买力是决定性因素。

（4）需求是一定条件下的欲望，欲望是需要的具体化。企业既要通过调查去发现并设法满足需求；又要通过营销活动去创造和引导需求，变潜在需求为现实需求。

二、市场提供物

市场提供物即提供给市场以满足需要、欲望和需求的产品集合，它不仅限于实体产品，还包括抽象产品。一般而言，营销者主要经营以下十大类产品：有形的产品、服务、事件、体验、人物、场所、产权、组织、信息以及想法。

在大部分国家和地区，有形产品的生产与销售是生产与营销的主要对象，如汽车、电脑、手机、书籍、雨伞、比萨等。而随着经济的发展，人们的需求越来越多样化，服务在地区经济中的比重逐渐增长，人们也越来越重视个人的体验。希尔顿酒店细致周到的服务享誉全球，迪士尼打造的童话王国让人流连忘返，星巴克的咖啡文化为顾客创造舒适的第三空间，这些企业为顾客提供了卓越的服务价值，因此在世界范围内都获得了成功。

演唱会的宣传、旅游景点的推广、网红的炒作、公益知识的传播、文化理念的表达等，这些都是营销活动，是"通过创造、沟通、传播和交换产品，为顾客、客户、合作伙伴以及整个社会带来价值的一系列活动、过程和体系"（AMA，2013）。例如，澳大利亚昆士兰旅游局 2009 年以一则大堡礁岛主全球招募广告引发全球热议，吸引了来自全世界游客的目光，成功让昆士兰大堡礁成为澳大利亚旅游线路的必游之地。并且，营销活动不是企业专属的，而是每一个人都能够参与和经历的。营销无处不在，无论是有意识的，还是无意识的，任何组织和个人都在从事着各种各样的营销活动。

三、交换

（一）交换的内涵

从市场营销的角度来看，市场是现实和潜在需求的集合，那么市场营销的本质就是发现顾客需求，并将市场提供物与顾客需求相匹配，促成交易，满足需求，实现市场各主体之间的价值交换。市场营销学的核心是"交换"，即通过提供他人所需所欲之物来换取自己所需所欲之物的过程。伴随着市场营销内涵的丰富和完善，交换的内涵也在发生变化。总的来说有以下几个方面。

（1）交换以实现"多赢"为目的，强调互利互惠，掠夺等单方获利的行为不是营销。

（2）强调交换关系的建立。只有通过交换，发展企业与多方的关系，从而实现"多赢"才是营销的目的。

（3）强调价值的交换，注重质量、服务和价格的组合。

（二）交换的条件

通常说的交换，是指人们在等价基础上的商品交换，即以物换物。因此，交换的发生必须具备五个条件。

（1）至少有两个或以上的买卖或交换者。

（2）交换双方拥有对方想要的产品或服务。

（3）交换双方都有沟通及向对方运送货物或服务的能力。

（4）交换双方拥有自由选择的权利。

（5）交换双方都觉得对方值得交易。

交换是一个完整、持续的过程而非一次性的活动。交换双方都需要经历一个找寻合适产品或服务、谈判价格以及其他条件，最终在满足上述 5 个条件的基础上达成协议的过程。而一旦交换协议达成，交易就产生了。交易是交换的基本组成单位，是交换双方之间的价值交换。交易通常有货币交易和非货币交易两种。

（三）交换中的角色

在交换双方中，如果一方比另一方更主动、更积极地寻求交换，我们就将前者称之为市场营销者，后者称之为潜在顾客。换句话说，所谓市场营销者，是指希望从别人那里取得资源并愿意以某种有价值的东西作为交换的人。市场营销者可以是卖方，也可以是买方。当买卖双方都表现积极时，那么双方都是市场营销者，这种情况称为相互市场营销。

（四）市场流程结构

在现代市场经济条件下，将构成市场的各种要素分类组合在一起，会形成若干相对独立的市场，这些市场之间紧密联系，又相互制约，这样就形成了功能较为齐全、关系错综复杂的交换经济网络。现代交换经济中有四大主体：制造商、政府、中间商和消费者，他们通过与资源市场（包括原材料市场、劳动力市场和金融市场等）的交换过程连接成一个循环结构，构成现代交换经济中的市场流程结构（见图 1-4）。

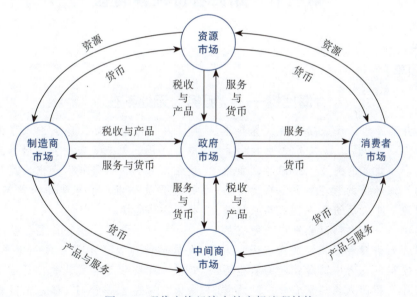

图 1-4　现代交换经济中的市场流程结构

制造商从资源市场上获得原材料、劳动力和信息，然后把他们加工成各种产品和服务，再把他们卖给中间商，中间商则把他们卖给消费者，消费者通过出售自己的劳动力得到货币收入，用于购买自己需要的产品和服务。政府为这些市场主体提供各种公共服务，并向他们征税，然后从制造商及中间商那里购买所需的产品。

（五）简化的营销交换系统

为了简化研究，我们可以把卖方的集合看作一个行业，如服装行业、零售行业、汽车行业等；把买方的集合看作市场，如儿童市场、鞋类市场、劳动力市场等。那么营销中的交换流程就可以被简化成如图1-5所示的一个系统。其中，内圈表示货币与产品、服务的交换，外圈表示信息的交换。

买方和卖方通过四个流程彼此连接在一起。行业把产品、服务和促销信息（如电视广告、电子邮件等）传递给市场，与此同时，市场也把货币和买方信息（如消费偏好、消费量变化等）反馈给行业。

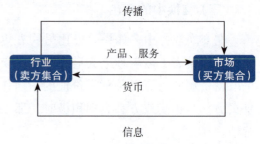

图1-5　简化的营销交换系统

企业营销活动的微观环境要素主要是指对企业营销活动过程和结果有直接影响的各种力量，这些要素与企业经营的价值链直接发生关联，包括：企业本身、市场营销渠道机构、企业面对的购买者市场、竞争者、社会公众。

第三节　如何看待顾客满意

| 案例直通车 |

海底捞——"服务"无处不在

在过去几年里，海底捞是餐饮界异军突起的一匹"黑马"，以服务立业的海底捞吸引了众多媒体的关注。2009年，黄铁鹰主笔的"海底捞的管理智慧"成为《哈佛商业评论》中文版进入中国8年来影响最大的案例，一夜之间，几乎中国所有的商学院都开始讲授海底捞的成功密码。为什么海底捞得以成为中国餐饮业的新生力量？它靠什么招数赢得"见多食广"的首都食客的青睐？为什么一句"把员工当家人对待"成为海底捞的成功要诀？黄铁鹰认为，即使学不会海底捞，行业的管理者是否能从中"捞"出点"真经"？

"服务无处不在。"这是一位酷爱火锅的食客描述其在海底捞的就餐过程（以下用"我"代称该食客）。

从停车场开始，我就进入了海底捞的服务氛围，佩戴规范的保安敬礼致意，态度细心地为客人停车。走出大厦迎接客人的服务员小姐，带着纯朴而热情的笑容，将我送往电梯。

等位不要紧，在等待区，热心的服务人员早就为我送上了西瓜、橙子、苹果、花生、炸虾片等各式小吃，还有豆浆、柠檬水、薄荷水等饮料（都是无限量免费提供），周围在排队的人们，有的在享受棋牌，有的"上网冲浪"，还有的享受店家提供的免费擦鞋服务，等待区还专门为女士提供了修甲服务，这也是免费的。

点菜时，服务员是热情得不得了，除了详细介绍特色菜，还主动提醒我，各式食材都可以点半份，这样菜色比较丰富。

那天因为请朋友吃饭一高兴，菜就点多了，服务员马上就温柔地提醒我说："菜量已经够了，再多会浪费。"

吃饭的过程中，这位贴心的服务员一共为我换了4套热毛巾，此外，还帮我把手机装到小塑料袋以防进水，为长头发的朋友提供了橡皮筋和小发夹，还为戴眼镜的朋友送来了擦镜布；在洗手间，有两名服务员"伺候"客人洗手，这边为你递上热毛巾，那边护手霜已经为你准备好；最让人舒服的是，不必大呼小叫地喊服务员，因为他们就在不远处观察着你的用餐情况，随时根据你的需求补充餐巾纸、茶水等，真是惬意得很……

其实，网上关于海底捞超级优质服务的说法还有很多。例如，一位顾客结完账，临走时随口问了一句："有冰激凌送吗？"服务员回答："请你们等一下。"5分钟后，这位服务员拿着"可爱多"气喘吁吁地跑回来："小姐，你们的冰激凌，让你们久等了，这是刚从易初莲花超市买来的。"

这就是传说中的海底捞，一家火锅店而非五星级酒店。1994年在四川简阳起步时，它不过是只有4张桌子的小火锅店。15年后，它已经在北京、上海、西安、郑州等地拥有36家分店，成为全国知名火锅品牌之一。这家人均消费六七十元的连锁餐饮民营企业，其优质的服务被消费者调侃为"变态服务"，甚至吸引了跨国公司和五星级酒店也前往参观取经。

"把功夫下在服务上"的理念来源于海底捞董事长张勇的创业经历。张勇说10多年前自己在街边摆摊卖麻辣烫的时候，他就知道自己的麻辣烫味道不是最好的，但他认为服务一样可以招揽回头客。于是，他独创了接待的招牌动作：右手抚心区，腰微弯，面带自然笑容，左手自然前伸做请状。这个动作今天在海底捞随处可见。

张勇的创业经历让海底捞获益匪浅，在低附加值的餐饮服务业，已经被倡导了无数年的"顾客至上"并不像想象中的那样被大多数同行所重视，但张勇却大胆地确定了海底捞的宗旨：服务为王，让服务成为差异化的代言。

如今，海底捞每年3亿元的营业额似乎印证了优质服务的内在驱动力，正是因为无处不在的服务，海底捞的分店大部分时间都能保持每晚高达3~5桌的翻台率，堪称餐饮界的奇迹。

资料来源："豆丁网．海底捞服务营销案例分析"，2020年4月5日。

海底捞这一品牌最近频频登上各大门户平台的热搜榜，俨然已经成为新一代网红。是什么让这样一个已经成立了十多年的资深品牌仍然可以具备如此高的关注度和火爆人气？是极致的服务营销，还是极致的员工关怀，抑或是正确的管理体系呢？究其根本，海底捞的这些正确的企业营销策略都源于其掌握了营销活动的基本目的，即满足顾客的需求，实现双方共赢，并将这种满足做到极致，以达到使顾客满意的程度。

此前，我们已经详细地解读了什么是营销的核心概念和本质；明确了营销活动的基本目的是满足顾客的需求，达成交换关系，实现多方共赢。但在多家企业同时具备满足顾客需求的能力时，营销活动是否可以成功的关键就发生了转移，顾客的选择成为新的决定性因素。企业应该尽其所能地吸引并留住顾客，而这又往往是一项困难的任务。面对许多令人眼花缭乱的可供选择的产品和服务，顾客通常会从提供最高顾客感知价值的企业那里购买产品，并选择可以达到顾客满意的企业多次购买。如此可见，顾客满意是企业进行长久销售的重中之重。

一、顾客满意与顾客忠诚

（一）顾客满意

顾客满意（customer satisfaction）是以购买者知觉到的产品实际状况和购买者的预期相比较来决定的。如果产品的实际状况不如顾客的预期，则购买者感到不满意；如果实际状况恰如预期，则购买者感到满意；如果实际状况超过预期，则购买者感到非常满意。顾客的预期是由过去的购买经验、朋友的意见，以及营销人员和竞争者的信息与承诺来决定的。

这一思想和观念早在 20 世纪 50 年代就被世人所认识和关注。学者对顾客满意的认识大都围绕着"期望 – 差异"范式。这一范式的基本内涵是顾客期望形成了一个可以对产品、服务进行比较、判断的参照点。顾客满意作为一种主观的感觉被感知，描述了顾客某一特定购买期望得到满足的程度。

Oliver & Linda（1981）认为顾客满意是"一种心理状态，是顾客根据消费经验所形成的期望与消费经历一致时而产生的一种感情状态"。特斯和威尔顿（Tse and Wilton，1988）认为顾客满意是"顾客在购买行为发生前对产品所形成的期望质量与消费后所感知的质量之间所在差异的评价"。韦斯特布鲁克和赖利（Westbrook and Reilly，1983）认为顾客满意是"一种情感反应，这种情感反应是伴随或者是在购买过程中产品陈列以及整体购物环境对消费者的心理影响而产生的"。菲利普·科特勒（Philip Kotter）将顾客满意定义为："一个人通过对一种产品的可感知效果与他或她的期望值相比较后所形成的愉悦或失望的感觉状态。"亨利·阿塞尔认为，当商品的实际消费效果达到消费者的期望时，就会使顾客满意，否则会导致顾客不满意。

基于以上对于顾客满意的解释和其在营销活动中的实际意义，杰出的企业会费尽心思地让顾客满意。许多研究表明，高水平的顾客满意可以带来更显著的顾客忠诚，进而带来更好的企业绩效。聪明的企业通过做出适当的承诺，但是提供高于承诺的产品和服务来取悦顾客，达到让顾客超出期望的效果。这样不仅可以促进顾客的重复消费，还会使其自愿变成企业的营销伙伴和宣传者，向他人传播他们的美好体验。

对于那些对取悦顾客感兴趣的企业来说，非凡的价值和服务成为其文化的一部分。例如，知名酒店集团万豪集团之所以每年都在酒店行业收获最佳的顾客满意度，这都取决于万豪集团的企业文化——"以人为本，照顾好员工，员工就会帮你用最佳的方式服务于你的客人"。顾客在万豪酒店入住会感受到令人叹服的服务，无论是温馨的小细节，还是不论时隔多久再次光临时仍然可以准确记住顾客的姓名、喜好的工作人员，都在充分塑造高度的顾客满意值。然而，企业不一定非要提供夸张的服务才能让顾客感到欣喜。例如，为顾客提供百货店品质、大卖场价格产品的网易严选。尽管其产品和网站风格主打"冷淡"风格，经营小而美的小件精品，品类、风格单一，但通过良好的产品品质和低廉的价格取悦顾客，使他们多次回购。因此，顾客满意不仅来自夸张的服务行为，也来自企业传递的基本价值主张和帮助顾客解决购物问题的能力。

移动智能手机的传奇品牌——苹果，它的成功要归功于其对于目标客户的详细分析和维护。自 2007 年第一代 iPhone 问世，一个新的移动智能手机的时代来临了。至今为止已走过了十余年，但是时至今日它的每一款新产品的发布仍然会引起广泛的关注，仍然会有来自世界各地的数以万计的顾客为了购买它而彻夜排队。归根结底，苹果手机经久不衰地获得顾客青睐的原因在于其每一代产品都获得了很高的顾客满意度。无论是其简约时尚的外形，还是独居匠心的细节功能设计，或者是使用感良好的操作系统，苹果在不断出新的过程中仍然坚守自己的优点，并不断推出新的惊喜，一次次地让顾客满意甚至给顾客带来全新的超越上一次的满意。

由此可知，在一段成熟且长期的购买行为中，顾客对于企业的满意度有着至关重要的作用。企业想要进行长期的营业就必须拥有有效的顾客资源，而高份额的顾客满意度可以为企业留住顾客，培养高忠诚度的用户群。这就引出了一个新的概念：顾客忠诚。那么，何为顾客忠诚？顾客忠诚对于企业的营销活动的作用是什么？顾客忠诚与顾客满意度之间又有什么联系呢？

（二）顾客忠诚

顾客忠诚是顾客对企业与品牌形成的信任、承诺、情感维系和情感依赖，是在企业与顾客长期互惠的基础上，顾客通过长期、反复购买和使用企业的产品与服务而形成的。忠诚的顾客会更多、更频繁地购买公司的产品，会更愿意试用新产品或购买更高档的产品，会更愿意接受与品牌相关的交叉购买，会乐于推荐新顾客并传播有利于企业与品牌的信息，且对价格的敏感度较低，愿意为高质量付出高价格。企业提高其目标客户对于企业的满意度，可以帮助提高顾客忠诚，从而促进企业产品的售卖。

近年来，越来越多的企业开始注意到了顾客忠诚对于企业的重要性，顾客忠诚不仅仅可以帮助产品进行单一客户的多次销售，还可以帮助企业进行自身形象、品牌、产品等信息的传播扩散，达到高于广告等传统传播手段的宣传效果，形成粉丝效应，进行口碑营销。苹果手机的成功除了因为其产品实现了顾客满意，更重要的是因为长期的顾客满意而产生的顾客忠诚，使其拥有了大批"果粉"，这些"果粉"逐渐变成了该品牌所有产品的忠实顾客和绝对拥戴者。

（三）区别与联系

顾客满意和顾客忠诚都是企业建立良好顾客关系的两个重要指标，那它们之间有什么区别与联系呢？下面就让我们详细了解一下。

顾客满意度不等于顾客的忠诚度，顾客满意度是一种心理的满足，是顾客在消费后所表露出的态度；但顾客的忠诚是一种持续交易的行为，是为了促进顾客重复购买的发生。衡量顾客忠诚的主要指标是顾客保持度，即描述企业和顾客关系维系时间长度的量；顾客占有率，即顾客将预算花费在该公司的比率。满意度衡量的是顾客的期望和感受，而忠诚度反映顾客未来的购买行动和购买承诺。顾客满意度调查反映了顾客对过去购买经历的意见和想法，不过只能反映顾客过去的行为，不能作为未来行为的可靠预测。忠诚度调查却可以预测顾客最想买什么产品，什么时候买，这些购买可以产生多少销售收入。

顾客的满意度和他们的实际购买行为之间不一定有直接的联系，满意的顾客不一定能保证他们始终会对企业忠实，产生重复购买的行为。例如，许多用户对安卓系统的App权限问题有意见和不满，但是如果改换使用其他产品要付出很大的成本，他们也会始终坚持使用这一产品。不可否认，顾客满意度是导致重复购买最重要的因素，当满意度达到某一高度，会引起忠诚度的大幅提高。顾客忠诚度的获得必须有一个最低的顾客满意水平，在这个满意度水平线下，忠诚度将明显下降。但是，顾客满意度绝对不是顾客忠诚的重要条件。

从数学的角度看，我们可以将顾客满意度与顾客忠诚度之间的关系，简化成一个函数关系（见图1-6）。

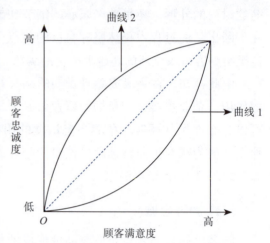

图1-6　顾客满意度与顾客忠诚度之间的关系

虚线左上方表示低度竞争区，虚线右下方表示高度竞争区，曲线1和曲线2分别表示高度竞争的行业和低度竞争的行业中顾客满意度与顾客忠诚度可能性的关系。

如曲线1所示，在高度竞争的行业中，完全满意的顾客远比满意的顾客忠诚。在曲线右端（顾客满意程度评分5），只要顾客满意度稍稍下降一点，顾客忠诚的可能性就会急剧下降。这表明，要培育顾客忠诚，企业必须尽力使顾客完全满意。在低度竞争的行业中，曲线2描述的情况似乎表明顾客满意度对顾客忠诚度的影响较小。但这是一种假象，限制竞争的障碍消除之后，曲线2很快就会变得和曲线1一样。因为在低度竞争情况下，顾客的选择空间有限，即使不满意，他们往往也会出于无奈继续使用企业的产品和服务，表现为一种虚假忠诚。随着专有知识的扩散、规模效应的缩小、分销渠道的分享、常客奖励的普及等，顾客的不忠诚就会通过顾客大量流失表现出来。因此，处于低度竞争情况下的企业应居安思危，努力提高顾客满意度，否则一旦竞争加剧，顾客大量"跳箱"，企业就会陷入困境。

上面的分析表明，顾客满意和顾客的行为忠诚之间并不总是强正相关关系。但有一点毋庸置疑，那就是无论在高度竞争的行业还是低度竞争的行业，顾客的高度满意都是形成顾客忠诚感的必要条件，而顾客忠诚感对顾客的行为无疑会起到巨大的影响作用。

二、顾客让渡价值

由于社会的不断发展，商品生产能力的极大提高，如今的消费者面临着纷繁复杂的商品和品牌选择，这就使企业必须关注顾客是如何做出选择的。显然，消费者既是社会经济的参与者，又是商品价值的实现者，他必然按照理性行事，因而现代营销理论的前提是买方将从企业购买他们认为的能提供最高顾客让渡价值的商品或者服务。

顾客让渡价值最早是由菲利普·科特勒在《营销管理》中首次提出的，是指企业转移的、顾客感受到的实际价值。它一般表现为顾客购买总价值与顾客购买总成本之间的差额。

顾客总价值是指顾客购买某一产品与服务所期望获得的一组利益，它包括产品价值、服务价值、人员价值以及形象价值等。顾客总成本是指顾客为购买某一产品所耗费的时间、精神、体力以及所支付的货币资金等，因此，顾客总成本包括货币成本、时间成本、精神成本及体力成本等。由于顾客在进行购买活动的时候总希望将自己的货币、时间、精力和体力降到最低，而同时又希望从中获得更多的实际利益，以使自己的需要得到最大限度的满足。因此，顾客在进行购买活动时，往往会从价值与成本两个方面进行比较分析，从中选择出价值最高、成本最低，也就是顾客让渡价值最大的产品。这就使得企业在进行营销活动的过程中要最大限度地提升自己产品的让渡价值从而达成顾客满意，并通过提升顾客满意度来建立良好的顾客关系，培养用户黏性。

如同上文所提到的营销活动的本质目的就是获得顾客满意，只有顾客满意，企业才可以进行长久的营销活动。因此，为了实现顾客满意，企业采取了众多的营销策略，但并不是所有的策略都是可行、有效的，它们存在着很多的争议与误区。下面让我们来详细地了解一下企业为了寻求顾客满意，增加顾客让渡价值所指定的营销策略以及所存在的争议与误区。

三、应用顾客让渡价值理论达到顾客满意的营销策略

企业为达到顾客满意必然会想办法提高顾客让渡价值，所采取的措施无非两种：一是提高顾客总价值，二是降低顾客总成本。

（一）提高顾客总价值

1. 提高产品价值

所谓产品价值是指由产品的质量、功能、规格、式样等因素所产生的价值。在其余条件不变的情况下，提升产品价值可以帮助提高顾客让渡价值，满足顾客对于产品的高期待，从而达到顾客满意。拥有强大粉丝群，颠覆手机销售行业的小米手机，就是提高产品价值以达到顾客满意的例子。小米的创始人雷军先生曾发表过著名的互联网思维7字诀——"专注口碑极致快"，排在首位的就是"专注"，专注于自己产品所能提供的核心利益，专注于为用户提供极致的体验。秉承这一目标，小米手机不用大面积铺设的专卖店来拓展渠道促进销售，也不广发广告吸引消费者注意，仅仅靠着手机"发烧友"的专注精神，倾力打造千元智能旗舰手机。正是因为其对于自身产品的重视，努力提升产品价值，才使得小米手机一经发售就供不应求，万人同"抢"。

产品是一个企业营销活动发生的根本，产品存在的意义是为了满足消费者需求。换

而言之就是有需求才有产品存在的意义。但在当今市场中，有些企业在销售过程中为了提升消费者满意度，而盲目提高自身的产品价值，将产品打造得全能而完美，但它们偏偏忽略了最重要的一点，为产品添加了不被消费者需要的附加项。例如，"小蓝单车"曾推出了一款全新的智能共享单车，主要是在原有的单车基础上进行产品升级，在单车上附加了一块智能屏，具备精准导航，实时监控速度、距离等行驶数据，同时还可以为用户提供吃喝玩乐等一系列的向导服务。乍一看，这个屏幕的添加在一定程度上提升了产品的价值，为其增添了许多功能，且屏幕信息的投放都是用户切实需要的。但是，为了避免交通事故的发生，这个屏幕只会在停车时进行播放。那么问题来了：我们骑车时可以分给这个屏幕的时间有多少？大概只有等红绿灯、开锁、关锁的时候，我们才会看屏幕。但在这些时间中，我们的注意力又被其他的"当务之急"分散，所以这一产品升级等同于虚设。"小蓝单车"的产品升级失败的主要原因在于其没有掌握真正的用户需求。产品的价值提升无疑可以帮助我们实现顾客满意，但是其提升的一定是产品的被需求价值。

2. 提高服务价值

服务价值是指企业使顾客满意所产生的价值。核心服务是消费者所要购买的对象，服务本身为购买者提供了其所寻求的效用。核心服务把服务内在的价值作为主要展示对象。这时，尽管存在实体商品的运动，但是两者的地位发生了根本性的变化，即服务是决定实体商品交换的前提和基础，实体商品流通所追求的利益最大化应首先服从顾客满意的程度，而这正是服务价值的本质。

因此，在产品的性质和效用等条件相同时，服务的价值提升可以促进产品的成交，并更容易达到顾客满意。优衣库的网上虚拟试衣间、洲际酒店的一对一管家服务、淘宝7天无理由退换货的赠送运费险，等等，都是在用其对客户的贴心服务和关怀赢得了顾客满意。除了在销售过程中提供的附加服务外，一些企业也另辟蹊径，对自己的产品进行服务拓展，超越顾客预期地给予了他们丰富的服务价值。例如，Uber无所不能的呼叫服务、美团意想不到的跨界延伸，都使消费者惊奇地发现自己的预期和天马行空的想象竟然都可以实现。

当今社会，我们需要的不再是"顾客是上帝"般的盲目服从，而是贴心密友般的恰到好处的服务。在服务营销泛滥的当下，总有一些企业曲解服务营销的真正含义，它们渴求通过提高服务价值来获取顾客满意，增加用户黏性。曾经红极一时的桔子酒店，标榜自己的创新服务可以让顾客体验到不一样的宾至如归。走进酒店，顾客可以发现：一进门，写字台上的音响就会响起舒缓的音乐，随手可得的一些小玩意如魔方玩具、鱼缸花草仿佛给酒店房间添了股"人气"，还有触摸式床头灯，温馨、浪漫的床品装饰。但是，入住体验如何呢？厕所打扫的不干净、房间隔音太差、清洁频次过低、网速很慢、窗帘的隔光性也很差。住酒店的人，最主要的要求就是干净、网络顺畅便于工作。如果这些刚需都不能满足，那些花哨的创新服务意义何在呢？归根结底是企业提供了顾客不需要的服务，而忽略了应该重视的刚性需求服务。这样的价值提升又有何用呢？

3. 提高人员价值

人员价值是指企业员工的经营思想、知识水平、业务能力、工作效率与质量、经营作风以及应变能力等所产生的价值。"21 世纪什么最重要？人才！"这句话虽然是电影台词，但在企业的运营过程中，是否拥有好的员工也是企业长久经营的重中之重。人才，是企业的核心竞争力之一。换言之，人才创造的价值，直接决定着企业为顾客提供的产品与服务的质量，进而决定了顾客购买总价值的大小。万豪集团的创始人老万豪先生曾经说过这样一句话："照顾好你的员工，你的员工就会帮你照顾好你的顾客，你的顾客才会再次光临。"正是这样的经营理念使得万豪集团的员工离职率一直低于同行业的其他企业，并且员工也会尽心尽力地做好顾客的服务工作。

4. 提高形象价值

形象价值是指企业及其产品在社会公众中形成的总体形象所产生的价值。当然，企业形象是一个抽象物，是人们对企业的总体印象。一个良好的企业形象可以帮助企业向顾客传递企业的精神文化，是企业状况的综合反映。

21 世纪，很多企业为了追求顾客满意紧追潮流，想要塑造产品年轻化形象、提高自己的"颜值"，纷纷使出浑身解数。其中，最常见的宣传企业文化的方式在于企业对于代言人的选择，同时也衍生出粉丝经济。企业通过选取时下热门的并且具有强大粉丝基础的明星作为形象代言人，以此来网罗更多的顾客，同时提高顾客满意度。但是在代言人选择上企业要慎之又慎，代言人的某些行为会严重影响该款产品在大众心中的形象。炫迈曾选某明星作为其品牌代言人，并且将其拍摄的广告大范围投放，在某明星因犯法被送进法庭后，炫迈受到了很大的冲击，因为其拍摄的广告中有一句台词——"吃了炫迈，根本停不下来"，这一广告词被众多消费者翻出并恶搞。这一事件使企业的形象受损，降低了其形象价值，大大消耗了其前面培养的顾客满意度。

在如今的互联网时代，众多拥有庞大粉丝群的流量小生成了众多企业争抢的对象。企业往往只看重了这些明星所带来的潜在顾客群，而忽略了对这些代言人的考察和了解，甚至选择与自身企业形象不符的代言人。这样不但起不到效果，反而后患无穷。

除了以上提到的通过提高顾客总价值来提高顾客让渡价值以达到顾客满意的方法外，还可以通过降低顾客总成本的方式来提高顾客让渡价值，更大程度上达到顾客满意。

（二）降低顾客总成本

1. 降低货币成本

货币成本是顾客在购买产品时所花费的费用。在企业与顾客进行营销活动的时候，顾客总想付出更少的成本，其中最直观的就是付出更少的货币。物美价廉永远是商家不变的制胜法宝，所以通过降低价格来获取顾客满意的例子数不胜数。例如，淘宝等电商的直接经营模式，省去了众多的中间商，降低了货币成本。美团、大众点评、拼多多等平台通过团购、拼单等方式降低个人付出的货币成本。还有网易严选、名创优品等，都是通过降低货币成本来达到顾客满意。

　　但是在企业降低顾客成本的过程中，因为同类型产品之间存在着竞争，竞争过程中会有商家采取降低售卖价格的方式来完成交易，长此以往竞争者之间就形成了恶劣的价格战。价格战的产生是降低货币成本达成顾客满意过程中存在的最大误区。企业为了保持自己的盈利空间会选择质量更差的原材料，这就产生了许多的"豆腐渣"工程，或者在价格战的过程中损伤自身，最后导致破产等结果。

2. 降低时间成本

　　时间成本是顾客为想得到所期望的商品或服务而必须处于等待状态的时期和代价。时间成本是顾客满意和价值的减函数，在顾客价值和其他成本一定的情况下，时间成本越低，顾客购买的总成本越小，从而"顾客让渡价值"越大，反之，"让渡价值"越小。

　　例如，京东的成功离不开京东在降低时间成本上的努力。网络电商平台市场的竞争十分激烈，虽然京东凭借其差异化的定位使其在众多电商平台中占据了很大的市场份额。但由于市场先入者——淘宝的先入为主，培养了强大的顾客忠诚度和顾客黏性，京东很难在强者手中抢占更多的市场份额。面对这一现状，京东瞄准了淘宝等电商在物流方面的被动性，建立了自己的配货仓库，承诺次日达，大大降低了顾客的时间成本，为其在电商市场赢得了更高的顾客满意度。

3. 降低精神成本

　　精神成本是顾客在购买产品或服务时必须消耗精神的多少。在相同情况下，精神成本越少，顾客总成本就越低，顾客的感知价值就越高。

　　一般来说，顾客在一个不确定的情况下购买产品或者服务，都可能存在一定的风险，如预期风险、形象风险或心理风险、财产风险、人身安全风险。这些风险均有可能使顾客精神压力增加，导致产品和服务不能及时充分走向市场，所以企业应降低顾客的精神成本来降低顾客的感知价值，从而达到提高顾客让渡价值的目的。

　　例如，阿里巴巴集团开发了第三方支付平台——支付宝，降低消费者的财产安全；社交等 App 平台实名制认证，降低消费者的人身安全风险；苹果的极简操作系统，让消费者花费最少的精神成本去享受他们的产品；探探的"左滑喜欢、右滑不喜欢，相互喜欢才能聊天"的操作方式，降低心理风险的同时也降低了消费者使用的精神成本。

4. 降低体力成本

　　体力成本是指顾客在购买某一产品或服务时在体力方面的付出。在顾客总价值和其他成本一定的情况下，体力成本越小，顾客为购买产品或服务所付出的总成本就越低，顾客让渡价值就会越大。

　　在互联网经济飞速发展的现在，互联网的充分使用大大降低了人们的体力成本。打车、外卖、网购、代购、跑腿等服务都大大降低了顾客的体力成本，除此之外，微信公众号和微信小程序的上线也使得很多实体店进行了业务拓展，降低了体力成本。例如，各大餐饮店在用餐高峰期时使用的排队等号小程序，将现场叫号同步到网络上，使顾客不用浪费等号的时间，可以在这段时间进行其他活动，节约了体力成本和时间成本。

思考题

一、名词解释

1. 买方市场
2. 市场营销
3. 需求
4. 顾客忠诚
5. 顾客让渡价值

二、选择题

1. 从市场营销的角度看，市场就是（　　）。
   A. 买卖的场所
   B. 商品交换关系的总和
   C. 交换过程本身
   D. 具有购买欲望和支付能力的消费者

2. 构成现实市场的基本条件包括消费者（用户）、生产者（供给者）和（　　）。
   A. 服务者
   B. 促成双方达成交易的各种条件
   C. 行业
   D. 信息

3. 从营销理论的角度而言，企业市场营销的最终目标是（　　）。
   A. 满足消费者的需求和欲望
   B. 获取利润
   C. 求得生存和发展
   D. 把商品推销给消费者

4. 市场营销的核心是（　　）。
   A. 交易　　　　　B. 管理
   C. 交换　　　　　D. 需求

5. 人们有能力支付并愿意购买某个具体产品的欲望叫作（　　）。
   A. 需要　　　　　B. 需求
   C. 满足　　　　　D. 欲望

6. 想得到基本需要的具体满足品的愿望叫作（　　）。
   A. 需要　　　　　B. 需求
   C. 满足　　　　　D. 欲望

三、简答题

1. 简述市场的分类。
2. 简述市场营销概念的演进及营销内涵的扩展。
3. 需要、欲望和需求三者之间的区别和联系是什么？
4. 如何应用顾客让渡价值理论达到顾客满意的营销策略？

四、案例题

借"机"炒"鸡"：
老乡鸡的花式营销

第二章　达权通变、日新月异：营销的演变

易穷则变，变则通，通则久。
——《易经》

:: **学习目标**

1. 了解营销观念进化史。
2. 熟悉营销思想进化史，并且理解四种营销组合理论之间的区别与联系。
3. 熟悉当今的各种营销模式。

:: **重难点**

营销思想进化史的概念及其演变。

:: **关键词**

营销观念；营销组合理论；营销方式。

:: **框架图**

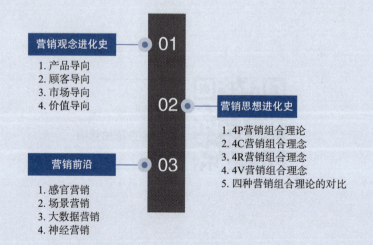

营销观念进化史　**01**
1. 产品导向
2. 顾客导向
3. 市场导向
4. 价值导向

02　**营销思想进化史**
1. 4P营销组合理论
2. 4C营销组合理念
3. 4R营销组合理念
4. 4V营销组合理念
5. 四种营销组合理论的对比

营销前沿　**03**
1. 感官营销
2. 场景营销
3. 大数据营销
4. 神经营销

案例导入

张裕用心良苦做市场

张裕集团有限公司的前身是烟台张裕葡萄酿酒公司，创办于 1892 年，是中国第一个工业化生产葡萄酒的厂家，主要产品有白兰地、葡萄酒、香槟酒、保健酒、中成药酒以及粮食白酒六大系列数十个品种。

1892 年，著名华侨巨商张弼士先生在烟台创办张裕酿酒公司。张裕之命名，前袭张姓，后借"昌裕兴隆"之吉。经过十几年的努力，张裕终于酿出了高品质的产品。1915 年，在世界产品盛会——巴拿马太平洋万国博览会上，张裕的白兰地、红葡萄、雷司令、琼瑶浆一举荣获四枚金质奖章和最优等奖状，中国葡萄酒从此为世界所公认。

改革开放后，社会经济环境为其提供了前所未有的发展机遇。张裕产品凭借其卓越的品质，多次在国际、国内获得大奖，成为家喻户晓的名牌产品。然而，名牌不等于市场，金字招牌对于张裕来说是一个极大的优势，但是不足以使张裕在市场上所向披靡。在改向市场经济的前两年中，由于市场观念不足，企业缺乏适应市场竞争的能力，盲目生产，等客上门，受到了市场的惩罚：1989 年，张裕的产值较上一年下降了 2.5%，产量下降了 26.2%，6 条生产线停了 4 条，1/4 的职工没有活干，近一半的酒积压在仓库里，累计亏损 400 多万元，生存和发展都面临着严峻的挑战。关键时刻，张裕人并没有躺在历史上顾影自怜。在积极反思失败原因，努力摸索市场规律，下功夫钻研营销后，公司树立了"市场第一"的经营观念和"营销兴企"的发展战略，实现了两个根本性转变：一是企业由"销售我生产的产品"转变为"生产我销售的产品"，一切围绕市场转；二是由"做买卖"转变为"做市场"，从"推销"变成"营销"，最终取得了一定的成功。

资料来源：张安茹．张裕百年用心良苦做市场 [J]．市场营销案例，2005 年 12 月 11 日。

张裕集团一心致力于做好产品，提高产品品质，以为打响名号就自然会有消费者慕名而来，却遭到了市场的冷遇。张裕集团转变营销观念，调整发展战略之后终于找到了正确的发展方向。你认为张裕集团最初赢得了品质认可，却不受市场欢迎的原因是什么？它的做法有什么问题吗？你对此有什么建议呢？接下来，请带着你的疑问和思考开始阅读下面的内容，看看是否会有新的发现。

第一节　营销观念进化史

一、产品导向

产品导向

以产品的生产或销售为中心，"以产定销"的产品导向营销观念，主要包括生产观念、产品观念和推销观念。

（一）生产观念

生产观念是以产品生产为中心，以提高效率、增加产量、降低成本为重点的营销观念。在商品经济不发达、产品供不应求的情况下，经营者往往以生产观念指导企业的营销活动。

持生产观念的营销者认为，市场需要我的产品，消费者喜爱那些随时可以买到的、价格低廉的产品。因此，生产观念是一种"以产定销"的观念，表现为重生产轻营销、重数量轻特色。其主要特点如下。

（1）企业将主要精力放在产品的生产上，追求高效率、大批量、低成本；产品品种单一，生命周期长。

（2）企业对市场的关心，主要表现在关心市场上产品的有无和产品的多少，而不是市场上消费者的需求。

（3）企业管理中以生产部门作为主要部门。

生产观念在以下两种情况下是合理、可行的：一是物资短缺条件下，市场商品供不应求时；二是由于产品成本过高而导致产品的市场价格居高不下时。因此，20世纪30年代以前，不少企业一直以生产观念作为指导。我国改革开放初期，市场环境发生了剧烈的变化，初生企业在摸索中不断成长，其中海尔砸冰箱的事件尤其让人印象深刻。

（二）产品观念

产品观念是以产品的改进为中心，以提高现有产品的质量和功能为重点的营销观念。市场供求关系发生变化，供不应求局面得到缓解，促使一些企业转向产品观念。

持产品观念的营销者认为，消费者喜欢那些质量优良、功能齐全、具有特色的产品。因此，企业应致力于提高产品的质量、增加产品的功能，不断地改进产品。同时，抱着"皇帝的女儿不愁嫁""酒香不怕巷子深"的想法，持产品观念者认为只要产品好，不愁没销路，只有那些质量差的产品才需要推销。

在产品观念指导下，企业两眼向内看，一手抓管理，提高人员的素质，制定各种规章制度，使各部分人员训练有素，各方面工作井井有条；一手抓质量，不断改进产品，提高和增加产品的功能，持续推出一批批高质量、多功能的产品。例如，"从四楼扔下去仍是完好无损的"文件柜，"具有钢一般硬度的结实的"新型纤维，几代人都用不坏的板式家具，等等。

产品观念表现为：重产品生产，轻产品销售；重产品质量，轻顾客需求。其主要特点如下。

（1）企业把主要精力放在产品的改进和生产上，追求高质量、多功能。

（2）轻视推销，单纯强调以产品本身来吸引顾客，一味排斥其他的促销手段。

（3）企业管理中仍以生产部门为主要部门，但加强了生产过程中的质量控制。

（三）推销观念

推销观念是以产品的生产和销售为中心，以激励销售、促进购买为重点的营销观念。在产品供过于求的情况下，企业将自觉或不自觉地运用推销观念指导企业营销活动。

持推销观念的营销者认为，本企业的产品需要市场，而消费者在购买中往往表现出一定的惰性和消极性，没有一定的动力去促进，消费者通常不会足量地购买某一组织的产品。因此，企业必须积极地组织推销和促销，促使消费者大量购买，使本企业产品能占领市场。推销观念的主要特点如下。

（1）产品不变。企业仍根据自己的条件决定生产方向及生产数量。

（2）加强了推销。注重产品的销售，研究和运用推销及促销的方法与技巧。

（3）开始关注顾客。主要是寻找潜在顾客，并研究吸引顾客的方法与手段。

（4）开始设立销售部门，但销售部门仍处于从属的地位。

然而，推销观念注重的仍然是产品和利润，不注重市场需求的研究和满足，不注重消费者的利益和社会利益。强行推销不仅会引起消费者的反感，从而影响营销效果，而且也会使消费者在不自愿的情况下，购买不需要的商品，严重损害了消费者的利益。

二、顾客导向

顾客导向

美国西奥多·莱维特（Theodore Levitt）教授在 20 世纪 60 年代提出的"顾客导向"概念，不仅是现代市场营销观念的精辟概括，也是指导企业营销实践的行动指南。然而，随着营销理论与实践的发展，顾客导向营销观念的内涵也在不断发生变化。

（一）单纯市场营销观念

单纯市场营销观念认为，实现企业营销目标的关键在于正确地掌握目标市场需求，并从整体上去满足目标市场的需求。因此，企业必须生产、经营市场所需要的产品，通过满足市场需求去获取企业的长期利润。

单纯市场营销观念的基本内容，主要包括以下几个方面。

（1）注重顾客需求。不仅要将顾客的需求作为企业营销的出发点，而且要将满足顾客的需求贯穿于企业营销的全过程，渗透于企业营销的各部门。不仅要了解和满足顾客的现实需求，而且要了解和满足顾客的潜在需求。根据市场需求的变化趋势，来调整企业的营销战略，以适应市场的变化，求得企业的生存与发展。

（2）坚持整体营销。市场营销观念要求企业在市场营销中，必须以企业营销的总体目标为基础，协调地运用产品、价格、渠道、促销等因素，从各个方面来满足顾客的整体需求。

（3）谋求长远利益。市场营销观念要求企业不仅要注重当前的利益，更要重视长远利益。

（二）大市场营销观念

所谓大市场营销，是指企业为了成功地进入特定市场，并在该市场从事业务经营，策略上协调地施用经济的、心理的、政治的和公共关系等手段，以博得各有关方面的支持与合作的活动过程。大市场营销观念认为，由于贸易保护主义回潮、政府干预加强，企业营销中所面临的问题，已不仅仅是如何满足现有目标市场的需求。企业在市场营销中，首先是运用政治权力（political power）和公共关系（public relations），设法取得具有影响力的政府官员、立法部门、企业高层决策者等方面的合作与支持；其次是启发和引导特定市场的需求，在该市场的消费者中树立良好的企业信誉和产品形象，以打开市场、进入市场；最后是运用传统的 4P（产品、价格、渠道、促销）组合去满足该市场的需求，进一步巩固市场地位。

企业营销活动的微观环境要素主要是指对企业营销活动过程和结果有直接影响的各种力量，这些要素与企业经营的价值链直接发生关联，包括企业本身、市场营销渠道机构以及企业面对的购买者市场、竞争者、社会公众。

三、市场导向

顾客导向下的营销观念以顾客为中心，以满足消费者需求、提高顾客价值作为企业营销工作的重点，较之以产品为重点的营销观念而言，是观念上的一次飞跃，是一个全新的观念。然而，随着经济的发展、竞争的日趋激化，企业营销中仅仅考虑顾客是不够的，还必须从市场的角度考虑，树立市场导向营销观念。随着市场概念的演变，市场导向营销观念也表现出不同的内涵。

（一）社会营销观念

社会营销观念认为，企业的营销活动不仅要满足消费者的欲望和需求，而且要符合消费者和全社会的最大长远利益，要变"以消费者为中心"为"以社会为中心"。因此，企业在市场营销中，一方面要满足市场需求，另一方面要发挥企业优势；同时，还要注重社会利益，确保消费者的身心健康和安全，确保社会资源的合理、有效利用，防止环境污染，保持生态平衡。要将市场需求、企业优势与社会利益三者结合起来，来确定企业的经营方向，如图 2-1 所示。

在社会营销观念指导下，图 2-1 中线条部分，即为企业的经营重点。因此，企业一方面要搞好市场调查研究，不仅要调查了解市场的现实需求和潜在需求，还要了解市场需求的满足情况，以避免重复引进、重复生产带来的社会资源的浪费；不仅要调查市场需求，还要了解企业的营销效果。另一方面，企业要注重自己与竞争对手的优劣势分析，发挥自身的优势来搞好营销。同时，企业要注重企业营销的社会效益分析，从全局利益考虑，发展有利于社会效益和人民身心健康的业务，放弃那些高能耗、高污染，有损人民身心健康的业务，为促进经济社会的发展、造福子孙后代做出贡献。

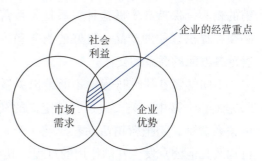

图 2-1 社会营销观念示意图

所谓的购买者市场也就是指企业所拥有的顾客，是企业营销活动的最终目标市场。购买者市场的规模、市场消费行为、市场的总的变化趋势和状态直接影响企业产品销售的数量和销售成本。市场是营销环境中最重要的微观环境要素之一。

企业在选择不同的目标顾客群体时，会面对各不相同的顾客需求，这就要求企业要以不同的方式提供产品或服务，这也属于"知彼"的层面。企业除了要了解自身的资源和能力，也要了解其外部顾客的需求、欲望和偏好，实现资源配置与需求偏好的匹配，促进企业营销目标的实现。为此，企业要注重对顾客进行研究，分析顾客的需求规模、需求结构、需求心理以及购买特点，这是企业营销活动的起点和前提。

（二）绿色营销观念

绿色营销观念认为，企业在营销活动中，要顺应可持续发展战略的要求，注重地球生态环境保护，促进经济与生态协同发展，以实现企业利益、消费者利益、社会利益及生态环境利益的统一。首先，企业在营销中，要以可持续发展为目标，注重经济与生态的协同发展，注重可再生资源的开发利用，减少资源浪费，防止环境污染。其次，绿色营销强调消费者利益、企业利益、社会利益及生态环境利益的统一，而传统的社会营销观念强调消费者利益、企业利益与社会利益三者有机结合，并在此基础上进一步强调生态环境利益，将生态环境利益的保证看作前三者利益持久地得以保证的关键所在。此外，绿色营销还强调营销中的"绿色"因素：注重绿色消费需求的调查与引导；注重在生产、消费及废弃物回收过程中降低公害；注重符合绿色标志的绿色产品的开发和经营；在定价、渠道选择、促销、服务、企业形象树立等营销全过程中都要考虑以保护生态环境为主要内容的"绿色"因素。

（三）关系营销观念

最早提出关系营销观念的是北欧的学者，他们把企业的营销活动放在整个社会经济的大系统中来考查，认为企业作为社会经济系统中的一个子系统，其经营活动是与周围各种因素包括顾客、供应商、分销商、竞争者、银行、政府机构等相互作用的过程。与这些个人或组织建立起良好的关系是营销活动的核心，是营销成功的关键。企业与各方通过互利交换及共同履行承诺，实现各自的目标。企业与顾客之间的长期关系是关系营销的核心，保持和发展这种关系是关系营销的重要内容。要实现关系营销的目标，企业必须在提供优质的产品、良好的服务和公平的价格的同时，与各方加强经济、技术及社会等各方面的联系和交往。

不同学者在研究过程中不断给出关系营销的新内涵，所以关系营销的定义一直在不断完善和丰富中，关于关系营销定义的演变过程如表 2-1 所示。现在来说，一般认为所谓关系营销，是把营销活动看成是一个企业与消费者、供应商、分销商、竞争者、政府机构及其他公众发生互动作用的过程，其核心是建立和发展与这些公众的良好关系。

表 2-1 关系营销定义的演变过程

主要人物	年份	主要观点
得克萨斯州 A&M 大学的伦纳德·L. 贝瑞（Leonard L. Berry）	1983	关系营销是指吸引、维持和增强客户关系
	1996	关系营销是指为了满足企业和相关利益者的目标而进行的识别、建立、维持、促进同消费者的关系并在必要时终止关系的过程，这只有通过交换和承诺才能实现
工业市场营销专家巴巴拉·B. 杰克逊（Jackson B.B.）	1985	从工业营销的角度将关系营销描述为："关系营销关注于吸引、发展和保留客户关系"
顾曼森（Gummesson）	1990	从企业竞争网络化的角度来定义关系营销，认为"关系营销就是市场被看作关系、互动与网络"
摩根和亨特（Morgan and Hunt）	1994	从经济交换与社会交换的差异来认识关系营销，认为关系营销是"旨在建立、发展和维持成功关系交换的营销活动"

资料来源：作者根据相关资料整理。

四、价值导向

（一）价值营销的内涵

价值营销观念将企业的营销过程看作价值的探索、创造和传递过程，并强调运用全面营销的思维方式，从顾客、企业和协作者三方面去考虑营销问题（见图 2-2）。

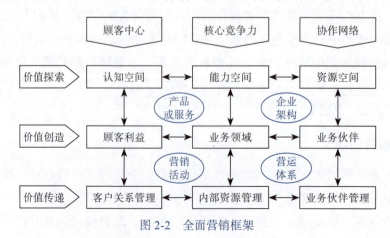

图 2-2 全面营销框架

（1）价值探索过程。营销的起点是一个价值探索过程，在此过程中，通过对顾客的认知空间（顾客的现实和潜在需求的了解）、本企业的能力空间（企业的核心能力）和协作者的资源空间的了解与把握，探索如何发现新的价值机会。

（2）价值创造过程。首先，通过了解顾客的所想、所需、所忧，从顾客的角度重新认识顾客利益，并考虑如何去满足新的顾客利益。其次，根据顾客新的价值需求和自身的核心能力，进行业务重组：重新定义公司的业务领域、确定产品线、确定品牌定位，使核心能力得到最好发挥。最后，选择在新的价值创造过程中所需要的业务伙伴，以整合利用协作网络中业务伙伴的资源，共同开发、创造新的价值。

（3）价值传递过程。通过客户关系管理、企业内部资源的整合协调管理和协作网络中的业务伙伴的关系管理，以更有效地传递价值。

（二）3V 营销模型

对于价值营销的实施，美国学者尼尔马利亚·库马尔（Nirmalya Kumar）提出了细分战略的概念，用于帮助企业发现和实现深度差异化。他提出了 3V 营销模型，即价值顾客、价值主张和价值网的组合，来改变仅仅通过市场细分和营销组合创造的差异化（见图 2-3）。

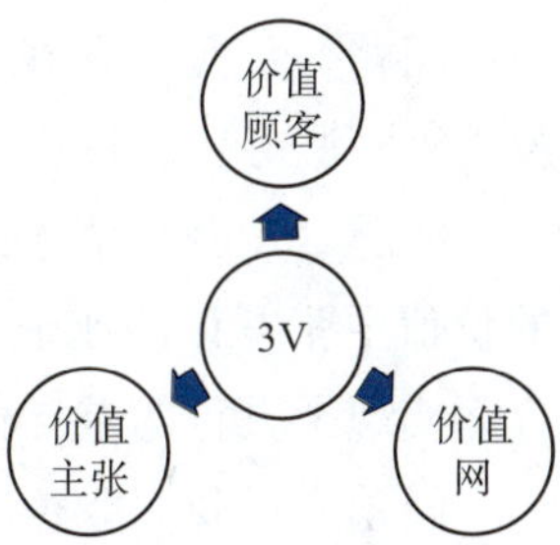

图 2-3　3V 营销模型

1. 第一个 V：价值顾客——为谁服务

价值顾客（valued customer）是第一个 V，即为谁服务。这是目标市场的选择问题，也是"3V 营销模型"所确立的战略目标。在选择价值顾客时，要考虑三个条件：一是价值顾客要有一定规模或拓展潜力；二是这个顾客群没有被竞争者完全控制；三是符合企业发展战略与资源能力。

2. 第二个 V：价值主张——提供什么

19 世纪 50 年代初，罗瑟·瑞夫斯提出 USP（unique selling proposition）理论，即企业的产品（服务）必须要有自己"独特的销售主张"，既可以体现出独特（即与其他竞争者不一样），又应该保证其产品的可销售性。要不断问自己：顾客为什么要接受我的产品（服务）？这个问题的回答应该基于顾客利益而不是产品特性，这就是 USP 理论。USP 就是第二个 V，即品牌的价值主张（valued proposition），企业能给价值顾客提供什么重要价值，而不是面面俱到的"完美产品（服务）"。在价值主张环节，企业应当从以下四个问题入手。

问题一：行业里有哪些想当然的属性应该被剔除，即企业所提供的每种属性是否都为重要顾客创造了价值？

问题二：哪些属性应该降到行业标准以下，即行业里是否设计了过多的产品和服务？

问题三：哪些属性应该提高到行业标准以上，即顾客被迫接受了当前行业里的哪些现状？

问题四：应该创造哪些行业从未提供过到新属性，即行业里存在哪些价值创造的新来源？

3. 第三个 V：价值网——如何创造和传递

第三个 V 即价值网（valued network），有时也被称为价值链或商业系统，包括为顾客创造、产生和传递价值主张所必需的所有营销和非营销活动的系统性安排。如果一个公司为两种细分市场服务，那么价值网的大部分可能共享，但如果一个公司想为两个不同的细分战略服务，则必须开发出两个独特的价值网。因为价值网能够有效地为选定的细分市场服务所必需的活动的跨职能协调，包含基于 4P 的差异化，但它不只包括营销，还包括对其他职能（如 R&D、运营和服务）进行差异化。

（三）企业 3V 的应用

许多公司的竞争优势都存在于独特的价值网中，企业可以为独特的细分市场探索出不同的价值网方案，基于价值网来实现深度差异化。企业可以通过思考以下三个问题，用 3V 促进发现行业内的营销创新机会。

问题一：是否存在这样的顾客——要么对行业提供的所有服务都不满意，要么根本没有得到服务？通过提出这个问题，企业可以发现巨大的可利用机会。

问题二：我们能否提供一个相对业内其他公司来说，具有较大的利益或较低的价格的价值主张？该问题迫使公司考虑自己的价值主张是否实现了真正的差异化以及在哪些方面实现了真正的差异化。

问题三：我们能否用低得多的成本从根本上为行业重新定义价值网？

通过回答这三个问题且充分理解公司的 3V 模型，就可以画出公司的战略成长图。了解顾客在哪些方面未得到满意的服务，有助于公司确定应该进入哪些市场和行业或"为谁服务"。清晰的制胜模式和经济逻辑能够提供创造出独树一帜的价值主张的潜力，并有助于确定"提供什么"。最后，"价值网——如何创造和传递"详细阐述了时机（何时进入哪些市场）和方式（如何创造），这有助于促进公司在行业转型时的创新和成长。

在构建"3V 营销模型"时，三个 V 应相互联系，有机互动，最终形成整合效应、放大效应。如若相互矛盾，则效果必遭损害。并且，实施"3V 营销模型"必须以人本文化为根本保障，模型的每个环节都是由员工具体实施完成的，如果员工不积极参与、不相互配合，再好的营销战略都是纸上谈兵。

用 3V 促进创新机会说明了创新并不只是技术研发和产品开发人员的工作，营销人员和战略家可以通过发现未得到充分服务或对服务不满意的细分市场，提供新的价值曲线以及重新建立行业价值网而对创新做出贡献。

第二节　营销思想进化史

一、4P 营销组合理论

4P 营销组合理论的基本内容是产品、价格、渠道、促销的营销组合。

（1）产品的组合：注重开发的功能，要求产品有独特的卖点，把产品的功能诉求放在第一位，主要包括产品的实体、服务、品牌、包装。它是指企业提供给目标市场的货物、服务的集合，包括产品的效用、质量、外观、式样和规格，还包括服务和保证等因素。

（2）价格的组合：根据不同的市场定位，制定不同的价格策略，产品的定价依据是企业的品牌战略，注重品牌的含金量，主要包括基本价格、折扣价格、付款时间、借贷条件等。它是指企业出售产品所追求的经济回报。

（3）渠道的组合：企业并不直接面对消费者，而是注重经销商的培育和销售网络的建立，企业与消费者的联系是通过分销商来进行的。渠道的组合又称为分销的组合，它主要包括分销渠道、储存设施、运输设施、存货控制。渠道的组合代表企业为使其产品进入和达到目标市场所组织和实施的各种活动，包括途径、环节、场所、仓储和运输等。

（4）促销的组合：企业注重销售行为的改变来刺激消费者，以短期的行为（如让利、买一送一、营销现场气氛等）促成消费的增长，吸引其他品牌的消费者或导致提前消费来促进销售的增长。促销组合是指企业利用各种信息载体与目标市场进行沟通的传播活动，包括广告、人员推销、营业推广与公共关系等。

以上 4P（产品、价格、渠道、促销）是市场营销过程中可以控制的因素，也是企业进行市场营销活动的主要手段，对它们的具体运用，形成了企业的市场营销战略。企业营销活动的实质是一个利用内部可控因素适应外部环境的过程，即通过对产品、价格、分销、促销的计划和实施，对外部不可控因素做出积极动态的反应，从而促成交易的实现和满足个人与组织的目标，用科特勒的话说就是"如果公司生产出适当的产品，定出适当的价格，利用适当的分销渠道，并辅之以适当的促销活动，那么该公司就会获得成功"。所以市场营销活动的核心就在于制定并实施有效的市场营销组合。也正因为这样，4P 理论逐渐成为营销策略的基础。

菲利普·科特勒在 1986 年发表的《论大市场营销》中提出了"大市场营销"概念，即在原来的 4P 组合的基础上增加两个 P，即"政治力量"（political power）、"公共关系"（public relations）。他认为现在的公司还必须掌握另外两种技能：一是政治力量，就是说，公司必须懂得怎样与其他国家打交道，必须了解其他国家的政治状况，才能有效地向其他国家推销产品；二是公共关系，营销人员必须懂得公共关系，知道如何在公众中树立产品的良好形象。这是第一次对 4P 的扩展，自此之后，众多学者都对 4P 理论提出自己的见解，并对其进行多方面的扩展，从 7P 到 10P 再到 4P+3RS。无数的学者都在为提出适合所有情况的通用理论基础的市场营销策略组合做努力。

二、4C 营销组合理论

4C 营销组合理论，也称"4C 营销理论"，是由美国营销专家劳特朋教授于 1990 年提出的，与传统营销的 4P 相对应的 4C 理论。它以消费者需求为导向，重新设定了市场营销组合的四个基本要素，即消费者（customer）、成本（cost）、便利（convenience）以及沟通（communication）。

（1）消费者。消费者主要指顾客的需求。企业必须首先了解和研究顾客，根据顾客的需求来提供产品。同时，企业提供的不仅仅是产品和服务，更重要的是由此产生的客户价值。零售企业直接面向顾客，因而更应该考虑顾客的需要和欲望，建立以顾客为中心的零售观念，将"以顾客为中心"作为一条红线，贯穿于市场营销活动的整个过程。零售企业应站在顾客的立场上，帮助顾客组织挑选商品货源；按照顾客的需要及购买行为的要求，组织商品销售；研究顾客的购买行为，更好地满足顾客的需要；更注重对顾客提供优质的服务。

（2）成本。成本不单是企业的生产成本，或者说4P中的价格，它还包括顾客的购买成本，同时也意味着产品定价的理想情况，应该是既低于顾客的心理价格，亦能够让企业有所盈利。此外，这中间的顾客购买成本不仅包括其货币支出，还包括其为此耗费的时间、体力、精力以及购买风险，这些构成了顾客总成本。所以，顾客总成本包括货币成本、时间成本、精神成本和体力成本等。由于顾客在购买商品时，总希望把有关成本包括货币、时间、精神和体力等降到最低限度，以使自己得到最大限度的满足，因此，零售企业必须考虑顾客为满足需求而愿意支付的顾客总成本。企业要努力降低顾客购买的总成本，如降低商品进价成本和市场营销费用，从而降低商品价格，以减少顾客的货币成本；努力提高工作效率，尽可能减少顾客的时间支出，节约顾客的购买时间；通过多种渠道向顾客提供详尽的信息，为顾客提供良好的售后服务，减少顾客精神和体力的耗费。

（3）便利。便利即所谓为顾客提供最大的购物和使用便利。4C营销组合理论强调企业在制定分销策略时，要更多地考虑顾客的方便，而不是企业自己的方便。要通过好的售前、售中和售后服务来让顾客在购物的同时，也享受到便利。便利是客户价值不可或缺的一部分。

（4）沟通。沟通则被用以取代4P中对应的促销（promotion）。4C营销组合理论认为，企业应通过与顾客进行积极有效的双向沟通，建立基于共同利益的新型企业/顾客关系。这不再是企业单向的促销和劝导顾客，而是在双方的沟通中找到能同时实现各自目标的通途。零售企业为了创立竞争优势，必须不断地与消费者沟通。与消费者沟通包括：向消费者提供有关商店地点、商品、服务、价格等方面的信息；影响消费者的态度与偏好，说服消费者光顾商店、购买商品；在消费者的心目中树立良好的企业形象。在当今竞争激烈的零售市场环境中，零售企业的管理者应该认识到：与消费者沟通比选择适当的商品、价格、地点、促销更为重要，更有利于企业的长期发展。

三、4R 营销组合理论

4R营销组合理论是20世纪90年代由美国整合营销传播理论的鼻祖唐·舒尔茨（Don E. Schultz）在4C营销理论的基础上提出的新营销理论。4R分别指代关联（relevance）、反应（reaction）、关系（relationship）和回报（reward）（见图2-4）。该营销理论认为，随着市场的发展，企业需要从更高层次上以更有效的方式在企业与顾客之间建立起有别于传统的新型的主动性关系，顾客忠诚度对于赢得市场至关重要。对于企业来说，通过建立客户联系将提升顾客的忠诚度，培育持续的利润来源。2001 年，美国学者艾略特·艾登伯格（elliott ettenberg）出版了《4R 营销》，他将 4R 理论总结为关系（relationship）、节省（retrenchment）、关联（relevancy）和报酬（reward）。本书中所讨论的 4R 营销组合理论是舒尔茨所提出的理论体系。

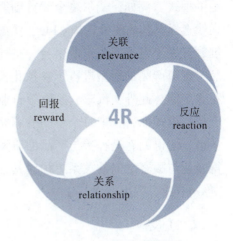

图 2-4　4R 营销组合理论

（一）关联

关联（relevance）指的是企业根据自身发展的需要，通过各种方式在企业上下游之间形成产业链，在企业和顾客间构建出一种长效的、互动的、互需、互助、互求的关联关系。进入网络时代后，完善的网络环境彻底改变了原有信息环境不对称的局面，使顾客能够快速地获取各种企业信息，形成一种有效的竞争环境。网络除了能够让顾客更多地了解企业的信息，还为顾客更多地改变现有模式如更多的自由选择权与选择合适的企业提供了便捷。所以，只有在企业和顾客间建立长效的关联机制，才能提高顾客的忠诚度，稳固已有的客源。4R 关联机制主要包括以下两方面的内容。

1. 与顾客建立关联——出售方案

相对于在传统营销过程中企业只提供实物产品，与顾客相关联而建立的方案包括售前信息提供、售时产品呈现、售后服务完全的系列组合，是企业针对顾客的价值而采取的一系列措施。在传统营销过程中，企业与顾客仅仅是形成一次性的产品交易关系，两者并没有形成一种长期的交易关系，而现有的提供方案的模式将原有的盈利模式转变为在整个产品周期寻求利益。例如，沃尔沃将自己定位为全面运输解决方案提供商：一方面，沃尔沃卡车帮助物流企业在进行车辆采购决策时，从只考虑卡车的首次投入，转向衡量整个生命周期内的整体拥有成本，包括车辆的出勤率、运行效率、驾驶员管理、售后维护成本以及车辆的折旧成本等相关因素的综合考量；另一方面，凭借众多被物流企业证明过的成功商业模式和运管模式，沃尔沃全方位支持物流企业的决策者全局掌控商业契机，判断投资风险，优化管理体系，实现企业最佳的投资回报。此外，它还为个人和企业用户提供专业的购买方案、全面的驾驶培训和完善的售后服务，从售前到售后为顾客提供全面运输解决方案，成为卡车行业的标杆性企业。在这种营销模式下，企业和顾客共同制定、改进方案，形成了一种相互依赖、相互作用的长效稳定关系，从长远来看，提高了企业对同类竞争对手的优势。

2. 基于产品的关联——对位需求

对位需求是在精益生产的市场环境下产生的新型营销策略，指的是根据顾客的特点和个性的需要，生产满足其需求的产品。而实现产品关联最有效的方式就是采用定制营销的模式。例如，戴尔是全球首创客户可以基于互联网选配产品的公司，顾客可以直接在线选择电脑的配置，如 CPU、硬盘、内存、显示器等，然后由工厂按照要求进行组装。红领开发了电子商务定制平台，搭建了智能化工厂，实现了西服的在线个性化定制。尚品宅配对产品的模型进行了参数化设计，进行尺寸驱动，自动更新三维模型，进行全屋家具定制。此外，汽车、家电等行业也有很多企业在尝试私人定制，这种营销模式相对于传统模式而言，把每个不同的顾客视作一个单独的细分市场，借助发达的计算机信息平台，使得顾客全程参与产品的研发过程，保证企业生产的产品符合顾客的要求，也使得企业与顾客之间的关系更加紧密，由相互独立的"生产商与顾客"转变为相互交融的"你中有我，我中有你"。

（二）反应

反应（reaction）指的是面对市场上纷繁复杂的顾客要求，企业快速调整应变，以更好地满足顾客需求的能力。进入 21 世纪，随着互联网的日益发达，各种信息得到快速、有效的传播，整个社会的发展节奏大大加快，时间成为企业间竞争的主要因素。这就要求企业必须具备很强的反应能力以应对顾客需求的变化，从而使其在竞争激烈的市场环境中取得胜利，因为在信息经济时代，每个机会稍纵即逝，企业面对每一个机会并没有足够的时间来进行全面判断和决策分析，只有反应最为快速的才能够把握机会。正如美国思科公司前 CEO 钱伯斯所说的那样，"21 世纪企业间的竞争不是大吃小，而是快吃慢"。

4R 营销理论要求企业加快对市场变化的反应能力，具体而言，敏捷营销策略应该是企业提高自身反应能力的最佳选择。敏捷营销指的是在日益信息化的竞争环境下，企业应对顾客日趋个性、多样、复杂的需求，寻求比竞争对手更迅速、更有效的应变能力的一种营销策略。它主要具有以下几个特征。

1. 反应灵敏

在信息经济时代，企业必须对外部环境保持高度敏感，特别是对于外部机遇的识别、竞争压力的判断以及对顾客个性需求的洞悉等方面。

2. 执行迅速

作为一个快速敏捷型企业，在对外部环境进行有效识别后必须借助其完善的信息管理系统及组织结构制定相应的应对策略，同时利用其发达的分销网络和执行机构迅速有效地贯彻执行既定方针。

3. 个性化服务

在推行敏捷营销的过程中，企业为提升顾客满意度，必须要尽力满足顾客的个性需求，可以采取精益生产、定制生产等方式，从而在竞争中处于主导地位，为企业带来较高的收益。

例如，在过去的十几年里，宝洁和沃尔玛这两个企业巨头建立了长久的伙伴关系。

宝洁通过一个复杂的电子数据交换系统与沃尔玛连接，这一系统使宝洁能连续收集到来自众多独立的沃尔玛商场中各种规格产品的即时销量、存货数量，并自动传送订单。这种信息联动策略的合作关系为双方创造了巨大的价值。即时订货系统使宝洁公司得以按需生产而减少了存货，也使沃尔玛成功地减少了存货和空货架，为双方避免了销售的损失。通过合作，双方改变了原来的非赢即输的策略，即一方总是希望努力降低己方的成本而无视对方的成本的行为，而转向双赢策略，为双方提高收益。

（三）关系

关系（relationship）指的是通过将企业的营销活动与社会环境相结合，认为企业营销活动是一个供应商、顾客、行业竞争者、经销商、政府机关等共同发生作用的过程。企业通过形成、维护并稳固其与顾客以及其他利益相关者之间的关系，基于诚信交易的方式，来保证自身的营销目标得以实现。

根据唐·舒尔茨的观点，在 4R 理论中，相比较关联而言，关系具有更加广泛的对象和更加深层次的含义。首先，就对象而言，关联的对象主体是顾客，而关系除了包括顾客还包括其他利益相关者，如供应商、经销商等；其次，就营销层次而言，关联旨在通过承诺、新的营销方式来吸引顾客，而关系除了完成关联的目标之外，还要重视交易完成后的顾客维系工作。进入网络经济时代，通过关系营销的推行，企业基于自身发达的信息平台使企业之间的竞争由扩大市场份额转向扩大顾客群体，由提高市场占有率转变为提高对顾客消费的占有率，即本企业产品在顾客一年或者一段时间中总消费的比重。长期、忠诚的顾客群体将是企业追逐的新的竞争资源，企业在制定营销战略时必须考虑这方面的因素。相对于目标市场而言，在关系营销中企业应更重视对单个顾客的识别，通过与顾客建立长期忠诚关系来实现企业的利益。当然，要实现这一目标，必须要求企业建立一个丰富的顾客数据库和健全的服务平台，从而形成快速反应能力和高效决策能力。

关系营销除了体现在把握顾客群体这一方面之外，还体现在与供应商、经销商、竞争者等其他利益相关者之间的合作上。关系营销认为推动市场发展的不是企业间的竞争，而是相互合作。在信息经济时代，由于网络技术的日趋完善，单个企业无法实现全球化交易的完成，因此人们摒弃了传统经济时代中为针对资源、信息相互间激烈竞争来谋求有利市场地位的发展模式，积极开展合作互利的手段，实现各方的共赢。以淘宝为例，作为一个网上交易平台，淘宝借助其发达的信息手段和数据库，将生产商、顾客、中间商、第三方物流公司等有机结合起来，生产商履行"商流"的功能，第三方物流公司履行"物流"功能，中间商提供客服、自己结算等功能，从而使得各组成部分都能够发挥自己的强势，各取所需，最终实现所有利益群体的共赢。

（四）回报

回报（reward）指的是企业在贯彻执行以上三种营销思想后，通过实现对顾客需求的满足后，在顾客满意、社会满意的基础上来实现企业自身的满意，而企业的回报则是反映企业满意度的最重要指标。企业追求回报包含了两方面的内容——成本和双赢。在现实市场环境中，为了追求更多的回报，企业必须要考虑顾客愿意支付成本的上限，通过低成本战略的实施，来吸引更多顾客以实现自身盈利。如此，一方面，顾客通过较低代价获得同等价值；另一方面，企业也实现了追求回报的目的，实现了企业与顾客的双赢。当然，企业只有通过不断融合新的营销组合策略，提出新的优化方案，对整个营销方案执行过程全程跟踪，才能够实现其追求回报的目标。特别是进入网络经济时代后，随着互联网的普及，传统经济时代中信息不对称、信息单向传播、反应时间滞后的弊端得到了根本的解决，企业可以瞬间捕捉到最佳的市场机会，制定具有前瞻性的营销策略，从而创造出新的市场和新的需求。借助互联网平台，企业与顾客可以实现没有时空限制的接触，从而可以为顾客提供更加符合其需求的产品和服务，使得"个性化定制"在全球范围内得以实现。如此，不仅有效降低了企业的营销费用和经营成本，还可以把握住稍纵即逝的机会，获得更多的利润。除此以外，如果将网络营销与销售员推销、广告促销等传统方式有机结合起来，将能够更好地发挥每种方法的长处，实现以最低的成本投入来占有最大的市场额度，从而获得最大的利润。

四、4V 营销组合理论

4V 是指差异化（variation）、功能化（versatility）、附加价值（value）、共鸣（vibration）的营销组合理论（见图 2-5）。4V 营销组合理论首先强调企业要实施差异化营销，一方面，使自己与竞争对手区别开来，树立自己独特形象；另一方面，也使消费者相互区别，满足消费者个性化的需求。其次，4V 营销组合理论要求产品或服务有更大的柔性，能够针对消费者的具体需求进行组合。最后，4V 营销组合理论更加重视产品或服务中的无形要素，通过品牌、文化等满足消费者的情感需求。

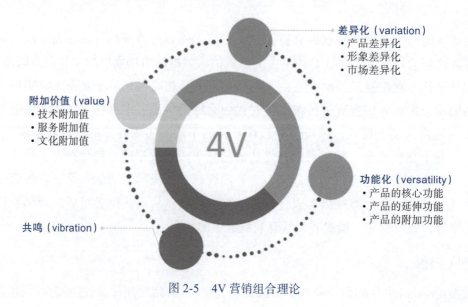

图 2-5   4V 营销组合理论

（一）差异化

伴随着现代社会生产力水平的发展，商品和服务种类不断丰富，顾客的需求也呈现出多样化的发展趋势。一方面，顾客千差万别，即使是对同一种商品，需求也不尽相同。例如，购买服装时，老年人看重舒适、保暖、价格实惠；中年人更看重品牌、剪裁与穿着是否得体；年轻人在意的则是衣服的款式是否时尚个性，追赶流行。顾客的不同需求决定了他最终消费什么样的产品。另一方面，企业提供具有差异化的产品给市场，才能与竞争对手区别开来，树立品牌形象，吸引潜在的消费群体，实现品牌价值。从某种意义上来看，现代企业的营销要"创造"更多的顾客，其实质就是创造差异。这种差异化既表现在顾客身上，也表现在企业身上。

对于一般产品而言，差异总是存在的，而差异化营销所追求的差异是产品的不完全替代性，即在产品功能、质量、服务、营销等方面，企业为顾客所提供的是部分对手不可替代的。企业在实施差异化的营销方式时，可从以下几种路径入手。

1. 产品差异化

对于生产、经营同类产品的企业而言，其产品从表现上来看具有极大的同质性。所以，企业要在质量、性能、价格等方面提供明显优于对手的产品，以在市场上谋求一席之地。以手机市场为例，最初，人们对手机的基础需求就是即时移动通信；后来，随着移动网络和智能手机的技术发展，人们对手机的需求变得多种多样，如休闲娱乐、社交互动、信息收集等。其中，苹果手机主打独特的技术与精良的设计，小米手机的卖点是性价比，vivo手机强调影音娱乐的良好体验，美图手机的特点是自然修图功能。针对不同的用户，各个厂商的品牌定位与营销特点有所不同，因此能在市场上共生共赢。

2. 形象差异化

形象差异化即企业实施品牌战略和品牌形象管理产生的差异。企业借助互联网、电视、广播等媒介的宣传，通过品牌形象管理策略的组合运用，在消费者心目中树立起独特的形象，从而吸引潜在的顾客群体。

3. 市场差异化

市场差异化即由产品的销售条件、销售环境等在市场销售过程中表现出的差异，大体包括销售价格差异、分销渠道差异和售后服务差异。

（二）功能化

一个企业的产品在顾客心中的定位通常分为三个层次。

1. 产品的核心功能

产品之所以能够获得市场认可、赢得顾客，其根本原因是产品所具有的基本功能，也是其核心功能。产品的核心功能是指产品能为顾客提供的基本效用或利益的功能，包括产品特性、寿命、可靠性、安全性、经济性等，是满足人们对该产品基本需要的部分，是顾客需求的中心内容。例如，电视的基本功能是可以让观众收看各广播电视台的节目。

2. 产品的延伸功能

产品的延伸功能即除了产品的基本功能外，向深层次挖掘其潜在功能，从而摒弃产品单一功能的特点。通过对产品的功能进行延伸，逐步由"单功能"向"多功能""全功能"发展。例如，随着人们需求的提升，电视增加了网络连接、定时录制节目、回看点播、游戏互动、手机投屏等功能。

3. 产品的附加功能

产品的附加功能即产品的连带功能，指产品能为消费者提供各种附加服务和利益的功能。例如，对一个家庭而言，电视不仅是一件家电，更是一件家具，需要与整体家装风格相适应，由此，就对其提出了美学功能的要求。

基于功价比原理，通常一件产品的功能与价格呈正比关系，即功能越丰富，价格越高。但需要引起注意的是，并非功能越多，越能赢得更多的客户。"功能弹性化"的重点在"弹性"二字，即根据消费群体实际的需求，对产品功能进行增减，从而赢得多个消费群体。以戴尔电脑为例，它主要通过网络渠道销售电脑，客户可根据自身情况定制不同的"一体机"，从而打开了市场。

（三）附加价值

现代企业所生产出的产品，其价值通常由两部分组成：一是基本价值，即马克思所提出的商品价值"$C + V + m$"。其中，C 表示产品所消耗的材料等；V 表示劳动创造的价值；m 表示税金、利润等。二是附加价值，即由于产品所采用的独特技术、营销和服务，或者企业文化与品牌而产生的额外价值。随着社会生产水平的不断提升，围绕产品物耗和社会必要劳动时间的活劳动消耗在价值构成中的比重将逐步下降；高技术附加价值、品牌（含"名品""名人""名企"）或企业文化附加价值与营销附加价值在价值构成中的比重却显著并且将进一步上升。目前，在世界顶尖企业之间的产品竞争已不仅仅局限于核心产品与形式产品，竞争优势已明显地保持在产品的第三个层次——附加产品，即更强调产品的高附加价值。因而，现代营销新理念的重心在"附加价值化"。

企业在提升产品附加价值时，主要有三个切入点。

（1）提高技术创新在产品中的附加价值。把高技术含量充分体现在价值提供上，从技术创新走向价值创新。

（2）提高创新营销与服务在产品中的附加价值。高附加价值产品源于服务创新与营销新理念。许多企业已清楚地认识到，实现企业价值的关键就在于顾客满意，而针对顾客满意的价值提供则更强调服务创新。服务创新能力不但是衡量企业能否实现消费者价值最大化的重要标志，而且也是衡量企业自身能否实现利润最大化的"预警器"。

（3）提高企业文化或品牌在产品中的附加价值。从表面上看，消费者购买的是企业产品的使用价值，实质上购买的是企业的价值；表面上看是消费企业所提供的产品，实质上是消费企业的文化。因此才有了"海尔产品的价格不是产品价值，而是企业价值"以及由此导致的不轻易降价一说，也因此才出现同样是杂交稻种，袁隆平的杂交稻种即使价格高些，人们也乐意购买的"名人"与"名品"效应。

（四）共鸣

共鸣是企业持续占领市场并保持竞争力的价值创新给消费者或顾客所带来的价值最大化，以及由此所带来的企业的利润极大化，强调的是将企业的创新能力与消费者所珍视的价值联系起来，通过为消费者提供价值创新使其获得最大程度的满足。消费者是追求效用最大化者，效用最大化要求企业必须从价值层次的角度为消费者提供具有最大价值创新的产品和服务，使其能够更多地体验到产品和服务的价值效用。这里所强调的价值效用，实质上就是消费者追求"需求满足"的一种期望价值和满意程度，是企业对消费者基于价值层面上的一种价值提供，这种价值提供构成了价值创新的核心内容。因此，只有实现企业经营活动中各个构成要素的价值创新，才能最终实现消费者的效用价值最大化，而当消费者能稳定地得到这种价值最大化的满足之后，将不可避免地成为该企业的终身顾客，从而使企业与消费者之间产生共鸣。

五、四种营销组合理论的对比

表 2-2 给出了四种营销组合理论的对比情况。

表 2-2　四种营销组合理论的对比

营销理论	基本内容	营销导向	营销模式	满足需求	营销方式	营销关系	顾客沟通	营销目标	优点	不足
4P	产品、价格、渠道、促销	生产者	推动型	相同或近似	规模化	被动	"一对一"单向	企业利润	1.使营销理论有了体系感 2.使复杂的现象和理论简单化 3.为营销提供了易于操作的框架 4.理论上概括，实务上可操作	1.不足以涵盖所有行业可控制的变量 2.只适合制造业中消费品的营销活动和生产者主权的卖方市场
4C	消费者、成本、便利、沟通	消费者	拉动型	个性化	差异化	驱动	"一对一"双向	顾客满意	1.以顾客为中心进行一对一传播 2.注重资源整合，宣传企业形象 3.以传播和双向沟通为基础	1.与市场经济的竞争导向矛盾 2.不能形成个性营销优势 3.未遵循企业经营的双赢原则 4.未解决满足顾客的操作性问题 5.被动适应顾客需求的色彩较浓

（续）

营销理论	基本内容	营销导向	营销模式	满足需求	营销方式	营销关系	顾客沟通	营销目标	优点	不足
4R	关联、反应、关系、回报	竞争者	供应链	感觉、感受	整合营销	积极主动	"一对一"双向、多向	顾客忠诚	1. 以竞争为导向，概括了新框架 2. 体现并落实了关系营销的思想 3. 反应机制为互动与合作、建立关联提供了基础 4. 回报兼容了成本和双赢的内容	实施4R营销策略需实力基础或某些特殊条件
4V	差异化、功能化、附加价值、共鸣	竞争者	供应链	情感共鸣	整合营销	双向兼顾	"一对一"双向、多向	独特价值	1. 弥补了4C营销组合理论中的差异化问题 2. 兼顾社会和消费者的利益、企业和员工的利益 3. 可培养、构建企业的核心竞争能力 4. 是达成顾客忠诚度的具体途径	实施4V营销策略需实力基础

第三节　营销前沿

一、感官营销

营销前沿：感官品牌（上）

营销前沿：感官品牌（下）

感官营销是指企业经营者在市场营销中，利用人体感官的视觉、听觉、触觉、味觉与嗅觉，开展以"色"悦人、以"声"动人、以"味"诱人、以"情"感人的体验式情景销售，其诉求目标是创造知觉体验的感觉，让消费者参与其中并有效调动消费者的购买欲望的一种营销模式。

图2-6左侧的大框展现了感官营销研究对消费者认知过程的理论解读，而右侧小框则表明，感官营销研究与其他消费者行为研究一样，关注的结果变量包括消费者的态度、学习、记忆、行为等。Krishna（2012）提出的模型清晰地表明，与基于经典认知心理学的营销学研究不同，感官营销研究不但关注消费者对信息的心智处理过程，而且更加关心消费者的身体如何通过感官与外界进行交互，不同的感官感觉又如何影响后续的情绪和认知过程。

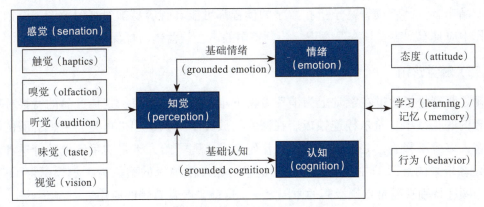

图 2-6　感官营销概念模型

（一）视觉营销

视觉是营销实践者最仰赖的感官感觉，大多数营销传播手段都诉诸视觉，如品牌标识与包装设计、报纸杂志广告、电视广告、网络广告、电影植入广告等。但是，传统营销中的视觉手段更加强调通过增强美感和可记忆性来获得消费者的注意和好感。前文所述的研究成果表明，标识形状、画面颜色甚至产品出现在画面中的位置等视觉元素对消费者的认知过程和结果都有微妙的影响。

例如，在塑造品牌的个性因素中，产品的包装、象征符号、广告和公司形象等因素都需要具有视觉营销的思维。产品的包装不仅保护产品、促进销售和提供便利，还可体现不同的品牌个性。例如，农夫山泉的运动瓶盖和"收腰"瓶身彰显了它的运动个性；茅台酒的华贵包装正是其高贵、高档次的体现；当提及"麦当劳""肯德基""悉尼歌剧院"这几个词时，脑海里就会闪现金黄色的"M"形拱门、和蔼可亲的老爷爷标识和似白色风帆的外形……蓝之象企划机构营销工具中所提出的"0.7秒视觉营销攻略"认为，对产品的包装、色彩、象征符号、品牌广告和公司形象等因素都需要有科学的系统性设计，无论是在颜色还是立体形状上，都能带给消费者一目了然的视觉记忆。

（二）听觉营销

听觉营销是指利用美妙或独特的声音，吸引消费者的听觉关注，并在消费者的心目中形成独特的声音。例如，麦当劳里欢快的音乐是其个性的充分体现；肯德基里的悠扬音乐显示了它不同于麦当劳的品牌文化；服装店里轻快的音乐促进消费者的购买，同时显示了其休闲、轻松的特征；咖啡店里低沉的音乐与其内部灯光等的配合为消费者提供了可以聊天、享受生活的场所。

有关研究显示，对环境声音、人声、语言、音乐等听觉刺激的自动加工会通过意义象征、情绪等无意识地影响消费者的判断、评价和行为。听觉感官营销研究的发现表明，听觉是人类获得"有意义"（meaningful）信息的另一条重要渠道，但与视觉类似，听觉对消费者也存在基于感觉与知觉而非基于意义的广泛影响。前文所述的研究表明，广告音乐、产品声音、品牌读音甚至折扣数字的读音都可能具有容易被忽视的效应，营销人员在工作中应具有"声音核查"意识，让营销中的声音与营销目标保持一致。

（三）触觉营销

触觉营销是指通过在触觉上为消费者留下难以忘怀的印象，宣传产品的特性并刺激消费者的购买欲望。希尔顿连锁饭店在浴室内放置了一只造型极可爱、手感舒服的小鸭子，客人多爱不释手，并带回家给家人作纪念，小鸭子给人带来的手感上的舒适和希尔顿给顾客带来的舒适的住宿正好呼应。这个不在市面销售的赠品为希尔顿赢得了口碑，并成为顾客特别喜爱希尔顿饭店的原因之一，这就是触觉营销的应用。

在营销实践中，虽然电子商务的发展使消费者在做出很多购买决策之前失去了触摸产品的机会，但是消费者还是会在使用中触摸到产品包装盒以及产品本身，而消费者最终的使用评价可能与其触觉体验密切相关。更不用说在服务行业中，消费者与服务环境和服务人员的触觉交互是每时每刻都在发生的。因此，营销人员需要做好消费者的"触觉管理"，至少可以从产品设计、产品包装、购物环境等方面着手，从改善消费者触摸到的温度、软硬度、光滑度等方面入手来提升营销绩效。

（四）味觉营销

味觉营销是指以特定气味吸引消费者关注、记忆、认同以及最终形成消费的一种营销方式，是对消费者味觉、嗅觉的刺激，有别于传统视觉刺激。英国牛津大学的研究显示，人会把气味与特定的经验或物品联想在一起。人们以往以为自己嗅觉不发达，但其实气味对人类的生活影响甚大，味觉营销随之被推出，淡淡的香味如同标签一样，让消费者一闻就想起特定的品牌。

味觉营销多被用在食品行业，特别是在食品的终端销售渠道上。食品在终端销售环节常常会为消费者提供免费品尝的机会，这有利于通过对消费者的味觉刺激实现对消费者的吸引。味觉营销的思想用在品牌塑造方面就是通过给消费者留下难以言传的美味，实现品牌个性的潜移默化式传递。

（五）嗅觉营销

在人类全部感官中，嗅觉是最敏感的，也是同记忆和情感联系最密切的感官。科学证明，每个人的鼻子可以记忆一万种味道，而嗅觉记忆的准确度比视觉要高一倍。每天，我们都生活在味道当中，体会着味道对情感、记忆、情绪以及行为所产生的重大影响。嗅觉事关呼吸和环境感知，并与消费者的记忆紧密相连。在某些消费场所，如商场、餐馆、咖啡厅等，消费者对环境舒适度的感知会影响他们的停留时间，而消费者的停留时间往往与其消费额成正比。

嗅觉营销是指建立在特定气味上，吸引消费者关注、记忆、认同以及最终形成对企业品牌的忠诚度。例如，新加坡航空公司把美国仙爱尔（Scentair）公司特别调制的"热毛巾上的香水味"作为其专利香味，广泛喷洒在机舱和乘客用品上。这种香味已经成为新加坡航空的一张名片。

（六）跨感官交互

由于味觉自身的多维属性，许多味觉感官营销研究都融入了多种感官，而不同感官之间的整合与冲突也是近年来感官营销研究的热点。有的研究发现了多感官协同一致的正面效应，如商场气味与音乐的协同（Spangenberg et al., 2005）、品牌名称与其口味预期的协同（Yorkston and Menon, 2004）等。另外，Krishna 等（2010b）发现，男性（女性）气味的香水与粗糙（光滑）的产品触感相配合，能够获得消费者较高的评价，因为气味与触感给消费者的预期和感觉是一致的。有的研究则发现了多感官冲突互补的正面效应，如卖场的拥挤程度（触觉）与气味（嗅觉）不一致的正面效应（Poon and Grohmann, 2014）。

跨感官交互研究则表明，当消费者处于获取感觉、形成判断的中性状态时，感官体验的一致性能够减少其冲突感，从而产生正面效应。如果消费者本身处于警觉或不舒适的状态，则另一种感官带来的相反感觉有助于缓解其负面状态，此时感官不一定会起到积极作用。

二、场景营销

场景营销是指基于对用户数据的挖掘、追踪和分析，在由时间、地点、用户和关系构成的特定场景下，连接用户线上和线下行为，理解并判断用户情感、态度和需求，为用户提供实时、定向、富有创意的信息和内容服务，通过与用户的互动沟通，树立品牌形象或提升转化率，实现精准营销的营销行为。简单来说就是以场景来触发消费者的购物欲。

场景式营销属于体验式营销的一个细化范畴，是 2014 年才出现的一种全新的营销策略。在进行体验营销时，会遇到产品的体验也不足以令消费者为之买单的情况，商家必须给消费者建立一个适当的场景，以氛围来烘托，打动他内心的情感，买下这件东西便成了顺理成章的事情。例如，消费者去宜家买东西时，若单件的家具堆成山放在一边，那消费者连挑选的欲望都没有，可如果把沙发、靠枕、茶几、杯盏装饰成一间客厅，让消费者身临其境，他们就会觉得这几件物品搭配起来竟然那么漂亮，这时候购买的欲望就来了。这就是商家给消费者构建了一个场景，通过这个场景来触发消费者的购买欲。

场景式营销具有三大特点。

（1）随时性。微信、微博的盛行让诸多网友深陷其中，比如无意间刷朋友圈，看到好友晒的照片，她穿的某件衣服、戴的某块手表，你觉得特别好看，这就触发了你的购买欲，于是你问她在哪里买的，她即刻将链接推送给你，你下单付款。还有许多商家喜欢转发消费者的买家秀，以此来刺激购买，在类似的购买过程中，消费者是不带有目的性的，完全是因为看到了某个场景，激起了购买的想法，这就是场景式营销的随时性，完全出乎意料，随时随地都可能发生。

（2）不相关性。场景式营销的主体仍然是消费者，但是由于不同人思想的不确定性造成了一个场景在面对不同消费者时会产生完全不同的想法，并不是所有的想法都会和这个场景有关联。例如，宜家为我们打造了一个舒适田园风的清新场景，但是消费者在看见的时候不一定想象的是自己家的装修风格是否可以摆放这些产品，他们可能想的是自己一会儿要去吃什么，晚饭后要不要看个电影之类的与购买行为完全不相关的一些事情。

（3）多样性。群岛时代的来临，物以类聚、人以群分的群体特征，针对特定群体进行的场景设计，使得场景式营销变得更为多样化和立体化。小红书 App 近年来十分受年轻人的喜爱，其中一个原因就是它推出用户可根据不同场景的需要，选择合适的服装搭配，从而对几个品牌进行整合。同时小红书的用户也可以运用其中的标记功能，将每件衣服的搭配在 App 中进行标记，标记出每一个单品的购买链接，为其他消费者提供更多的搭配参考意见。通过多样的场景来吸引更多的消费者使用。

场景营销的核心要素为场景、数据、算法和体验，其核心优势在于以用户为中心生产营销内容。其中，场景定向是场景营销所有环节的基础，结合用户定向、行为定向、媒体和内容策略，实现场景营销的高效达成。场景位置定向有三种方式：GPS 位置信息、线下 Wi-Fi 设施位置信息、线下 iBeacon 设施位置信息。未来，这三种方式将呈现从角色互补到融合发展的趋势。

场景营销的一个特殊类型是游戏营销。

为了提高营销绩效，特别是营销传播绩效，国内外营销实践者将游戏设计元素纳入市场营销活动，让用户产生类游戏体验，从而鼓励用户参与，增强用户黏性，强化品牌体验，低成本地实现营销目标，这种营销手段被称为游戏营销。游戏营销与游戏有关，具备了游戏的特点和属性，包含游戏设计思想、游戏元素和游戏般的体验。但它并不局限于游戏本身，它既可以包含全部游戏元素成为一个完整的游戏（即严肃游戏），也可以由部分游戏元素、设计原则和方法组成。游戏营销将游戏设计元素纳入营销环境，具体而言，游戏设计原则和方法、游戏机制、游戏框架以及具体的界面设计都属于游戏设计元素（Deterding et al., 2011）。

在游戏化营销下，企业将游戏组件元素作为刺激，通过游戏动力元素改变消费者的心理状态，促使消费者采取下一步行动或停止行动；游戏机制元素与消费者所采取的行动直接相关，它会影响组件元素，并不断产生新的刺激（Gatautis et al., 2016）。Gatautis 还在他的研究中提出了游戏化对在线消费者行为影响的概念模型，如图 2-7 所示。

另外，周郁凯（Yu-kai Chou）通过对游戏化研究的总结，提出了八角行为分析法（octalysis 分析法），将游戏化的驱动力总结成八个部分（见图 2-8）。

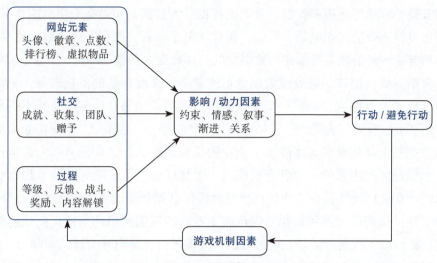

图 2-7　游戏化对在线消费者行为影响的概念模型

（1）史诗意义和使命感。史诗意义和使命感作为核心驱动力使人们认为自己在从事比事情本身更伟大的事情，从而受到激励。

（2）进步与成就感。进步与成就感是指人们希望成长，完成特定的目标。它通过展示前进和成长的道路来激励我们，如最典型的 PBL 系统。

（3）创意授权与反馈。创意授权与反馈是指通过人们的自主需求并给予及时反馈，从而达到激励效果，这也是最难实现的一个驱动力。

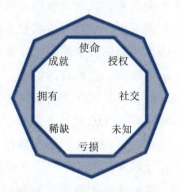

图 2-8　游戏化八大核心驱动力

（4）所有权与拥有感。所有权与拥有感源于我们想要增加、保护自己所拥有的东西。它驱动我们收集邮票、积累财富，或者是在游戏中收集徽章等。

（5）社交影响与关联性。社交影响与关联性是指别人的行动或想法会影响我们开展的活动，在游戏化设计中运用这种影响和关联性，吸引用户周边者参与其中并达成期望行为。

（6）未知性与好奇心。好奇心驱动着人类不停探索着未知世界，一直进化到今天。

（7）稀缺性与渴望。稀缺性与渴望之所以能够产生效果，是因为你想得到某样东西，而这样的东西获得的难度很大且需要付出很多努力才有可能得到。

（8）亏损与逃避心。我们总是害怕失去，不愿意坏事降临。我们会不自觉地去规避我们所认为的风险或亏损，因此很容易落入商家的圈套。

三、大数据营销

所谓大数据营销，是指借助互联网、电脑通信技术和数字交互式媒体来实现营销目标的一种营销方式。大数据营销将尽可能地利用先进的计算机网络技术，以最有效、最省钱地谋求新的市场的开拓和新的消费者的挖掘。大数据营销是基于明确的数据库对象，通过数字化多媒体渠道，如电话、短信、邮件、电子传真、网络平台等数字化媒体通道，实现营销精准化，营销效果可量化、数据化的一种高层次营销活动。

　　商业营销需要新招式，企业按常规营销通常是厂家按自己的主观想象，先将同一种产品制造出成千上万件，再一级一级批发到各地商场。结果有许多产品并不符合消费者的需要，经常可以看到"大降价""大拍卖"之类的标语。这不仅严重影响企业的经济效益，影响企业的生存和发展，还降低了企业的投资回报率和盈利能力。大数据营销就是为解决这个问题而提出来的一个新营销模式。大数据营销就是随时随地掌握企业产品市场营销的统计和信息反馈管理工作，让产品销售信息为企业的生产管理提供准确的依据，让企业随着产品销售的市场风向标及时调整企业这艘航船风帆的方向，向效益最大化的目标前进。可以说大数据营销是企业最好的市场谍报员，是企业管理的军师。

　　大数据营销是一种基于多平台的大量数据，依托大数据技术，应用于互联网广告行业的营销方式。大数据营销衍生于互联网行业，又作用于互联网行业。依托多平台的大数据采集，以及大数据技术的分析与预测能力，能够使广告更加精准有效，给品牌企业带来更高的投资回报率。其核心在于让网络广告在合适的时间，通过合适的载体，以合适的方式，投给合适的人。大数据营销是近年来随着大数据应用的热潮而出现在人们眼中的，但其实在20世纪末的美国就有相关的企业在应用类似的策略开展营销活动。近几年随着媒体形式的丰富和信息技术的完善，大数据营销也随之变革，逐渐被各大企业所运用。这些企业基于大数据的相关分析开展大数据营销，以便进行产品系列的改善升级以及精准营销活动的策划和客户关系的维护。

　　企业将消费者在有意或无意中留下的信息数据作为用户潜在需求的体现，为定制、改善产品的具体方案提供依据。例如，ZARA公司内部的全球资讯网络会定期把从各分店收集到的顾客意见和建议汇总并传递给总部的设计人员，然后由总部做出决策后再立刻将新的设计传送到生产线，直到最终实现"数据造衣"的全过程。利用这一点，ZARA作为一个标准化与本土化战略并行的公司，还分析出了各地的区域流行色，并在保持其服饰整体欧美风格不变的大前提下做出了最靠近客户需求的市场细分。同样，在ZARA的网络商店内，消费者意见也作为一项市场调研大数据参与企业产品的研发和生产，且由此映射出的前沿观点和时尚潮流还让"快速时尚"成为ZARA的品牌代名词。除此以外，企业还可以在对以上大数据分析的过程中进行分类和信息提取，通过这些信息的差异化处理，针对不同的群体进行有效的定向推广。此外，针对既有的消费者，企业可以通过用户的行为数据分析他们各自的购物习惯并按照其特定的购物偏好、独特的购买倾向加以一对一的定制化商品推送。Turge百货的促销手册、沃尔玛的建议购买清单、亚马逊的产品推荐页无一不是个性化产品推荐为企业带来可预测销售额的体现。最后，大数据营销还可以帮助企业进行客户关系维护，例如，中国移动通过客服电话向流失到联通的移动老客户介绍最新的优惠资讯；餐厅通过会员留下的通信信息向其推送打折优惠券来提醒久不光顾的老客户消费；YouTube根据用户以往的收视习惯确定近期的互动名单，并据此发送相关邮件给可能流失的用户以提醒并鼓励他们重新回来观看。大数据帮助企业识别各类用户，而针对忠诚度各异的消费者实行"差别对待"和"量体裁衣"是企业客户管理中一项重要的理念基础。

四、神经营销

此前，国外学者 Green 和 Srinivasan 在《营销研究》（*Journal of Marketing Research*）上提出了对传统市场研究的质疑。1990 年，他们发表了《市场营销的联合分析：情感影响在研究和实践中的新发展》（"Conjoint Analysis in Marketing: New Developments with Implications for Research and Practice"）。由此看来，国外学者很早之前就关注神经营销，并且做出了各种各样的研究。虽然具体来源难以考察，但是神经营销学应用和实践的范围确实很广。而神经营销在中国的发展则比较晚，随着 2008 年马丁·林斯特龙（Martin Lindstrom）的 *Buyology: Truth and Lies about Why We Buy* 在市场上流传，国内学者与营销人员才真正开始接触和了解神经营销这一新兴领域。

神经营销是指运用神经科学方法来研究消费者行为，探求消费者决策的神经层面活动机理，找到消费者行为背后真正的推动力，从而产生恰当的营销策略。它实际上是伴随着近年来支撑营销理论的几大基础学科的发展而产生的。其中，起主要作用的是认知科学和神经科学的重大突破。随着行为决策和认知科学的发展，营销理论可以借用很多心理学上的概念来解释消费者行为，如内隐记忆、信息自动加工、潜意识等。由于人脑控制了人类行为的所有方面，理解人脑的工作原理不仅能够帮助解释人类行为，更能够帮助营销人员掌控消费者的行为规律。

至今为止，神经营销学的研究事实上更多地立足于神经科学而非营销学，大多数已发表的文献来自神经科学杂志而非营销学杂志。原创于神经科学的营销学理论尚不多见，而只有神经科学才能解释的消费者行为也属于少数，但是神经营销学的前景仍不可估量。

哈佛商学院教授杰拉尔德·萨尔特曼（Gerald Zaltman）就曾经直言不讳，他认为消费者只是对自己的感觉忠诚，但是"人们经常不知道自己知道什么——消费者 95% 的想法来自潜意识"。加利福尼亚技术学院的神经科学家斯蒂文·库沃茨（Steven Quartz）也曾说过："问卷式的市场调查是建立在人对自己的需求都是自知的假设之上的，然而事实并不尽然，神经营销学的威力就在于它能揭示大脑潜意识当中的需求。"这就是神经营销——走进消费者的潜意识。

经过几十年的发展，营销人早已建立了一套成熟的营销理论体系，已经能够充分运用广告、媒体、渠道等各种现实资源开展营销活动，对消费者的了解也已经十分透彻。但唯独对人脑的研究还停留在初期阶段，人脑还存在着巨大的未知空间等着我们发掘其中的奥秘。神经营销正是基于对人脑的研究进行的，通过对消费者潜意识的观测，掌握第一手最真实的信息，这对营销活动的评价及必要性进行了证实，给营销人提供了一个新视野和新平台来进行现代化营销的发展和完善。

思考题

一、名词解释

1. 产品导向
2. 生产观念
3. 产品观念
4. 大市场营销观念
5. 绿色营销
6. 场景营销

二、选择题

1. (　　) 认为，消费者喜欢高质量、多功能和具有某种特色的产品，企业应致力于生产高附加值产品，并不断加以改进。

   A. 生产观念　　　　B. 产品观念

   C. 推销观念　　　　D. 营销观念

2. 20世纪90年代，美国营销专家罗伯特·劳特朋（Robert Lauteerborn）提出，用新的4C组合取代4P组合。下列不属于4C组合的是 (　　)。

   A. 消费者（customer）

   B. 观念（concept）

   C. 成本（cost）

   D. 实施（conduct）

3. 产生于资本主义国家，处于由"卖方市场"向"买方市场"过渡阶段的营销观念是 (　　)。

   A. 生产观念　　　　B. 产品观念

   C. 推销观念　　　　D. 市场营销观念

4. 推销观念和营销观念最本质的区别在于 (　　)。

   A. 推销观念已经不适用于当今市场，而营销观念会有更广阔的前途

   B. 推销观念考虑如何把产品变成现金，而营销观念则考虑如何来满足顾客的需要

   C. 推销观念产生于卖方市场，而营销观念产生于买方市场

   D. 推销观念注重卖方需要，而营销观念则注重买方需要

5. 最容易导致企业出现市场营销近视的营销观念是 (　　)。

   A. 生产观念　　　　B. 产品观念

   C. 推销观念　　　　D. 市场营销观念

6. 企业注重收集每一个客户以往的交易信息、人口统计信息、心理活动信息、媒体习惯信息以及分销偏好信息等，根据由此确认的不同客户终生价值，分别为每一个客户提供各自不同的产品或服务的观念是 (　　)。

   A. 社会营销观念　　B. 客户满意

   C. 营销观念　　　　D. 客户观念

7. 通过提升客户占有率、客户忠诚度和客户终生价值，实现利润增长的观念是 (　　)。

   A. 推销观念　　　　B. 市场营销观念

   C. 客户观念　　　　D. 生产观念

8. 服务市场营销组合7P比传统4P增加的3P不包括 (　　)。

   A. 人员（people）

   B. 公共关系（public relations）

   C. 有形展示（physical evidence）

   D. 过程（process）

9. 根据4R组合，在今天相互影响的市场中，对经营者来说最现实的问题在于如何站在顾客的角度及时地倾听顾客的希望、渴望和需求，并及时答复和迅速做出反应，满足顾客的需求，即 (　　)。

   A. 关联（relevance）

   B. 反应（reaction）

   C. 关系（relationship）

   D. 回报（reward）

三、简答题

1. 简述单纯的市场营销观念。

2. 简述4P营销组合理论。

3. 简述 4V 营销组合理论。
4. 简述 4C 营销组合理论。

5. 简述大数据营销的基本理论。

四、案例题

海尔：从一个都不能少到"弃硬投软"

案例思考题：

1. 海尔的传统营销方式有哪些？请从中总结归纳营销传播的支撑基础与内容。
2. 新媒体的内涵是什么？与传统营销方式相比，新营销环境下受众和特点发生了怎样的改变？它给社会舆论环境带来了哪些变化？
3. 新媒体营销对企业营销传播的影响是什么？请分析海尔走新媒体营销之路的动机。
4. 海尔新媒体营销发生了什么样的变化？
5. 海尔"弃硬投软"决策会给企业带来怎样的影响？新媒体营销趋势不可逆转的情况下，海尔又该如何进行整合营销？

第三章　观势格局，顺应时势：
营销环境分析

知彼知已，胜乃不殆，知天知地，胜乃可全。
——《孙子兵法·地形篇》

:: 学习目标

1. 明确营销环境的含义和构成部分。
2. 了解市场营销宏微观环境要素及其对营销活动的影响，认识营销环境与营销活动的动态适应关系。
3. 掌握营销环境分析的思路和方法，并学会运用营销工具适应环境变化。

:: 重难点

营销环境要素的分析与理解。

:: 关键词

营销环境；宏观环境；微观环境；PEST 分析；SWOT 分析。

:: 框架图

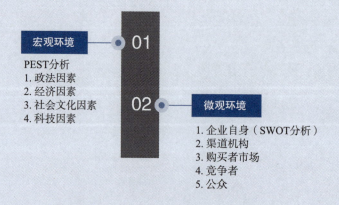

📖 案例导入

<h2 style="text-align:center">爱奇艺打造开放型平台</h2>

经过近十年的拓荒与成长，视频网站如今正在技术、资本、内容多重驱动下蓬勃发展。尽管版权之争仍在继续，移动硝烟未尽散去，但这两年来行业明显的变化是，大家都意识到一味追随传统的电视电影固有模式，已不能完全释放出互联网公司的能量。在互联网迅速发展的影响下，面对全新的文化产业环境，爱奇艺是如何在短短六年时间内，用同行一半的时间在流量、品牌与营收上全面领先并成为行业趋势的引领者的呢？

新的营销观念与营销变革

在成长过程中，爱奇艺不断坚持并强化着营销世界观：标准、创新、开放。营销创新也是爱奇艺成为并保持领先者的核心原因之一，涉及广告产品、营销理念、商业模式等多个层次。

爱奇艺数据研究院院长葛承志分享了技术与产品创新驱动的营销变革方向：一是爱奇艺的 OTT 产品，奇异果 TV 广告资源得到多家主流广告主的认可，规模化商业价值快速凸显；二是 VR 广告产品带来了全新的想象空间，葛承志认为这是"第一人称营销时代"的到来；三是视频大数据及程序化购买时代的全面到来，爱奇艺顺势推出了自己的 DMP 产品——魔术师，以"海纳百川"的数据源形成开放型多元定向，将助力于广告主及时高效地触达目标人群。

打造新的产业链

在开放方面，爱奇艺不仅仅是广告资源售卖商、营销服务供应商，还致力于突破传统线性式的产业链沟通，利用平台的力量，整合内容方、品牌广告主等上下游生态资源，实现长期共生共赢。

近两年，爱奇艺在网剧、网综、网络大电影、付费行业模式等方面的探索都获得了行业认可，有些探索已经成为行业全体遵循的标准。爱奇艺在版权和自制内容运营上双双出现井喷效应，包括《盗墓笔记》《爱上超模》《我去上学啦》《奇葩说》《太阳的后裔》《琅琊榜》《奔跑吧兄弟》等一大批优质内容，正持续引领互联网流行文化风向。

新的技术探索

爱奇艺作为业内较早介入 VR 的大型平台，面对日益兴起的 VR 技术，爱奇艺表示将继续开放性地与 VR 产业上下游企业展开大规模合作，争取尽早形成健康强大的中国虚拟现实生态系统。

在营销观念、产业链条以及技术方面不断革新，并在内容层面大力发展自制和新的内容形态，商业模式方面积极引导付费，以爱奇艺为首的视频网站正在一步步摆脱传统娱乐文化产业旧有格局，打破并尝试重建泛娱乐文化产业游戏规则。

资料来源："搜狐新闻.爱奇艺世界观大会：打造开放型平台"，2016 年 5 月 5 日。

面对快速变化的文化产业环境，爱奇艺凭借自身对内外部营销环境的正确分析，采取了一系列的革新措施，完美迎合消费者，完美把控市场走向，始终在竞争激烈的视频平台行业中稳居龙头地位，赢得了越来越多消费者的喜爱。

对营销环境的分析，是市场营销计划的前期工作。营销战略的制定、营销工具的确定都必须以营销环境要素的状态、变化趋势为依据；企业市场营销活动的绩效在很大程度上取决于企业对各种营销环境要素的分析和把握。营销环境要素可分为宏观环境要素和微观环境要素，它们之间是相互联系和相互作用的。我们对环境的分析要做到"五观四看"，从环境整体中把握环境发展趋势、识别市场机会和市场威胁。

第一节　宏观环境

市场营销环境

夫未战而庙算胜者，得算多也；未战而庙算不胜者，得算少也。多算胜，少算不胜，而况于无算乎？

——《孙子兵法·计篇》

宏观环境是指企业无法直接控制的因素，是通过影响微观环境来影响企业经营能力和效率的一系列巨大的社会力量，包括人口、经济、政治法律、科学技术、社会文化及自然生态等因素。由于这些环境因素对企业起着间接影响作用，主要以微观环境为媒介影响和制约企业的市场活动，所以又被称为间接环境。

所有企业要在市场中立足，必不可少的一件事就是对营销环境进行分析，只有认清了形势，才能制定正确的战略，明确企业的前进方向。营销环境是指与企业营销活动有潜在关系的内部和外部因素的集合，分为内部环境和外部环境。营销环境是存在于企业营销系统外部的不可控制的因素和力量，这些因素和力量是影响企业营销活动及目标实现的外部条件。一个公司的营销环境由在营销之外的影响营销管理能力的所有因素构成，而营销管理能力是指成功地发展和维持同目标用户关系的能力。营销环境既提供机遇又带来风险。

那么如何对营销环境进行分析呢？通常，我们有两种简单却有效的分析方法，即PEST分析法和SWOT分析法。PEST是针对企业在宏观环境要素方面所使用的分析框架，行业的结构会受到外部商业环境和宏观环境的影响，只有了解宏观环境的变化，才能进一步了解在SWOT矩阵下企业所处的竞争环境，进而探索影响行业盈利能力的因素。而

SWOT 又叫作态势分析法，是非常常用的分析工具，是指将与研究对象相关的内部优势、劣势、机会和威胁等，通过调查列举出来，并依照矩阵形式排列，然后动用系统分析的思想，把各种因素相互匹配起来加以分析，从中得出一系列相应的带有决策性的结论。

我们先来分析第一种——PEST 分析法。PEST 模型是针对企业在分析宏观环境要素方面所提出的分析框架，将宏观环境分成政治因素（politics）、经济因素（economy）、社会文化因素（society）和科技因素（technology）这四大部分来进行考察，分析哪些宏观环境要素可能有利于企业的发展，而哪些又可能对企业的营销活动产生威胁，从而帮助企业规避风险，发现市场机会。

虽然不同行业和企业根据自身特点和经营需要，对宏观环境的具体分析内容会存在差异，但总体框架都是围绕 PEST 这四大类影响企业外部环境的主要因素进行分析。下面我们就来具体讨论 PEST 分析法的"四看"究竟如何"看"（见图 3-1）。

图 3-1　宏观环境 PEST 分析

一、看政治（P）

| 案例直通车 |

比亚迪怎么了

作为长期在国内新能源市场"一枝独秀"的自主车企、昔日的"明星股"，比亚迪最近突然"跌落神坛"，交出了一份算不上亮丽的季度"成绩单"！

比亚迪披露的 2018 年一季报显示，公司 2018 年一季度营收 237.38 亿元，相比 2017 年同期增长 17.54%；净利润 1.02 亿元，相比 2017 年同期同比下降 83.09%。扣非后净利润为亏损 3.29 亿元，2017 年同期为盈利 4.46 亿元。需要一提的是，一季度比亚迪共收到与汽车相关的政府补助 6.4 亿元。也就是说如果没有国家补贴，比亚迪这一季度可能就是爆亏近 5 亿元。资本市场立刻做出反应——A 股的比亚迪一天内大跌 7.01%，5 个月的时间，市值最高一度蒸发近 700 亿元。

针对 2018 第一季度的惨淡业绩，比亚迪把主因归结在了新能源汽车补贴退坡，政府补贴减少，导致新能源汽车业务的盈利能力出现大幅下滑，而激烈的行业竞争也进一步影响汽车业务的盈利水平。

为了扶持新能源汽车行业发展，我国实施了大规模的财政补贴政策，效果显著。自 2013 年政策实施开始，短短 4 年内，新能源车的年销量从 1.76 万辆一直攀升至 77.7 万辆，暴增 60 倍；仅 2017 年国内新能源汽车的销量就占据了全球新能源汽车市场的半壁江山，我国也迅速成为全球新能源汽车的第一大市场。

然而盛世之中，往往会潜伏着不可预知的危机。新能源汽车补贴本意虽好，但由于缺乏监管，引发了一大弊端——骗补。2016 年，四部委对全行业的 93 家企业骗补情况进行排查：93 家企业中骗取补贴的居然高达 72 家！骗补车辆总计达到 76 374 辆，涉及金额共 92.707 亿元，也就是平均一辆车，企业骗补高达 12 万元。于是，补贴退坡势在必行。

当国家的退坡令突然来袭，而且比想象中更加迅猛时，新能源汽车企业集体"受伤"。除了比亚迪，2018年一季度——宇通客车净利同比大降67.4%；中通客车净利同比下降97%；安凯客车净利同比下降252.39%；江淮汽车净利同比下降181.7%……

以前国家对新能源汽车大力扶持，一方面是出于环保需要；另一方面，是希望通过发展新能源汽车，在汽车领域实现对发达国家的"弯道超车"。但这不能成为新能源车企不思进取、坐吃"大锅饭"的理由。

为了更好地引导新能源汽车行业发展，减少车企对国家补贴的依赖，国家主动对车企"断奶"。一味保护没有用，只有充分竞争，才有危机，才有动力。国务院关税税则委员会印发公告称，从2018年7月1日开始，将相当幅度降低汽车及零部件进口关税！内有补贴政策退坡，外有外国汽车竞争对手环伺，接下来中国新能源汽车乃至所有汽车企业都将面临新一轮洗牌。

资料来源："新京报．增量不增利，比亚迪的新能源事业怎么了？"，2019年3月6日。

比亚迪是我国新能源汽车行业的代表企业，由于新能源尚处在发展初期，很大程度上依赖于国家的政策扶持，然而政策的利好却招来部分不良商人的投机。在政策调整之下，比亚迪等企业的业绩发生剧烈变动，但从长期来看，此举淘汰了一批落后产能和不良竞争者，为优质企业的发展创造了发展空间。

广义的政治环境不仅仅包括政治，还包括法律。政治环境引导着企业经营活动的方向，法律环境则为企业规定经营活动的行为准则。政治与法律相互联系，共同对企业的市场营销活动产生影响、制约和发挥作用。

（一）政治环境

政治和法律作为社会的上层建筑，是经济基础的集中表现。政治环境主要是指企业所在国的政权、政局，政府的有关政策以及对营销活动有直接影响的各种政治因素，主要包括政治形势和经济政策。

政治形势是指目标市场所在国的政权结构、政局的稳定性等因素，而经济政策可以分为基本经济政策和具体经济政策。基本经济政策是指一定时期内政府经济工作的大政方针和指导原则，它规定着国民经济运行的基本方向，具有战略性的意义。例如，国家在经济发展新常态下提出供给侧改革，通过简政放权、放松管制、金融改革等政策手段促进产业结构调整，加速淘汰落后产能，优化劳动力配置。所谓具体经济政策是针对某个特定领域、某种具体问题或某一特定时期的经济状况所采用的政策，它是为实现基本经济政策而采取的重要措施，是基本经济政策的具体化，如税收政策、就业政策、补贴政策等。

另外，企业在营销活动中，还要考虑政府垄断行为。政府在某些行业中的垄断，会使得企业失去在该行业经营的市场机会。

（二）法律环境

法律环境是指企业所在国家和地方制定的各种法令、法规，是企业经营活动的"游戏规则"。随着我国法制建设日益完善，企业营销人员会发现，他们置身于一个异常复杂的法律环境之中，国家与地方政府制定的各种法律法规都在发挥作用。因此，企业营销人员必须充分认识和了解法律环境的重要性。

企业的经营管理者必须熟知有关的法律条文，才能保证企业经营的合法性，运用法律武器来保护企业与消费者的合法权益。对从事国际经营活动的企业来说，不仅要遵守本国的法律制度，还要了解和遵守国外的法律制度与有关的国际法规、惯例和准则。例如，日本政府曾规定，任何外国公司进入日本市场，必须要找一个日本公司同它合伙，以此来限制外国资本的进入。只有了解并掌握了这些国家的有关贸易政策，才能制定有效的经营对策，在国际经营中争取主动。

曾经在网约车还没有合法化的时候，Uber 等网约车公司一边拓展业务，一边担心被叫停。然而，在《关于深化改革推进出租汽车行业健康发展的指导意见》《网络预约出租汽车经营管理暂行办法》等新规发布之后，明确表示了今后网约车将合法化。这种政策信号算是给它们吃了一颗定心丸——再也不用担心干得红红火火的时候被一夜关停了。

政治与法律因素既制约企业的市场营销活动，同时新的政策和法规有可能给有关企业带来市场机会。例如，政府出台相关管理条例，为网约车的行业发展创造了良好的环境，鼓励商业模式的创新，引导企业良性竞争、积极创新、健康成长。

二、看经济（E）

在市场营销领域，我们所说的市场是指有购买意愿和购买能力的人群的集合，简言之就是"想买并买得起"的人。而只有当人数达到一定量时，才有进行市场营销活动的必要。因此，人口是进行市场营销活动的基础，没有购买能力的购买意愿不叫需求，叫欲望。可见，我们在谈经济因素时，主要包含这两方面内容：一是人口；二是收入。

一方面，关注一个国家的人口数量及其增长趋势，国民收入、国民生产总值及其变化情况以及通过这些指标能够反映的国民经济发展水平和发展速度。另一方面，也包含企业所在地区或所服务地区的消费者的收入水平、消费偏好、储蓄情况、就业程度等因素。这些因素直接决定着企业目前及未来的市场大小。

（一）人口因素

人口环境要素包括人口规模、人口结构、人口迁移等细分要素。

1. 人口规模

人口规模即人口总量，是指一个国家或地区人口的总数。统计资料表明，人口总量与经济发展水平密切相关，就相同规模来看，发达国家人口总量一般低于发展中国家。

十多年来，世界人口以年平均高于 1.5% 的速度增长。世界人口继续增长，意味着世界市场继续发展，市场需求总量将进一步扩大。所不同的是，发展中国家人口增长快，经济收入低；发达国家人口增长缓慢，商品供应丰富，经济收入高。人口增长带来需求扩大的同时，也会带来资源短缺、污染加剧、环境恶化等问题。

2. 人口结构

人口结构往往决定市场产品结构、消费结构和产品需求类型。人口结构主要包括年龄结构、性别结构和家庭结构等，它们是最终购买行为的重要因素。不同年龄段、不同性别、不同家庭背景的消费者之间拥有着千差万别的消费理念和行为。例如，28岁单身的你或许在享受着小资生活，而30岁成了家的你却开始每日存钱供房供车。

（1）年龄结构。人口的年龄结构包含着不同年龄消费者的审美差异、购买心理和消费兴趣差异等重要信息，它是企业划分市场的依据之一，并在很大程度上影响着企业的市场营销组合。目前，世界人口年龄结构正出现两个明显的趋势：老龄化趋势、出生率下降。

我国老龄人口总数将以较高的增长率继续保持增长，老龄化人口规模进一步扩大。一方面，人口老龄化将给经济发展带来巨大挑战，可能导致未来消费需求乏力，影响经济增长活力尤其是消费需求的持续增长。另一方面，人口老龄化也蕴藏着新的发展机会，老龄化进程加快，会倒逼经济发展方式转变和结构调整，在影响消费需求持续增长的同时，还将带来消费结构的变化，例如，减少食品和衣着消费，大幅度增加医疗保健消费，一定程度增加文化娱乐和旅游消费，等等。

而我国目前少年儿童人口总数呈现不断下降的发展趋势，人口出生率也并未出现明显的增长，二孩政策对提升人口出生率作用有限，而三孩政策实施时间又尚且较短。新生婴儿和学龄前儿童的减少，将会给儿童食品、童装、玩具等生产经营者带来威胁，但同时也会因为年轻夫妇的闲暇时间增多而给娱乐、旅游和餐饮等行业带来机会。

（2）性别结构。人口结构还表现为性别结构。男女性别差异，不仅给市场需求带来差别，而且两性的购买动机和购买行为也有所不同。根据美国私人财富管理机构查斯特（U.S.Trust）预测，未来中国女性消费人口将会逐渐成为国内消费增长的主要驱动力，女性消费红利凸显。一般来说，电子产品、体育娱乐用品占男性群体消费结构比例较大；服装鞋帽、化妆品则成为女性群体的主要消费品类。但随着男女消费群体在消费观点、消费品位以及消费方式方面消费倾向的改变，未来按性别分布的消费行为特征将呈现出各自的变化特征。

（3）家庭结构。现代家庭既是社会的细胞，也是商品采购和消费的基本单位。家庭结构特点对某些以家庭为购买和消费单位的产品有直接影响。家庭结构特点包括家庭成员数量、家庭成员结构和家庭决策方式等因素。伴随着经济的发展，我国目前的家庭结构明显趋向小型化，使得家庭生活用品趋向小型化，如宜家的小尺寸组合家具，海尔推出多款小型单人洗衣机，等等。这种小型家庭结构一定程度上也推动了近年来共享经济、外卖服务和社区零售的发展。

3. 人口迁移

世界上人口迁移呈现出两大趋势：在国家之间，发展中国家的人口向发达国家迁移；在一个国家和地区内部，同时存在人口从农村流向城市和从城市流向郊区和乡村的现象。目前我国一线城市人口增长已经进入稳定期，城市消费者群体规模逐渐趋于稳定。随着消费的转型升级，城市居民已由物质性消费、基础性消费向精神性、发展性消费转变。城镇化将成为三四线城市的未来发展趋势，城镇化进程带来的人口流动将成为住房、零售、教育文化、医疗服务的推动力。随着未来三四线城市的生活质量与教育水平的不断提高，当地居民消费将实现快速转型，带动三四线城市延续一二线城市的消费路径，实现消费模式的趋同和升级。

（二）收入因素

经济因素是实现需求的重要因素。没有一定量的人口不会形成市场，同样，没有购买能力不能形成需求。经济因素在市场营销方面集中表现为购买能力，而购买能力决定于收入状况、储蓄与信贷等。

1. 消费者收入

收入因素是构成市场的重要因素，市场规模的大小归根结底取决于消费者的购买力大小，而消费者的购买力取决于他们收入的多少。经济收入有多种衡量指标，对市场需求有不同的意义。这些指标有国民收入、个人收入、可支配个人收入、可随意支配个人收入。企业必须从市场营销的角度来研究消费者收入，以下对这四个指标进行全面的分析。

（1）国民收入。国民收入是指一个国家物质生产部门的劳动者在一定时期内新创造的价值的总和，它大体上反映了一个国家的经济发展水平，同时也是反映购买力水平的重要指标。国民生产总值增长越快，对商品的需求和购买力就越大，反之，就越小。

（2）个人收入。个人收入是指个人从各种来源得到的经济收入，反映购买力水平的高低。

（3）可支配个人收入。可支配个人收入是指在个人收入中扣除消费者个人缴纳的各种税款和交给政府的非商业性开支后剩余的部分，可用于消费或储蓄的那部分个人收入，它构成实际购买力。个人可支配收入是影响消费者购买生活必需品的决定性因素。

（4）可随意支配个人收入。可随意支配的个人收入是指从可支配个人收入中减掉消费者用于购买生活必需品（如食品）的支出和各种必需的固定支出（如房租、水电费）所剩余的那部分个人收入。它是影响市场消费需求比较活跃的因素，通常对耐用高档消费品、奢侈品、享乐品等影响极大。

2. 消费者储蓄

消费者的个人收入通常分为两部分：一部分作为支付手段，用于当前开支；另一部分进行储蓄，用于未来的消费开支。消费者的储蓄行为直接制约着市场消费量购买的大小。当收入一定时，如果储蓄增多，现实购买量就减少；反之，如果用于储蓄的收入减少，现实购买量就增加。

居民储蓄倾向受到利率、物价等因素影响。人们储蓄的目的也是不同的，有的是为了养老，有的是为未来的购买而积累，当然储蓄的最终目的主要也是消费。企业应关注居民储蓄的增减变化，了解居民储蓄的不同动机，制定相应的营销策略，获取更多的商机。

近年来，各大银行纷纷推出了风险相对较低的净值型理财产品，包括货币型理财产品、定期开放式理财产品和封闭式理财产品，它们的问世拓宽了普通公众的投资渠道，更多的中国人将钱从储蓄账户中拿出来投向理财产品，这极大地促进了互联网金融型产品的发展。此外，中国社会保障制度经过不断改革，日趋完善，居民对未来的不安全感大大降低，转而用于当前的消费，从而会促进消费品行业的发展。

3. 消费者信贷

消费者信贷，也称信用消费，指消费者凭信用先取得商品的使用权，然后按期归还贷款，完成商品购买的一种方式。简言之，就是花未来的钱，买现在的东西。可见，消费者信贷可以直接创造新的购买力。

信用消费允许人们购买超过自己现实购买力的商品，创造了更多的消费需求。随着我国商品经济的日益发达，人们的消费观念大为改变，信贷消费方式在我国逐步流行起来，利用消费信贷进行超前消费已成为一种时尚。近年来国家也在不断提倡互联网金融，下发了一系列政策如《关于促进互联网金融健康发展的指导意见》等来支持互联网金融稳步发展，而众多互联网信贷产品的推出也极大地推动了移动支付和消费金融行业的发展进程，释放了社会消费潜力，对消费拉动起到了积极作用。

伴随互联网金融消费信贷产品的普及推广，人们对层出不穷的创新消费信贷产品的接受度越来越高，市场规模越来越大。

三、看社会文化（S）

社会文化会对人们的消费习惯产生潜移默化的影响，所以企业在开展营销的时候要特别留意与本土文化的融合。例如，家乐福曾在进军日本市场时直接照搬在欧美国家的经验，没有根据日本不同的商业文化和消费习惯来调整自己的经营策略，导致"水土不服"，最终只得惨淡收场。

社会文化因素包括文化与亚文化、宗教信仰、消费习俗、审美情趣、道德规范等。文化水平会影响居民的需求层次；宗教信仰和风俗习惯会禁止或抵制某些活动的进行；审美观点则会影响人们对组织活动内容、活动方式以及活动成果的态度；道德规范会影响居民对组织目标、组织活动以及组织存在本身的认可与否。

（一）文化与亚文化

文化是人类需要和欲望的最基本的决定因素，影响消费者行为最广泛的环境因素是文化。在消费者行为学中，我们将文化定义为一定社会经过学习获得的，用以指导消费者行为的信念、价值观和习惯的总和。

可以这样说，信念和价值观是人们行为的指南，习惯是人们日常的行为方式。一个社会的文化特别是文化价值观会影响这个社会人们的购买和消费模式。市场营销人员在从事营销活动时，要研究目标市场消费者的文化价值观，特别是核心文化价值观。

　　然而，在一个国家或者一个特定社会，并不是每一个人都怀有相同的文化价值观。因此，在不同年龄、不同地区、不同民族的群体内部可能会有亚文化的存在，即这些次级群体的成员共同拥有某种独特的信念、价值观和生活习惯。营销人员可以根据不同亚文化群体所具有的不同需求和消费行为，选择不同的亚文化群体作为自己的目标市场。

　　大众是"消极地接受了商业所给予的风格和价值"的人，而亚文化则是"积极地寻求一种小众的风格"的人。在消费主义和网络媒介的蓬勃发展下，现代青少年表现出强烈的个性化、符号化、模仿化和"炫耀"目的的消费趋势，他们的诸多特性使得其被冠以"宅、二次元、颜控、非主流"等新时代的多元化标签，也由此衍生出令人目不暇接的"亚文化"现象。例如，现在年轻群体中流行的"丧文化"，用带有颓废、绝望、悲观等情绪和色彩的语言、文字或图画表达对生活的无奈。这与讲究语言吉利的中国传统文化是完全逆反的，但它能够帮助现在的年轻群体宣泄负面情绪和生活压力，它是一种自嘲，是一种宣泄，也是为了得到社会认同的一种表达，本质上是为了迎接更好的生活。而品牌通过逆反气质的自我塑造，推动品牌个性与目标受众建立基于文化认同的情感连接，从而引起共鸣，实现推广[一]。

（二）宗教信仰

　　宗教信仰是人们洞察文化行为或精神行为的文化层。宗教信仰影响人们的风俗、人生观、购买行为和消费方式。例如，一家地毯厂为了打入阿拉伯国家的市场，根据穆斯林祈祷的特点，别出心裁地将扁平的指南针嵌入供穆斯林祈祷用的地毯上，并把指南针指的正南正北，调到麦加城的方向，无论怎么移动地毯，指南针始终指向麦加城，于是这种地毯一经上市就受到阿拉伯国家的热烈欢迎，转眼销售一空。

（三）消费习俗

　　消费习俗是指消费者受共同的审美心理支配，一个地区或一个民族的消费者共同参加的人类群体消费行为。它是人们在长期的消费活动中相沿而成的一种消费风俗习惯。在习俗消费活动中，人们具有特殊的消费模式。它主要包括人们的饮食、婚丧、节日、服饰、娱乐消遣等物质与精神产品的消费。作为社会文化环境的一个部分，消费习俗是长期形成的，具有相对的稳定性。市场营销人员要研究消费习俗，满足目标市场消费者的习俗需要。

（四）审美情趣

　　审美情趣是指对音乐、艺术、戏剧、舞蹈、形状、色彩等的欣赏和偏好。由于民族习俗、社会环境、教育水平、科技发展水平的差异，不同国家和地区的审美观念差别较大。西方国家认为白色象征圣洁，而东方文化认为白色代表不幸。在中国，绿色代表生

　　[一]　资料来源：微信公众号"薪客营创实验室"，胖头，"丧营销"与"丧文化"：营销的进阶是帮助用户表达，2017年7月5日。

命；在马来西亚，绿色象征疾病。因此，审美观念影响产品的设计、色彩选择、符号象征等。随着生活水平的提高，生活节奏的加快，人们的审美情趣也正在发生改变。

（五）道德规范

道德规范是指导和衡量人们行为的准则和标准，是一个社会健康发展的精神支柱。道德规范是在道德活动和道德意识的基础上形成的，既是对一定道德关系的概括，又是对一定社会或利益集团价值观的凝结和确立。它一经产生，又作为价值目标和道德准则，指导和制约着人们道德意识的发展变化和道德行为的选择，成为全部道德现象的核心。一般来说，道德活动经常伴随着其他社会活动一起进行，是道德意识形态的实践基础，并使已形成的道德意识不断得到深化和提高。而道德意识一经形成，对道德活动就有指导作用，并有向道德活动转化的趋势。企业的本质属性是一个社会组织，其经济组织的属性只是排在第二位。因此，企业也应当同任何其他社会主体一样，遵循社会公共道德规范，履行企业社会责任。

2018年5月，在线差旅、交通出行、在线票务、视频网站、网络购物等诸多网络平台企业纷纷被曝出可能存在大数据"杀熟"行为，即购买同样的产品或服务，老客户反而要比新客户花钱更多。这些平台方根据搜集到的用户个人资料、购买习惯等行为信息，通过大数据模型建立用户画像，给不同用户推荐相应的产品、服务和定价，实行区别化的价格营销策略。也就是说，互联网企业利用大数据上的优势地位，对蒙蔽的消费者进行价格"欺诈"，这不仅违背了商业道德，还侵害了消费知情权、选择权、公平交易权等正当合法权益，引起社会公众强烈不满[一]。

四、看科技（T）

> | 案例直通车 |
>
> ### 无人机引发新战局
>
> 电商行业正在将物流效率推向极致，依托科技创新，物流行业的速度战正式打响。
>
> 2018年5月17日，中国邮政放出了一个"重磅炸弹"——其水陆两栖物流无人机在湖北荆门漳河机场试飞成功。当天，该无人机从陆上机场起飞，在水上机场降落，全程载着200公斤的邮件。3月底，顺丰获得了国内第一张无人机航空运营（试点）许可证，这标志着无人机物流进入了合法化阶段。同时，以京东和顺丰为代表的多家电商或物流公司，开始抓紧研制自己的物流无人机，物流配送从"水陆抢滩战"升级为"空战"。此次中国邮政大型物流无人机的亮相表明中国邮政也紧跟时代步伐，正式加入了这场空中争夺战。
>
> 时代风云变幻，互联网时代新生的电商行业催生了快递产业。"忽如一夜春风来，千树万树梨花开"，顺丰、圆通、中通、天天、韵达等快递公司瞬间崛起，百

⊖ 资料来源：人民日报，有效治理大数据"杀熟"行为，2018年6月1日。

花齐放。虽然中国邮政凭借一百多年的积累，拥有广泛的群众基础，并深受信赖，可在电商时代，物流最重要的就是一个字——快！在这方面，顺丰做得很好，它在短短的25年内就建立了优良的配送体系，成为中国邮政最大的对手。过去的辉煌只能延续一时，必须跟上时代的脚步才能屹立不倒。于是中国邮政开始拥抱电商，推出了EMS经济快递，跟上市场风口。

电商的出现对于人们最大的益处就是，让所有人只要通过互联网平台就能轻松地实现商品的购买和销售。大山深处的油桃熟了，电商可以帮助果农将产品销往全世界，同时，外界的高科技产品也能通过此渠道进入偏远山区。但是，线上平台的商品交换都得通过线下物流配送来实现。

随着科技不断发展，电商也开始转型。因为线上平台的商品交易已经接近天花板，再难有新的突破，于是，新零售的概念应运而生。从线上延伸到线下，电商在布局门店的同时，也需要更加快速便捷的物流体系的支撑。因此，这对物流行业提出了新的要求——不仅要在城市中实现社区范围内急速配送，更要加速农村地区的物流配送。京东提出凭借无人机技术在农村构建三级物流网络，建设100个无人机场；顺丰也早已进行了自己的无人机测试。物流无人机技术被认为是突破偏远地区物流配送瓶颈的有效手段。

时代呼唤革新，新技术必然会带来新的商业场景。物流配送的农村"争夺战"已经开启，未来的农村配送将从"陆路难通"阶段直接过渡到"空中急速配送"时代。

资料来源："搜狐科技.魏无忌.中国邮政正式宣布！传统物流遭挑战！"，2018年6月9日。

物流领域正在形成大协同的趋势，尤其是在新零售策略的驱动下。不管是原有的物流形态，还是新的即时物流，都面临改变。依托新的技术，提高物流效率，节约物流成本，是电商巨头和快递公司共同追求的"新物流"变革。凭借着技术革新，傲立农村地区100多年的中国邮政以新的面貌站在了时代前端，也将焕发出新的活力。

可以看到，科学技术广泛而深刻地影响着社会经济生活、企业经营管理及消费者的购买行为和生活方式。这就意味着企业必须要考虑科技因素给企业自身带来的影响。

首先，科学技术的发展和变革可能会引起需求发生剧烈变化，它在某种程度上是一把双刃剑，给企业创造了许多市场机会的同时，也可能会使企业面临许多潜在的威胁。它会促进社会经济结构的调整，例如，石油的大起大落——电灯的发明使煤油灯没落的同时，也极大限制了石油业的发展，而内燃机的发明、航空燃料需求的增加又一次次挽救了石油企业的命运，使石油业保持着较高速的增长。

其次，科学技术会改变营销活动各个环节和营销活动的方式。科学技术的发展使产品更新换代加快，产品生命周期缩短，如电脑芯片每18个月就更新一次。在这种新形势下，企业不得不时刻警惕，捕捉市场信息，了解消费者需求偏好的变化，满足需求，并用创新产品引导消费需求。

在未来，传统营销方式有可能让位于以信息技术为基础的网上营销。电子商务改变了工业时代传统的、物化的分销体制，当前全新的数字化分销渠道缩短了生产与消费之间的距离，减少了商品在流通中经历的诸多环节，消费者或用户通过互联网在电脑屏幕前直接操作鼠标就可完成购买行为。在网上购物不仅可以节省时间，方便快捷，而且还省钱省力。互联网对于传统的市场营销最具革命性的影响就在于此。虽然全球电子商务的推广与发展还未能完全取代传统的分销体制，但数字化分销的电子商务带来的是 21 世纪全球性的商业革命。

再次，科学技术的发展和变革也促进了企业促销方式的改变。传统的促销方式以企业为主体，通过一定的媒体或工具对顾客进行密集的单向式的促销，顾客处于被动地位，企业缺乏与顾客的直接沟通，而且促销成本很高。但网上营销是一对一和交互式的双向沟通，顾客处于主动地位，他可以直接参与公司的营销活动，与营销人员进行对话，因此网上营销能加强与顾客的沟通和联系，直接了解顾客的需求，及时把握市场机会。

最后，云计算、大数据、物联网、人工智能、虚拟现实等技术，都已经成为引领商业创新不可或缺的动力和支撑，在重塑商业生态环境方面也显示出巨大的影响力。这些新技术的高速发展颠覆了传统的商业环境，也创造了新的市场和机会。例如，在智能家居方面，由传统家电厂商转型升级的三星、LG、海尔等，和另一边的新兴阵营——互联网企业如京东、小米等，都在以自身的独特竞争优势，在智能家居领域互联互通，提供独一无二的智能整体解决方案。而人工智能的发展势头则更猛，越来越多的企业开始投身于智慧工厂的建设，如阿迪达斯在德国投建了机器人工厂，跨国化妆品牌资生堂在其工厂生产线上试用了仿真机器人，亚马逊建立无人智能化仓储，等等，大大提高了产品生产和流通效率，为全面高效的个人定制指明了方向。甚至在零售领域出现了无人零售超市，例如，苏宁"Biu 一下刷脸逛店"、京东便利店等无人店相继开业，刷脸进店，智能称重，自动结算，自动扣款，等等。技术为商业变革创造了无限的可能。

一看政治，二看经济，三看社会文化，四看科技。企业所处的宏观环境是复杂的，也是多变的。对前文进行总结与延伸，我们在对企业进行具体分析过程中，可利用 PEST 从以下具体要素及具体分析内容来审视宏观环境（见表 3-1）。表 3-1 中仅列举 PEST 环境下的部分具体要素及分析内容，在使用时，企业需要根据实际情况的差异来制定符合自身的具体分析框架。

表 3-1　PEST 分析具体内容

类别	具体要素	分析内容
政法环境 P	政治形势	本国的政权结构、政局的稳定性如何？市场机制如何，政府管制力度如何
	经济政策	国家或地区的中长期发展规划情况，考虑产业政策、财政政策、税收政策、用工政策等对企业营销活动的影响，以及资本市场走势、原材料价格等变化趋势
	法律法规	与本行业相关的法律法规有哪些，目前国家对于该行业的态度是大力扶持还是不看好
	标准体系	本行业相关的强制性标准以及推荐性标准有何变化？对企业是否产生影响？企业的话语权有多大
经济环境 E	人口因素	人口增长情况如何？人口规模及市场规模多大？人口分布、人口结构对企业营销活动的影响？不同年龄段人口数量的变化趋势如何
	经济增长	本国以及世界范围的经济增长趋势、增长动力如何？物价变化如何，通胀率的变化情况如何？利率与货币政策、失业政策对企业有什么影响
	消费者收入	消费者收入的各项指标变化趋势如何？消费者的消费信心如何？其对消费、储蓄和信贷的态度如何

（续）

类别	具体要素	分析内容
社会文化环境 S	社会结构	当前不同收入水平的消费者占比如何？受教育水平如何？对企业意味着什么样的机会？目标群体处在什么位置
	社会文化	民族文化的多元性、包容性如何？对经营管理策略产生什么影响？当前的社会潮流风尚是怎么样的
	消费习俗	不同地区的消费者具有什么不同的消费心理和消费习俗？在餐饮、服饰、节日等方面具有什么特殊表现
科技环境 T	研发投入	政府在研发方面的预算与投入项目、行业内其他竞争者的研发投入、企业自身的研发投入，以及相关科研机构的研发投入，企业处在何种地位？研发投入是否不足
	技术变革	信息技术、移动技术变革、互联网的变革等，给企业带来的影响如何？企业对技术革新的态度如何？技术的更新换代是否会使企业的产品面临淘汰的风险
	技术壁垒	本企业相关核心技术掌握在谁手里？谁拥有最高的产业化能力？谁的技术水平最高？该行业的技术进入壁垒如何

第二节 微观环境

消费者环境

知彼知己者，百战不殆；不知彼而知己，一胜一负，不知彼，不知己，每战必殆。

——《孙子兵法·谋攻篇》

企业营销活动的微观环境要素主要是指对企业营销活动过程和结果有直接影响的各种力量，这些要素与企业经营的价值链直接发生关联，包括企业自身、渠道机构和企业面对的购买者市场、竞争者、公众（见图 3-2）。

企业自身（SWOT 分析法）

渠道机构　　　　公众

"五观"

购买者市场　　竞争者

图 3-2 微观环境分析

一、观企业自身

| 案例直通车 |

华为的企业管理手段——企业文化

华为创立初期，就注重内部管理改进。它引入不少西方企业的实践经验，探索现代企业制度，提升企业运营效率。但在指导思想上，华为不吃西方那套。华为与海尔也不同，海尔用管理理论指导企业运作，华为则用思想推动公司前进。今天，华为的管理思想，仍然基于任正非对中国传统文化的解读而来。有时候，任正非的一篇内部讲话，就是华为的指导方针。

中国传统文化对华为的影响，远胜过西方管理思想对华为的影响，如"利出一孔"。华为早期业务开展从经济落后、环境恶劣的第三世界国家开始，慢慢向欧美发达国家渗透；任正非认为"让一线直接呼唤炮火"，让听得见炮声的人去决策；任正非呼喊冬天，时刻警告华为人艰苦奋斗的文化不能丢，旨在提醒务必保持戒骄戒躁。

如果非要说一以贯之的华为文化，"狼性文化"还是最为恰当的概括。任正非说，企业发展就是要发展一批狼。狼有三大特性：一是敏锐的嗅觉；二是不屈不挠、奋不顾身的进攻精神；三是群体奋斗的意识。华为是中国企业"狼性文化"的缔造者，"狼性文化"贯彻华为成长的全过程。早期，华为生不逢时，自己的对手爱立信、诺基亚、西门子、阿尔卡特、朗讯、北电网络等百年企业，个个实力强劲，华为只能望其项背。为了生存下去，华为只能想尽一切办法去达成自己的目标。在与同城对手中兴通讯的竞争中，华为即便是赔本也要拿下项目。那时候，凡是有华为的地方，不论在国内还是在国外，都能感受到竞争的激烈。

今天，华为早已告别生涩，内部管理更为规范，变身为一家技术驱动型的现代企业，其价值主张也发生了变化，开始重视产业链的构建，与人为友。任正非曾对企业业务的管理层说，华为要学会与人合作，学会与人分享，不要破坏行业价值。

但华为身上的"狼性"并没有因此退化，它已经化为血液，在华为的躯体里静静流淌。只是，华为在行事方式上发生了变化，从早期的激烈竞争，到现在的委婉曲折。华为内部说，凡是华为认定的目标，均会不惜一切代价去达成，这一点至今未变。从电信设备到终端再到企业业务，华为是靠着"狼性"走过来的。

资料来源："中国经营网.华为的企业文化是什么？"，2015年3月16日。

华为之所以可以稳坐国产手机的头把交椅，不仅仅依靠其出色的技术研发实力和创新精神，更多的是靠优秀的企业内部管理。华为自成立之初就尤为重视企业的内部管理机制，多次借鉴西方企业的管理经验，也正是这种优秀的企业管理机制和企业文化，培养了华为员工的企业荣誉感。这个案例也说明，企业自身内部的分析和协调管理，是企业制订营销计划和开展营销活动的重要保障因素。

企业的内部环境是企业内部与营销活动有重要关联的因素，是企业经营的基础，是制定战略的出发点、依据和条件，也是竞争取胜的根本。在《孙子兵法·谋攻篇》中，孙子曰："知彼知己者，百战不殆；不知彼而知己，一胜一负，不知彼，不知己，每战必殆。"因此，企业在营销活动的开展过程中，既要"知彼"又要"知己"，其中"知己"便是要分析企业的内部环境或条件，认清企业内部的优势和劣势。

企业要做到"知己"，就要在开展营销活动时充分考虑到企业内部的环境力量和因素，包括对企业的组织结构、企业文化、资源条件、价值链、核心竞争力、财务等方面进行分析，将自身从里到外地剖析一番，找准自身的优劣势所在，以及当前所存在的机会和威胁。

这时候，就涉及我们在本章开头提到的，第二种环境分析方法了——针对企业自身而言所提出的SWOT分析法。

SWOT分析即态势分析，来自企业管理理论中的战略规划，是指将与研究对象相关的内部优势、劣势、机会和威胁等，通过调查列举出来，并依照矩阵形式排列，然后动用系统分析的思想，把各种因素相互匹配起来加以分析，从中得出一系列相应的带有决策性的结论（见表 3-2）。

表 3-2　SWOT 分析法

外部环境 内部资源	优势（strength）	劣势（weakness）
机会（opportunity）	SO 战略 发挥优势 利用机会	WO 战略 利用机会 克服劣势
威胁（threat）	ST 战略 发挥优势 回避威胁	WT 战略 克服劣势 回避威胁

所谓 SWOT，即优势（strength）、劣势（weakness）、机会（opportunity）、威胁（threat）。该思维模式主要用来协助企业分析自身所处的内外部环境，分别就上述四个方面加以考量，分析利弊得失，并用来对企业的内外部环境与自身战略的匹配与否进行分析，协助企业明白自身的得失，找出问题的根源，并设计出相应的战略应对对策。

企业内部的优劣势是相对于竞争对手而言的，表现在资金、技术设备、职工素质、产品市场、管理技能、营销实力等方面。衡量企业优劣势有两个标准：一是资金、产品、市场、营销等一些单方面的优劣势；二是综合的优劣势，可以选定一些因素评价打分，然后根据重要程度进行加权，取各项因素加权数之和来确定企业是处在优势还是劣势。在战略上若企业内部优势强，就宜于采取发展型战略，否则就宜于采用稳定型或紧缩型战略。

而企业外部环境是企业所无法控制的，企业外部环境中有的对企业发展有利，可能给企业带来某种机会，如宽松的政策、技术的进步，就有可能给企业降低成本、增加销售量创造条件。有的外部环境对企业发展不利，可能给企业带来威胁，如紧缩信贷、原材料价格上涨、税率提高等。来自企业外部的机会与威胁，有时需要与竞争对手相比较才能确定。有利条件可能对所有企业都有益，威胁也不仅仅是针对本企业，因此，在有些情况下还要分析同样的外部环境到底对谁更有利或更无利。当然，企业与竞争对手的外部环境也是不可能完全相同的，但很多时候却有许多共同点，此时，对机会与威胁的分析不能忽略与竞争对手相比较。

SWOT 分析的做法：依据企业的方针列出对企业发展有重大影响的内部及外部环境因素，继而确定标准，对这些因素进行评价，判定是优势还是劣势，是机会还是威胁。也可逐项打分，然后按因素的重要程度加权求和，以进一步推断优势有多大及外部环境的好坏。根据优势、劣势与机会、威胁相组合，形成 SO、ST、WO、WT 战略，进而确定企业目前应该采取的具体战略与策略。

值得注意的是，企业在进行 SWOT 分析制定战略时，需要回答四个问题：SO 如何运用内部优势最大限度地发掘外部机会？ST 如何运用内部优势来应对或规避外部威胁？WO 新的机会是否产生于内部的劣势？WT 企业的劣势是什么，如何应对外部威胁？

　　我们对企业内部环境进行分析的目的在于掌握企业历史和当下的状况，明确企业所具有的优势和劣势。它能够帮助企业制定有针对性的战略，有效地利用自身资源，发挥企业的优势；同时避免企业的劣势，或采取积极的态度改进企业劣势。如此，做到扬长避短，更有助于实现百战不殆。

| 案例直通车 |

美年大健康的
抗疫担当

二、观渠道机构

　　在企业外部向顾客提供服务的供应链上，存在一系列相互作用的机构，这些机构在把资源转化成消费者消费的产品组合的过程中，分别处于不同的分工环节，承担不同的任务，它们为满足需要、实现消费相互协作，共同发挥作用。以发现需求、唤起需求和实现需求为任务的营销活动，要和这些机构和组织之间发生联系，因而这些机构构成了营销活动的中介环境要素。

　　供应商是向企业提供原材料、部件、能源、资金、智力等资源的企业和组织。企业在设计营销服务规模和水平时，要考虑这些企业和组织的供应能力的数量和结构，以及它们作为卖方的讨价还价能力。

　　中间商是从事商品转卖的中介机构。在许多情况下，市场营销活动中产品分销是有中间商承担的。例如，对制造企业来讲，零售商、批发商是处于两个不同层次的产品分销机构，对产品分销发挥着不同的作用。从社会分工体系来看，中间商处在商业流通环节，对商品流通发挥着重要作用。中间商是企业营销活动的重要的微观环境，它深刻地影响着消费的便利性及产品分销效率和成本。这也是为什么营销学者将渠道要素作为营销组合的四大要素之一。

　　除此以外，企业的市场营销渠道机构还应包括营销服务机构，即企业营销中提供专业服务的机构，包括广告公司、广告媒介经营公司、市场调研公司、营销咨询公司、财务公司等。这些机构对企业的营销活动会产生直接的影响，它们的主要任务是协助企业确立市场定位，进行市场推广，提供活动便利。一些大企业或公司往往有自己的广告和市场调研部门，但大多数企业则以合同方式委托这些专业公司来办理有关事务。为此，企业需要关注、分析这些服务机构，选择最能为本企业提供有效服务的机构。这属于"知彼"的一部分，你要慎重选择你的合作伙伴，在合作敲定之前要足够了解它是否能满足你的需求与期望。

三、观购买者市场

所谓的购买者市场也就是指企业所拥有的顾客，是企业营销活动的最终目标市场。购买者市场的规模、市场消费行为、市场的总的变化趋势和状态直接影响企业产品销售的数量和销售成本。市场是营销环境中最重要的微观环境要素之一。

企业在选择不同的目标顾客群体时，会面对各不相同的顾客需求，这就要求企业要以不同的方式提供产品或服务。这也属于"知彼"的层面，企业除了了解自身的资源和能力，也要了解其外部顾客的需求、欲望和偏好，实现资源配置与需求偏好的匹配，促进企业营销目标的实现。为此，企业要注重对顾客进行研究，分析顾客的需求规模、需求结构、需求心理以及购买特点，这是企业营销活动的起点和前提。

| 案例直通车 |

弯道超车的跨境电商：网易考拉

网易考拉海购诞生于2015年，彼时阿里巴巴和京东两大巨头已经占据了电商80%的市场份额，把握着综合电商的命脉。在夹缝中破土而出的网易考拉，自诞生就伴随着外界的种种质疑——"网易能做好电商吗？"

不但能做好，而且能做大——这是丁磊心中的答案。在电商领域，针对当前消费者对于进口产品的青睐与追求，也针对当前消费市场对于进口产品的高昂定价，借势消费升级弯道超车成了网易考拉海购被赋予的使命和目标，"平价可靠"就成了网易考拉的主打招牌。对于网易来说，基于自身近20年的品牌美誉度做自营，商品来源相较平台模式而言更加可控，尽管这种模式也相对更"重"，付出的人力、时间和资金成本更高，但帮助网易考拉打下了扎实的供应链基础。

跨境电商"海淘大战"之初，火力主要集中在母婴、美妆和保健品类上，尤其是国内知名度较高的海外品牌。这一类商品是跨境电商兵家必争之地，利润空间较窄，且只能带来短期的流量。所以，丰富品类和品牌，精选海外具有爆款潜质但国民知名度不高的百年老店和国民品牌，在长尾空间里创造蓝海，像亚马逊图书一般比拼选品策略建立选品差异化壁垒，是跨境电商的一条出路。

因此，考拉先后宣布用30亿欧元、5 000亿日元、30亿美元采买当地国民品牌及百年老店商品，收割海外优质品牌，并奉行"精选SKU"策略，只上架百里挑一的优质商品。另外，它的"一站式保姆服务"也为其长尾打法打好了根基——它包揽物流、仓储、通关、运营、推广，合作方只要做擅长的产品生产部分，这大大减轻了合作方负担，吸引品牌方合作。做好长尾的同时，CEO张蕾选择深耕复购率，继续扩大优势——在2017年上线了网易考拉黑卡会员，把忠实用户变成"超级用户"。就像罗振宇所说："有了超级用户，不需要那么多流量那么多用户，同样可以产生那么大的经济效应和社会效应。"

网易考拉海购以26%的占比占据2018Q1跨境电商平台市场份额分布的首位，增势可喜。2018年3月28日，网易考拉带着跨境第一、综合电商第七的成绩、迎来自己的三周年。

资料来源：搜狐网，吴悠悠，老司机丁磊，三年电商超车史，2018年4月8日。

近年来网易公司开始逐渐涉足电商行业，从网易严选开始到网易考拉海购，其进入电商领域的决心昭然若揭，但是作为一家传统的以游戏起家的互联网公司，大家对其是否可以成功开拓电商市场始终都抱有怀疑态度。但不可否认，网易并没有辜负大家的期望，网易考拉海购也成功地打入跨境电商的市场并占据了很大的市场份额。而考拉海购的成功，也正表明了购买者市场分析对于企业的重要性。网易通过环境分析，针对其所面对的电商市场中消费者对于进口产品的需求和偏好，将自己的进驻点准确地切入跨境电商市场，同时结合消费者对于跨境产品的高附加价格的不满情绪，有针对性地扩大自己的海外仓储，加深与海外工厂的直接联系，更重要的是根据对现有市场的分析，在长尾市场中开创出了一片蓝海。网易考拉的成功之路，总结起来就是尽可能满足其购买者市场的全部需求，进而获取消费者的喜爱，实现后来居上，成功占据跨境电商的大部分市场。

四、观竞争者

| 案例直通车 |

光明乳业：低温牛奶界的元老

众所周知，多年来蒙牛和伊利一直占据着中国乳业的霸主地位。而它们主打的是常温牛奶，因此新生代乳业是不可能在短时间内在常温牛奶领域超越它们的，不过低温牛奶算是伊利和蒙牛的短板。在这种情况下，光明乳业看上了低温牛奶市场，2015年以"巴氏鲜奶"起家，即以新鲜牛奶为原料，采用巴氏杀菌法加工。由于入局时间早，早年没有竞争对手，因此光明乳业一直保持着行业领先地位，截至2021年9月，占据市场15%的份额并位列第一。并且随着现在越来越多的品牌打入低温牛奶市场，作为老品牌的光明在这一领域有较大的优势：不仅拥有供应稳定、质量优良的原料奶基地，在产品贮存、运输、交接等过程中也拥有先进的全程冷链保鲜系统。只要光明能够持续保持其竞争优势，维持低温奶界的元老地位并非难事。

资料来源：享迎，低温奶龙头光明乳业，2021年5月21日。

光明乳业就是靠着明确的且与竞争对手区分开来的定位，打开市场，赢得了消费者的喜爱。在伊利和蒙牛处于不可撼动的垄断地位的情况下，为了让企业更好的发展，它通过对其目标市场的分析和对竞争对手的了解，选择差异化竞争，为此打入了低温牛奶的蓝海市场，成功地将自己与竞争对手区分开来。

由这一案例，我们也不难看出，在市场竞争中判断市场的竞争环境与竞争者的主要优势，对于企业设计自身的营销活动有着至关重要的作用。想必你也意识到了，对竞争对手的分析同样是企业"知彼"的关键一环，《孙子兵法》中的"知彼"，原意指的就是了解你的对手。你只有对对手的实力有清晰的认知，对对手的战略、目标及实现路径有大致的研究，才不会陷入盲目，才能找到克敌制胜的出路。

市场经济是竞争经济，竞争是商品经济的必然现象。在商品经济条件下，任何企业在目标市场进行营销活动时，不可避免地会遇到竞争对手的挑战。即使在某个市场上只有一个企业在提供产品或服务，没有"显在"的对手，也很难断定在这个市场上没有潜在的竞争企业。企业竞争对手的状况将直接影响企业营销活动。最为明显的是竞争对手的产品价格、广告宣传、促销手段的变化，以及产品的开发、销售服务的加强都将直接对企业造成威胁。在市场机制作用下的企业必须按照营销哲学的思想，比竞争对手更好地满足买方的需要，从而适应市场的运行。对竞争者、竞争市场和竞争者行为的分析是营销管理中非常重要的内容，竞争分析框架是营销管理的必备工具。

在一般的竞争分析中，企业需对以下方面进行详细的分析。

（一）行业及行业结构

在市场营销学中，把买方的集合称为市场，把卖方的集合称为行业。不同的行业，竞争特点和竞争者行为是不同的。影响竞争状况和竞争者行为的因素主要有竞争者的数量、产品的同质性或异质性、企业规模等。根据这些因素可将行业分为不同类型，即行业结构类型。一般具有完全竞争、垄断竞争、寡头垄断、完全垄断四种结构类型。

所谓完全竞争，是指行业由许多提供相同产品的企业构成。企业提供的产品没有差别，可以完全替代，竞争者的价格将是相同的。但在现实的市场竞争中，完全竞争是不存在的。

垄断竞争是指，在垄断竞争行业中，卖方提供的产品不是同质的，而是存在一定的差别，但是，这些有差别的产品之间又有一定的替代性。产品差别使每一个企业享有一定排斥其竞争者的垄断权力，但同时这些有差别的产品具有的替代性又使得垄断竞争行业存在一定程度的竞争。这种竞争在市场上普遍存在。

寡头垄断可分为纯粹寡头垄断和差别寡头垄断。在纯粹寡头垄断行业中，由几家企业生产同一种类的产品，获得竞争优势的主要办法是降低成本，而这往往通过增加产量来实现。差别寡头垄断行业由几家生产部分有差别的产品的企业组成，各企业在产品质量、特点或服务等方面进行差异化，并在某一方面寻求领导地位。

完全垄断是指，在行业中只有一个企业，提供一种或一类产品，完全没有替代品或较少替代品。完全垄断的控制力量来自：某些产品需要大规模的投资，规模经济显著；专利权，他人不得进入；一家企业控制了某种产品的基本原料的来源。

针对不同的行业结构，企业所需要采取的竞争策略也是各不相同的。

（二）进入与退出障碍

阻止企业家在某个行业建立新企业的因素构成进入障碍，它包括对资本的要求、规模经济、专利、原料供应、分销渠道的控制、政府政策等。不同行业，进入难易程度是不同的。开一家小型百货商店较容易，但是开一家汽车公司就很困难。当进入某一个行业后，企业可能面临退出障碍。退出障碍包括对顾客、债权人和员工存在的法律和道义上的义务，高度纵向一体化，资产的高度专用性，等等。

（三）竞争战略和战略集团

竞争战略是指企业在一定时期内采用的打击对手和保护自身、谋求竞争优势的主要手段和措施。例如，企业可以采取总成本领先战略，通过发挥规模经济的作用，降低单位产品成本，获得价格竞争优势；也可以采用差异化战略，通过发挥专长提供与竞争对手不同的产品或服务，在产业中建立独特性，以获得差别竞争优势。在一个行业中，所有企业可能采取相同的战略，也可能分别采取不同的战略，但更多的情况是部分企业采取相似或相同的战略。我们把行业中采取相同或相似战略的企业群体叫作战略集团。显然，行业中所有企业采取相同的战略时，整个行业只有一个战略集团；行业中所有企业分别采取不同的战略时，每个企业成为一个战略集团。通常，一个行业有几个战略集团，战略集团内部的企业采取相同或相似的战略，即企业之间采取相同或相似的方式展开竞争，而战略集团之间采用性质不同的战略来展开竞争。

（四）竞争目标

通过对战略集团的划分，了解自己的竞争对手及其战略后，企业还要了解主要对手的战略目标。在市场上，每个竞争者的目标和动力是不同的。从企业管理的角度，其目标主要有生存、发展和获利。建立企业的目的是获利，获利不但是企业的出发点和归宿，而且是衡量企业所有管理活动绩效的一个综合性目标。

但是，企业利润目标可分为长期目标和短期目标。有的企业的目标是长期的，有的企业的目标是短期的，并且实现长期目标的战略与实现短期目标的战略是不同的。了解竞争者的目标，有利于企业采取合适的方式参与竞争，或者采取合适的应对措施。竞争者的目标还取决于企业的规模、历史、经营环境等因素。企业要不断监视竞争者的竞争动向。

（五）顾客价值分析

顾客价值就是顾客从某一特定产品或服务中获得的一系列利益。顾客价值分析就是识别和分析企业提供的产品或服务的属性、利益和特点对顾客的重要性以及与竞争对手比较相对的优势和劣势，目的在于建立和发挥企业竞争优势。顾客价值分析的主要内容和步骤如下。

（1）通过市场调查确定顾客的主要购买动机和影响顾客购买行为的主要因素。

（2）估计这些因素的重要性，并对其进行排序，给予不同的权重。在不同的细分市场，影响购买决策的关键因素可能不同，企业需要识别这些关键因素。

（3）对企业和竞争对手的产品或服务的性能及其绩效进行比较分析。通过市场调查，了解消费者对市场上各种品牌的主要性能及其绩效的看法、态度、偏好，以及顾客心中理想品牌的主要特征；哪些是产品的最重要的属性；在市场上，哪些品牌具有这些属性；本企业提供的品牌的主要属性是什么，对顾客有怎样的重要性。

（4）调查和分析企业战略集团中的竞争对手的产品与本企业的产品主要性能及绩效

的差别，了解在各个细分市场的企业获得竞争优势的关键。显然，如果企业所提供的产品在所有属性方面都超过了战略集团内部的所有竞争对手，企业可以制定较高的产品价格，或者制定同一价格获得更大的市场份额。否则，企业要么改变产品性能质量，以迎合目标市场的口味，要么改变顾客信念，让顾客相信企业提供的产品的最重要属性才是最重要的。

（5）在上述分析的基础上，企业还要不断追踪顾客价值。技术的演变、文化的变迁、生活水平的提高将导致需求的改变，顾客价值也将发生变化。在这种情况下，企业要不断追踪需求状况、竞争特点、技术发展的趋势，才能保持企业的持续竞争优势。

五、观公众

| 案例直通车 |

宜家"夺命柜"

宜家在中国真的太成功了，你可以说它的成功归结于低价策略，可以说是促销策略，或者说卖场展示策略，若要把宜家最大的特点总归于一处，那就是它所有的策略都围绕着"带给用户心动的体验"这一点运转。但遗憾的是，宜家似乎只在关心怎么赚中国消费者的钱，而不太关心中国的消费者。

这两年来，有这样一则新闻一直被刷屏：宜家"连环夺命柜"已致8名儿童死亡，宜家宣布召回，并将在美国市场停售，但不包括中国市场。记者在探访时也发现，这一类型的柜子仍在国内上架销售。宜家在做出4 600万美元赔偿后同时决定在北美地区召回1 730万件同类抽屉柜产品，但由于目前中国市场上同样款式的宜家产品并没有召回计划，各家媒体披露之后在互联网上刷了屏。

宜家"中外有别"的举动引发中国消费者的讨论和质疑。同样的柜子、同样的安全风险，在不同地区呈现出了不同结果，此举引发网民对宜家公司"双重标准""内外有别"的质疑和不满。而面对舆论，宜家回应称其相关产品符合中国的国家标准，更是引发一些媒体及网民对宜家公司轻视中国消费者权益、漠视消费者生命的质疑，导致舆情进一步发酵。随着舆情持续升温，上海、深圳、天津等地质检部门或消费者协会相继约谈宜家，要求召回问题产品。最后，宜家中国不得不发布公告表示，将召回马尔姆等系列抽屉柜，消费者或可向宜家申请检查连接墙体部分是否牢固，或可申请全额退款。

此轮"夺命抽屉柜"召回历经半个月时间，在媒体、地方消保委、国家市场监督管理总局及网民等的监督下，宜家从不召回到最终改变了态度，但一些媒体并没有因此改变对宜家的指责和质疑。"对消费者缺乏诚意，宜家谈何'宜家'""宜家贴近了标准远离了道义""宜家召回'夺命柜'，然而并没有什么用"等评论声音此起彼伏。此外，有观点认为，召回也并没有弥补宜家区别式待客对中国消费者造成的伤害。《法制晚报》发布报道称，超六成网友因此事表示不再信赖宜家。可以看出，此次风波给宜家形象造成了巨大的负面影响。

资料来源："人民日报．'提醒'宜家抽屉柜砸死两岁男童，赔3.2亿！"，2020年1月9日。

由上述案例，我们不难看出，公众对于企业的营销活动的影响之大。宜家的"夺命柜"事件已经导致社会公众对于宜家产品质量的不信任和不满，而随后其在中国地区的差别对待，更是让这种不满持续发酵，最后，宜家也在谴责和不满的社会环境中改变了它们的做法，召回问题产品。但是由于其在前面的不当做法和声明，使其在中国地区失去了公众的信任，当年的市场销售额也同比下降了近3个百分点。这则案例向我们证明了公众态度对企业的影响。因此，在企业的微观环境分析中，一定要正确地树立公众对企业的态度。

公众是指对企业市场营销活动产生影响的社会团体，包括媒体、政府、市民行动公众和地方公众。公众对企业的态度，会对其营销活动产生巨大的影响，它既可以有助于企业树立良好的形象，也可能妨碍企业的形象。所以企业必须处理好与主要公众的关系，争取公众的支持和偏爱，为自己营造和谐、宽松的社会环境。

一观企业自身，二观渠道机构，三观购买者市场，四观竞争者，五观公众。对于微观环境的"五观"，我们需要掌握其分析路径及具体分析内容（见表3-3）。

表3-3　微观环境分析内容

	类别		分析内容
知"己"	企业自身	企业文化	企业的愿景、价值观以及企业文化是否在正确指引着企业的发展？员工内部对企业文化的认同度如何？是否能实现上下同欲
		企业资源能力	企业的核心竞争力在哪里？有哪些核心资源和核心能力？哪些资源是企业缺少的，哪些能力是企业需要加强的？企业当前的业务系统需要哪些资源能力去支撑
		SWOT分析	通过对企业内外部环境的分析，总结出企业目前在市场竞争中所面临的机会和威胁，以及自身的优势劣势，然后制定相符合的SO、ST、WO、WT战略
知"彼"	渠道机构		企业所选择的合作伙伴可靠性如何，能否成功帮助企业实现产品推广与销售，能否迅速回款、对企业的要求迅速做出响应等？供应商的供应能力以及讨价还价能力如何
	购买者市场		顾客的需求、欲望和偏好如何，企业应该如何实现资源配置与需求偏好的匹配？顾客的需求规模、需求结构、需求心理以及购买特点如何，企业应该如何针对目标顾客的特征实现精准营销
	竞争者		竞争对手的产品价格、广告宣传、促销手段发生了什么变化？竞争者的总体战略、营销策略、商业模式等是怎样的？企业自身相比起来有哪些优劣势？公众对该竞争者的态度如何
	公众		公众对企业的态度与好感度如何？对企业所在行业以及行业内其他竞争者的看法如何？公众的态度对企业的营销活动产生了多大程度的影响

【思政课堂】

常言道，商场如战场。古有《孙子兵法》，这本战争界的胜利之书，在今天的商界也同样展现出了惊人的契合度。

孙子曰："兵者，国之大事，死生之地，存亡之道，不可不察也"，即战争是关乎国家人民生死存亡的大事，不能不认真研究。

同样地，企业间的竞争也关乎企业的生死存亡，多少企业在竞争对手的围剿下覆灭，又有多少企业凭借出色的谋略异军突起，占领市场。

那么，如何才算认真研究呢？孙子又曰："故经之以五事，校之以计，而索其情：一曰道，二曰天，三曰地，四曰将，五曰法。道者，令民与上同意，可与之死，可与之生，而不危也；天者，阴阳、寒暑、时制也；地者，远近、险易、广狭、死生也；将者，智、信、仁、勇、严也；法者，曲制、官道、主用也。凡此五者，将莫不闻，知之者胜，不知之者不胜。故校之以计，而索其情，曰：主孰有道？将孰有能？天地孰得？法令孰行？兵众孰强？士卒孰练？赏罚孰明？吾以此知胜负矣。"

这就是孙子所提出的"五事七计"——决定战争胜负的基本因素。要想克敌制胜，就必须通过敌我双方五个方面的分析及七种情况的比较得到详情，来预测战争胜负的可能性，并确定正确的战略方针和具体实施计划。一是道，二是天，三是地，四是将，五是法。

对应到今天的企业竞争，不就是在告诉我们要做好SWOT分析吗？比较竞争双方或多方的战略要素，分析各自的优势劣势，清晰地比较出双方或多方的"军事实力"，从而判断出自己的胜算以及提前做好应对措施，增加胜算。

孙子还说过："知彼知己，胜乃不殆；知天知地，胜乃可全。"这不就是在告诉我们，对营销环境进行分析的重要性吗？只有对企业内外部环境有了清晰的认知，做到知彼知己、知天知地，才能打赢竞争对手，才能在市场中站稳脚跟。

五事中的道，对应的是企业内部的凝聚力，即员工能否做到上下同欲，企业文化是否能够促进企业的发展；五事中的天、地，对应的是整个宏观环境，因为你无法左右天地，你只能通过PEST分析来对宏观环境进行扫描和判断，以此实现顺应天时，抢占地利；五事中的将，则对应企业的管理层，是否具备良好的领导力，是否能做出正确的决策，带领企业前行；最后是五事中的法，对应的是企业内部的规章制度能否被很好地履行，是否赏罚分明、纪律严明。

而七计放在今天，其含义则是，比较竞争双方，谁的企业凝聚力更高？谁的管理层具备更长远的眼光和更高明的领导力？谁更能顺应天时，利用现有资源做好市场营销？谁的规章制度更严明？谁的软硬技术能力更强？谁的员工素质更高，以及谁的激励机制更有效？

当我们使用"五事"无法明确判断出孰优孰劣时，则可以进一步使用"七计"来进行双方实力的衡量。我们通过PEST分析以及SWOT分析，能够发挥长处，补足短处，并且能够抓住机会，规避风险威胁。

市场经验告诉我们，只有做好营销环境分析，企业才能所向披靡，战无不胜。

思考题

一、名词解释

1. 宏观环境　　　　　　　　2. 文化

3. 人口规模

4. 完全竞争

5. 战略集团

二、选择题

1. PEST 分析法主要是用于对外部环境中的（　　）进行分析。
   A. 微观环境
   B. 宏观环境
   C. 行业环境
   D. 经营环境

2. 城镇化趋势属于 PEST 分析法中的（　　）。
   A. 政治和法律因素
   B. 经济因素
   C. 社会和文化因素
   D. 技术因素

3. 代理中间商属于市场营销环境中的（　　）因素。
   A. 内部环境
   B. 竞争
   C. 渠道机构
   D. 公众

4. （　　）指人们对社会生活中各种事物的态度和看法。
   A. 社会习俗
   B. 消费心理
   C. 价值观念
   D. 营销道德

5. 以下各项中，属于影响消费者需求变化的最活跃因素的是（　　）。
   A. 人均国民生产总值
   B. 个人收入
   C. 个人可支配收入
   D. 个人可随意支配收入

三、简答题

1. 营销环境的含义是什么？

2. 简述 PEST 分析和 SWOT 分析，谈谈分析营销环境的意义何在。

3. 顾客价值分析的含义及其步骤是什么？

4. SOWT 分析的做法是什么？

四、案例题

李宁走向复苏？李宁公司如何在营销环境的变化中实现重新崛起

第四章　眼耳鼻舌身意，色声香味触法：
消费者洞察

> 运筹帷幄之中，决胜千里之外。
> ——《史记·高祖本纪》

:: 学习目标

1. 熟悉消费者购买行为的影响因素。
2. 掌握消费者购买行为模型和购买决策机制。
3. 了解消费者的非理性购买心理，并尝试在实践中运用。
4. 了解互联网时代消费者的行为特点和消费趋势。

:: 重难点

1. 消费行为影响因素的全面理解。
2. 非理性购买行为。

:: 关键词

消费者心理；消费者行为；购买决策；评估模式；心理账户；损失厌恶；互联网。

:: 框架图

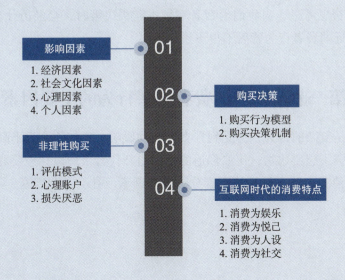

🔖 案例导入

茶颜悦色武汉开首店，排队七八小时只为喝上一杯奶茶

在武汉站乘坐复兴号高铁前往长沙南站，在站内喝杯茶颜悦色奶茶再乘高铁返程，总耗时在 3 个半小时左右。但要是想在武汉喝上一杯茶颜悦色，排队时间可能超过 8 小时，代购价格甚至炒到 500 元一杯。

2020 年 12 月 1 日，茶颜悦色的湖南省外首店在武汉正式营业，店址在武汉天地广场。这是茶颜悦色在湖南"深居简出"7 年后第一次走出家门，新店一开业立刻受到武汉人的热情追捧。"武汉茶颜悦色门外排起长队""武汉一杯奶茶卖到 500 元"的消息纷纷登上微博热搜甚至荣登榜首。在上午 10 点正式开业之前，茶颜悦色天地店门前就已经排起长队，队伍甚至排到隔壁喜茶门口。茶颜悦色官方微博显示，队尾的排队时长预计为 8 小时，且当日每人限购 4 杯。

"希望大家不要加钱买！我们充 200 送 30 很便宜的！"武汉开店首日，茶颜悦色的工作人员在排队现场拿着大喇叭号召消费者抵制黄牛，并举着写有"不认同任何形式的代排队、代购等行为""在此排队需要 7 小时"等字样的招牌，在队伍旁维持秩序。

开业首日的队伍中有不少身穿饿了么外卖蓝色服装的外卖小哥，其中一名小哥表示"早上有好几名消费者下单，跑腿费能加到 100 元"，甚至有人愿意花 500 元顶替队伍前排的消费者"插队"购买。有些人还因为排队无望，直接选择坐高铁前往长沙，一定要在这一天喝上茶颜悦色。

不过，到底为什么消费者愿意花费这巨大的时间成本和金钱成本来品尝这杯神奇的奶茶？如何解读他们这种"不太理智"的消费行为呢？

资料来源：北京日报."茶颜悦色武汉开首店，排队七八小时又成营销套路？"，2020 年 12 月 2 日。

作为一杯奶茶，茶颜悦色究竟有什么魔力，值得消费者苦等七八小时呢？它的价值真的有这么大吗？奶茶品牌那么多，为什么就非茶颜悦色不可呢？你会理解这样"不理智"的行为吗？你是否会好奇，到底是什么因素在促使着他们产生这样那样非理性的消费行为？你又是否思考过，当我们消费者在做出购买决策时，会经历什么样的心路历程呢？本章带你走近消费者行为背后不得不说的故事。

第一节　影响消费者购买行为的主要因素

消费者行为是复杂的行为，会受到许多因素的影响，比如你今天不高兴了想要购物，比如你今天涨工资了想要购物，比如你追的明星出新代言了所以你想要购物。归根结底，我们可以将影响消费者购买行为的因素分为经济因素、社会文化因素、心理因素以及个人因素。

一、经济因素

经济因素是影响消费者购买的决定性因素，因为"没钱，一切都免谈"。只有当消费者买得起时，他才会考虑下一步：到底要不要买。所以，影响消费者行为的经济因素主要有商品价格、消费者收入和商品效用等。

1. 商品价格

商品价格是影响消费者购买行为最关键、最直接的因素，这种影响主要表现在三个方面。

（1）消费品本身的价格。一般来说，某消费品本身的价格高，消费者对它的需求和购买便会减少；反之，便会增加。消费者的购买行为会随着价格的涨跌而变化，而变化的幅度由商品的需求弹性决定。

（2）消费者的预期价格。消费者在一定时期对特定的消费品的价格有着一种预期心理。如果该消费品的预期价格提高，即该消费品的行情看涨，消费者现时可能会扩大购买；如果预期价格下降，即该消费品的行情看跌，消费者现时可能会减少购买。

（3）相关的其他消费品价格。具有替代性的消费品之间会在供给时互相影响。例如，即使苹果价格不变，如果生梨的价格下降了，消费者对苹果的购买也会减少。就是因为这两种水果在满足人们的食用欲望和功能中存在很大的替代性。

2. 消费者收入

收入是决定消费者购买行为的重要因素。因为购买能力是判断一种产品能否形成市场的三要素之一，而没有一定的收入，就没有相应的购买能力，就无法实现购买行为。不同的收入水平决定需求的不同层次和倾向。

3. 商品效用

经济学理论告诉我们，消费者的购买行为是一种理智的行为，他们在购买时会考虑商品的效用。消费者总是会在他们预算允许的范围内做出最合理的购买决策，即遵循"边际效用最大化原则"。所谓边际效用，就是在一定时间内，最后增加一个单位商品的消费时所增加的效用。而边际效用是递减的，它对于购买行为的影响在任何市场上都是存在的。任何一种商品的价格下跌时，一般都会产生新的需求，同时，产品改进也会刺激新的需求，这也是物美价廉的道理。因此，企业要采取多种有效措施，如降低成本、降低售价、改进产品功能、增加产品用途、提高产品质量、改进外观和装潢，等等，使消费者购买本企业产品所能得到的边际效用尽可能大，以促进本企业的产品销售。

二、社会文化因素

我们生活在一个巨大的社会里，每天都会和社会产生联系，因此，社会文化带给我们的影响也在潜移默化影响着我们的消费行为。

例如，近些年兴起的对中国传统文化的追捧，整个社会开始盛行"文艺复兴"的风气，国潮热带动了大批融入中国元素的产品的爆发式增长。从印着汉字的运动服饰到瑞兽主题盲盒，从老字号联名展览馆到"千里江山图"咖啡馆，到处都能见到融合了中国元素的潮流设计。其中，中国李宁就是一个在国潮热中发展起来的后起之秀，将中国传统元素融入服装鞋饰设计，该品类下的所有系列也以传统文化中的经典命名，例如，"悟道"大受当下年轻人的喜爱。由此可见，社会文化因素也在影响着我们每一位消费者的消费心理与消费行为。文化的熏陶对于消费者购买行为的影响是十分深远的，文化对于我们每个人来说都是流淌在血液中的、挥之不去的一种天性。

"罗辑思维"是一个致力于打造自由人自由联合的知识社群 App，其成功令很多业内人士难以置信，但它的成功经验正是为我们验证了社会文化因素对于消费者购买行为的影响。"罗辑思维"的目标客户群体是一群渴望获得更多的知识，接受更多新鲜的资讯，但是时间成本尤为宝贵的中产阶级。这部分人对于时间的敏感程度较高，他们往往都有一份十分忙碌的工作，但同时，他们却十分需要多渠道地获得知识和最新的事实来提高自己，获取自我的增值。而"罗辑思维"正是明确了这样的消费者群体特征，采取碎片化的时间传输方式，同时采用较为多的有效的增值服务来为这一社会阶级的人提供服务，获取利润。"罗辑思维"这个例子，很好地为我们展现了一个良好的社会要素分析的重要性。我们轻易就能够意识到，我们的社会阶层、我们在社会中所处的角色以及整个社会的文化环境，都在时刻影响着我们的消费行为。

三、心理因素

心理因素的影响涉及消费者购买活动的各个方面和全过程。这里主要分析影响消费者购买行为的动机、感觉和知觉、学习、信念与态度等心理因素。

1. 动机

动机这一概念是由伍德沃斯（R. S. Woodworth）于 1918 年率先引入心理学的。他把动机视为决定行为的内在动力。一般认为，动机是"引起个体活动，维持已引起的活动，并促使活动朝向某一目标进行的内在作用"。动机是一种升华到足够强度的需要，它能够及时引导人们去探求满足需要的目标。动机是产生行为的直接原因，它促使一个人采取某种行为，指明行动的方向。关于人类的需要和动机，需要层次论认为，人的需要是以层次的形式出现的，依其重要性的大小分别是：生理需要，人们对于为了生存而不可缺少的吃、喝、睡眠、取暖等的需要；安全需要，人们对于人身、财产安全、社会秩序等的需要；社交需要，人们希望被群体接受从而有所归属和获得爱的需要；自尊需要，人们对于实现自尊和赢得他人好评、尊重的需要；自我实现需要，人们对于充分发挥个人才能，实现理想和抱负，获得成就的需要。需要的满足从低到高依次进行，等低层次的需要基本满足之后，才设法满足高一层次的需要。

2. 感觉和知觉

消费者对外部世界的认识从感觉开始，他们通过感觉器官感觉到外部刺激物如商品的颜色、大小、形状、声响、气味等，进一步感觉到这个刺激物的个别特性。随着感觉的深入，各种感觉到的信息在头脑中被联系起来进行分析综合，使人形成对刺激物或情境的整体反映，就是知觉。消费者对事物知觉的内容和方向不但取决于刺激物的特征，而且还依赖于刺激物同周围环境的关系以及个人所处的状况。知觉具有选择性特性，表现如下。

（1）选择性注意。一个人不可能对所有信息都加以注意，其中多半被筛选掉，而只有少数信息脱颖而出，被消费者注意到。也就是说，消费者只注意那些与自己主观需要有关系的事物和期望的事物。

（2）选择性理解。消费者即使注意到刺激物，但不一定都能如实反映客观事物，总是按照自己的偏见或先入之见来理解客观事物。

（3）选择性记忆。人们具有遗忘功能，因而不可能记住所有他们注意到的信息，并且他们会倾向于在记忆过程中，记住那些符合和能够支持其态度和信念的信息。

3. 学习

学习是指人们在社会实践中不断积累经验，获得知识和技能的过程。消费者在购买和使用商品的实践中逐步获得知识，积累经验，并根据经验调整购买行为的过程。一个人的学习是通过驱策力、刺激物、诱因、反应和强化的相互影响、相互作用而进行的。驱策力是一种内在的心理动力，是一种驱使人们行动的强烈内在刺激。例如，某大学生希望近期提高外语听说能力，这种提高外语听说能力的欲望就是一种驱策力。当这种驱策力被引向一种可以减弱它的刺激物，比方说外语培训班时，就形成一种动机。在动机的支配下，消费者将做出参加外语培训班的反应。他何时反应、在何处反应和如何反应，常常取决于周围的一些较小的或较次要的刺激，即诱因，如同学的推荐、亲属的鼓励、广播广告等。他参加了某个品牌的外语培训班后，如果使用后感到满意，就会强化对它的反应。以后遇到同样的情况，他会做出相同的反应或推广其反应。如果使用后感到失望，以后就不会做出相同的反应而且会避免这种反应。强化可以是积极的，也可以是消极的。没有积极或消极的强化，一个人就没有重复或避免某种行为模式的动机。因而，营销人员需要了解本企业的品牌的消费者学习情况，分别就正向的、负向的以及中性的感觉采取相应的营销措施。

4. 信念与态度

信念是指一个人对某些事物所持有的描述性思想。例如，某消费者相信某种知名品牌的冰箱比其他的冰箱省电。营销人员应关注人们头脑中对其产品或服务所持有的信念，即本企业产品和品牌的形象。一些信念建立在科学的基础上，能够验证其科学性，如认为冰箱省电的信念就可以通过测试证实。还有一些信念可能建立在偏见之上。人们往往根据自己的信念做出行动，如果一些信念是错误的，并妨碍了购买行为，营销人员就要运用促销活动去纠正这些错误信念。

态度是指一个人对某些事物或观念长期持有的认识上的评价、情感上的感受和行动倾向。态度能使人们对相似的事物产生相当一致的行为。人们几乎对所有事物都持有态度，如对某种信仰、某个事件、某种观点、某首歌、某种食物等。态度会使人们对相似的事物产生相当一致的行为，人们没有必要对每一事物都以新的方式做出解释和反应。消费者一旦形成对某种产品或品牌的态度，以后就倾向于根据态度做出重复的购买决策，不愿再费心去比较、判断。消费者的态度会影响他信息的接受以及购买决策的做出。

四、个人因素

购买者的决策也会受到个人外在特征的影响，特别是受其年龄及家庭生命周期阶段、个性特征、生活方式以及自我观念的影响。

1. 年龄及家庭生命周期阶段

不同年龄的消费者的欲望、兴趣不同，购买消费品的种类和式样等也会不同。食品、衣着、家具、娱乐、教育等方面的购买和消费都有明显的年龄特征。不同年龄消费者的购买方式也有不同，青年人比较愿意接受广告促销，老年人更注重自己的经验。另外，消费者的消费需求和购买行为也明显受到家庭生命周期的影响，比如单身阶段的消费者热衷追求自我价值，而新婚阶段的消费者则热衷于购买家庭耐用消费品以及家具等。一般来说，家庭生命周期可分为以下几个阶段。

（1）单身阶段。消费者单身，刚参加工作不久，收入不高，但可随意支配的收入较多，因此具有一定的购买能力。这一阶段的消费者求新意识强，消费观念时尚，追求自我价值。

（2）新婚阶段。新婚夫妻一般具有双份收入，有因建立家庭而产生的很强的购买欲望，购买观念时尚。

（3）满巢阶段。家庭中开始出现孩子。由于孩子的出生，家庭生活方式和消费方式发生很大变化，家庭收入可能因照顾孩子而减少，支出费用增加，购买倾向于理性，购买的商品多围绕孩子，以保证孩子健康成长的日用品和教育服务产品为主。

（4）空巢阶段。年长的夫妇无子女同住，仍在工作或退休。经济收入较以前减少，但收入支配显得宽裕，也有了更多的闲暇时间，比较关注健康、健身和娱乐，成为医疗用品、保健产品、旅游休闲、家政服务等的主要购买者。

（5）鳏寡阶段。年长的夫妇一方已经离世，家庭进入解体阶段，消费者退休或仍在工作，经济收入相对减少，对医疗、保健、社会服务需求较大。

在家庭生命周期的不同阶段，由于消费者有不同的消费观念和购买取向，所以很多营销者经常将目标市场定位在某一生命周期的家庭群体上，并据此开发合适的产品和制定相应的营销组合策略。

2. 个性特征

个性特征是导致一个人对其客观环境做出一贯、持久反应的明显心理特征。它具体表现在一个人的气质、性格、能力和兴趣方面，如外向与内向、乐观与悲观、柔顺与刚毅、占有欲强与弱、防卫性高与低、活泼与文静及自信心高与低。消费者千差万别的购买行为往往是以他们各自特色的个性心理特征为基础的。一般来说，气质影响着消费者行为活动的方式，性格决定着消费者行为活动的方式，能力标志着消费者行为活动的水平，兴趣则影响消费者偏好的商品类型。

3. 生活方式

生活方式是个人行为、思想方面所表现出的生活模式，简单地说就是人如何生活。相对个性而言，用生活方式作为细分变量更易于操作和衡量，这一特点使得生活方式被各行业广泛用于进行市场细分和目标消费者选择。企业通过找出其产品和各种生活方式群体之间的关系，努力使本企业的产品适应消费者各种不同生活方式的需要。

4. 自我观念

自我观念也称自我感觉，是消费者个体对自身一切的知觉、了解和感受的总和。我们都会在脑海里形成一个对自我的认知，包括自我形象的认知。在你的潜意识里，你认为你是一个怎样的人，你将要成为一个怎样的人，这种认知会使你在发生购买决策时保持与自我观念的统一。消费者总是购买那些能与其自我观念相一致的产品，避免选择与他们自我观念相抵触的产品。例如，当你今天穿着商务装时，你就不会想去吃路边摊；当你认为你是一位淑女时，你就不会在点餐时选择啃鸡腿。

通过上述总结分析，我们可以得出经济因素、社会文化因素、心理因素以及个人因素是四种影响消费者购买行为的主要因素，其具体影响因子如下（见表 4-1）。

表 4-1　影响消费者购买行为的主要因素

影响因素	具体影响因子
经济因素	商品价格的高低、消费者的收入、商品的效用
社会文化因素	社会阶层、家庭关系，以及我们在社会中所处的角色
心理因素	动机、感觉和知觉、学习、信念和态度
个人因素	年龄及家庭生命周期阶段、个性特征、生活方式，以及自我观念

第二节　消费者购买行为模型与决策机制

在上一节中我们分析了经济、社会文化、心理、个人等会对消费者购买行为产生影响的因素，但是，这些因素是如何对消费者产生影响的呢？它的作用机制是怎样的？企业营销人员在其中又扮演着怎样的角色呢？这一节我们一起来了解消费者的购买行为模型和购买决策机制。

一、购买行为模型

人类行为的一般模式是 S-O-R 模式，即"刺激 – 个体生理、心理 – 反应"。该模式表明消费者的购买行为是由刺激引起的，这种刺激既来自消费者身体内部的生理、心理因素，又来自外部的环境。消费者在各种因素的刺激下，产生动机，在动机的驱使下，做出购买商品的决策，实施购买行为，购后还会对购买的商品及其相关渠道和厂家做出评价，这样就完成了一次完整的购买决策过程（见图 4-1）。

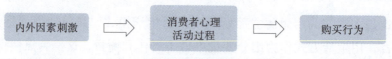

图 4-1　顾客购买决策的一般模式

菲利普·科特勒在此基础上提出一个强调社会两方面的消费行为的简单模式（见图 4-2）。该模式说明消费者购买行为的反应不仅要受到营销的影响，也要受到外部因素影响。而不同特征的消费者会产生不同的心理活动的过程，通过消费者的决策过程，做出购买判断，最终形成了消费者对产品、品牌、经销商、购买时机、购买数量的选择。

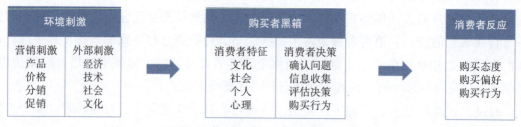

图 4-2　科特勒消费行为简单模式

其中，环境刺激由营销的宏观环境和微观环境中的各种因素组成（见第三章），这些刺激因素被消费者接收到，在消费者的个人特征作用下，经过不同的信息加工处理，形成各自对刺激的差异理解，进而影响其购买行为决策，转化为一系列可观察的选择行为，如买什么品类，选择哪个品牌，在哪里买，买多少，等等。

从第三章中我们了解到，宏观环境因素往往是不受企业控制的，因此企业难以改变外部刺激，只能从营销刺激入手，探究和观察如何从产品、价格、地点、促销等方面为消费提供有效的刺激，顺利经过消费者心理黑箱的差异化处理，被不同的消费者广泛接受，转化成反应。

二、购买决策机制

（一）工业时代——AIDMA 模型

1. 时代背景

商品蒸汽机的发明掀起了工业革命的热浪，生产力的提高推动了信息传播方式的革新，为了促进销售，广告业逐渐发展起来。以报纸、杂志、广播和电视等传统大众媒体为代表的信息传播方式催生了 AIDMA 模型。对工业时代的传统营销来说，AIDMA 模型是广告传播领域成熟的指导理论，也是消费者行为领域较为成熟的分析工具（见图 4-3）。

在这种决策模式下，市场是由厂商主导的，消费者也只能被动接受媒体传递的信息，所以广告以引起注意和形成记忆为主，主要通过高频率的重复和广泛的覆盖来促成购买。

2. 模型简介与应用

该模型可以从广告学和消费者行为学两方面来解读：从广告学上来说，该模型揭示了一个成功的广告应该从哪几个方面来影响消费者；就消费者行为学的角度而言，该模型解释了消费者达成购买行为必然会经历的五个阶段。

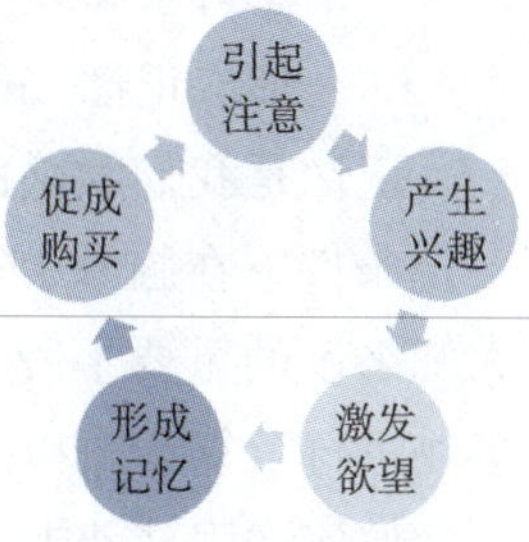

图 4-3　AIDMA 模型

（1）引起注意（attention）。

引起注意作为模型之基础，是启动整个 AIDMA 模型的"金钥匙"，它是指企业通过广告、促销等精心策划的营销活动来引起消费者对产品、服务或者品牌的注意、认识和了解。这种营销活动可以引起目标群体中大多数人的注意，也可用于强化消费者对产品或服务的认知。在这一阶段，企业开展营销活动的主要诉求是提高消费者对产品或服务的注意力。

（2）产生兴趣（interest）。

这一阶段所涉及的问题是当消费者注意到营销活动所传达的信息之后，是否对产品、服务或品牌产生兴趣，这是相当重要的问题，以往的营销案例说明消费者在购买某种产品或服务的时候，真正购买的是其对自身有利的价值，而并不是该项产品或服务所具有的特色，即购买该产品或服务切实提高了消费者的效用价值。因此营销活动必须具备独特的销售主张，以引发消费者的兴趣。

展示与示范，以其直观、真实、个性化的优势，能够引发消费者的需求联想，使消费者产生身临其境的感受，因此成为 AIDMA 模型第二阶段经常使用的手段。在此阶段，企业一方面要熟悉自身优势，另一方面要留心消费者的喜好，在找准自己能给消费者带来的核心利益时，利用示范向消费者证明企业向消费者推荐的营销信息，正好是消费者自身所需的。一般情况下，消费者兴趣的产生通常是由于营销活动能够提供某种改善其生活质量的利益，因此如何让消费者产生兴趣与产品或服务及消费者所得利益有重大的相关性，而消费者本身对此产品或服务是否关心与重视则是另一个关键问题。

（3）激发欲望（desire）。

激发欲望即刺激消费者欲望，是指消费者如果对获得营销活动所提供的利益有非常强烈的冲动，就会产生购买该项产品或服务的欲望。欲望其实就是一种想拥有该产品或消费该服务的心态。兴趣与欲望有时只有一线之隔，如果企业在消费者产生兴趣的一瞬间，使其兴趣转化为其内心的渴望，开展营销活动就会事半功倍。也就是说，消费者接收到营销活动所传达的信息之后，可能会对产品或服务产生一定的兴趣，但不一定会产生据为己有的欲望，因此在营销活动中，企业务必强化消费者对产品或服务的购买欲望，使其产生"我想购买"的想法。

如何激发消费者对产品的欲望呢？主要是在广告的宣传形式上进行产品诉求点的传

达，可以采用正面诉求、反向诉求、障碍清除诉求等比较常见的手法，还可以运用直觉诉求、情感诉求和理性诉求等多种方法。

（4）形成记忆（memory）。

记忆是我们大脑的重要机能之一，形成记忆主要是指能记住经历过的事情，并能在一定条件下在脑海中重现。形成记忆并通过后续营销手段和服务来强化记忆是提高和扩大知名度的重要手段，也是促进消费者购买的一个重要条件。人们只会对自己感兴趣的事物进行重复认知和记忆，因而记忆是对注意和兴趣的深化。

如何增强消费者对广告的记忆效果呢？通常采用的方法有加强记忆的紧张性，不断重复刺激，运用比喻、夸张的手法在广告内容的场景中加入一定的情感因素等。通过广告等营销手段对产品独特卖点进行强力渲染，利用各种传播形式的反复作用强化记忆，形成消费者对该商品的深度认知，甚至是条件反射直接联想，如"怕上火，喝王老吉"。

（5）促成购买（action）。

促成购买是指在营销活动中促使消费者产生消费行为。促成购买是整个营销活动中最为重要的一个阶段，潜在消费者因受文化、环境、经济、时机等因素的影响，纵使对产品或服务有了注意、兴趣和欲望，但到最后也可能不会产生任何消费行为，这对于企业来说就是功败垂成。因此，为了加速消费者行动，企业必须采取有效的措施，鼓励有需求的消费者立刻产生消费行为。把产品销售出去才是企业形象营销活动的最终目的。

（二）互联网时代——AISAS 模型

1. 时代背景

随着互联网的发展和 Web2.0 时代的到来，新的网络互动媒体不断涌现，消费者从被动获取信息转变为积极主动获取信息，信息搜索成为消费者进行消费决策的重要环节。迅速崛起的网络社交平台如天涯社区、贴吧等改变了消费者的行为模式，赋予了人们发布信息的权利，人们能够将自己的主观体验、主观感受发布到互联网上，与更多的消费者分享信息，并成为其他消费者决策的根据，极大地改善了消费者与商家信息不对称的问题。

早已习惯实体店消费的消费者被互联网新媒体创造的交互式体验所改变，决策模式也与之前大不相同。基于互联网环境下搜索与分享行为的广泛应用，人们将 AIDMA 模型发展为 AISAS 模型，保留了"注意 – 兴趣 – 购买"的基本购买认知过程，而突出了购前搜索和购后分享的消费特点。

2. 模型简介与应用

2005 年，国际 4A 广告公司——日本电通集团率先提出了更加适应互联网时代的、基于网络购买消费行为的 AISAS 模型，即 attention（引起注意）、interest（产生兴趣）、search（信息搜索）、action（购买行动）和 share（网络分享）（见图 4-4）。

AISAS 模型是对 AIDMA 模型的发展，它保留了 AIDMA 模型中的 AIA，即注意 – 兴趣 – 行动，但是这 3 个方面在互

图 4-4　AISAS 模型

联网时代下也已经与以前大不相同。在 AISAS 模型的每一个阶段，消费者都有可能产生独特的品牌体验；在网络分享阶段，消费者可以通过网络媒体等实现品牌体验的分享。与 AIDMA 模型相比，AISAS 模型中添加的信息搜索与网络分享阶段体现了互联时代与之前传统媒体时代的本质差别，正是 Web 2.0 时代导致消费者行为模式变化的主要因素，也是 AISAS 模型的核心。首先，搜索引擎技术方便人们查找大量信息，人们可以通过网络主动、精准地获取自己想要的信息。于是，消费者在购买决策的过程中，常常会通过互联网搜索产品信息，并与相关产品进行对比，再决定其购买行为。

消费者从被动接收产品信息，开始逐步转变为主动获取产品信息。而互联网为消费者主动获取信息提供了条件，使消费者有机会从多种渠道获得详尽的专业信息，进行相对"明白"的消费。另外，消费者在消费的过程中，不仅会主动获取信息，还会作为发布信息的主体，与更多的消费者分享信息，为其他消费者的决策提供依据。媒体平台中的信息通过互动和讨论的方式快速传播，其中，影响消费者购买的品牌信息成为企业与消费者之间的关键纽带。这些品牌信息，不管是消费者主动获取的，还是消费者主动发布的，都会深刻影响消费者行为，企业在营销过程中应该密切关注此类信息。

由于大家在购买了商品和服务之后，不论满意还是不满意都喜欢进行评价、分享，所以，这也是互联网时代下口碑愈发重要的原因。口碑好的商家自然能够吸引越来越多的消费者，而口碑不太好的商家则难以被消费者加入购买清单。朋友圈和微博等社会化媒体都是进行网状传播的，通过消费者之间的有效内容分享，可以进行大范围的口碑传播。比起传统的广告，口碑宣传能够大大增加广告信息的可信度。消费者与企业经过了长时间的有效的互动、沟通以及联系，能够逐步建立起一种相对稳定的关系，而良好的客户关系可以为企业带来巨大的效应，这也是现代企业都会投入大量人力、物力做客户关系管理的原因。

AISAS 模型最主要的应用是网络营销，消费者通过互联网搜索分享自己的购物需求与购后体验，商家也通过互联网与消费者保持良性互动，形成黏性。企业邀请明星进行微博营销，是互联网时代非常有效的一种营销手段。借助微博的社交特性和明星的粉丝效应，常常可以引发现象级的营销事件，这十分符合 AISAS 的传播过程。

相对于传统的营销模式，网络营销具有覆盖面广、成本低、传播快的优势，让很多广告主积极响应，建立网上营销媒体。2008 年汶川地震之时，大手笔捐出"一个亿"的广东凉茶王老吉，从名不见经传的小品牌一举进入全国人民的视野，更打出"要捐就捐一个亿，要喝就喝王老吉"的口号。这是网络时代低成本高效果营销的典型案例。

总之，由于消费者行为模式的改变，企业需要不断调整营销战略与营销模式，并通过社会化媒体营销获取新的营销竞争力。

（三）移动大数据时代——SICAS 模型

1. 时代背景

2011 年之后，以智能手机、平板电脑和智能手环等为代表的移动终端设备走入人们的生活并逐渐普及，移动终端的结构更加平等开放，信息入口更加丰富。移动终端提供了丰富多样的智能 App，覆盖各种生活场景，为消费者提供了更丰富且更精准的信息通道，人们获取信息的主动权进一步提高。为顺应新时代发展，消费者的购买决策机制发展完善为 SICAS 模型，强调企业与消费者之间的互动交流和线上线下的渠道融合。

在 AISAS 模型中，究其根本还是以广告产生注意，线性单向营销传播过程以及行为消费过程，相较于非线性、网状、多点双向、基于感知连接的 SICAS 过程，品牌商家在分享阶段的影响力远远不够，而体验分享正在成为真正意义上的消费源头。在这样一场转移过程中，需要考虑的是如何将大量投放的广播式的广告系统转变为基于实时感知、多点双向、对话连接的交互系统。这种互动式的传播技术造就了消费者新的反应模式。

2011 年，中国互联网监测研究权威机构——DCCI 互联网数据中心发布了更加符合移动互联时代的 SICAS 模型，与传统的 AIDMA 与 AISAS 模型有所不同（见图 4-5）。

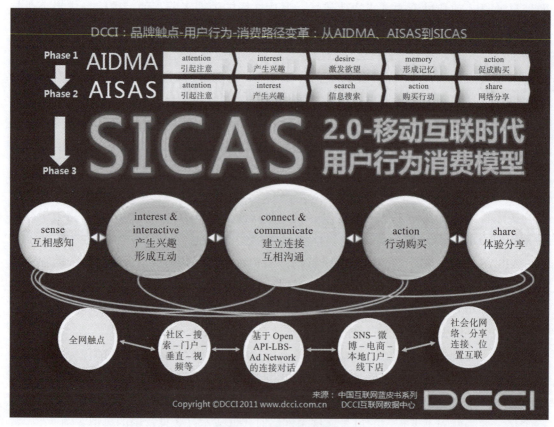

图 4-5　SICAS 模型

2. 模型简介与应用

SICAS 模型是全景模型，消费行为、消费轨迹在这样一个生态里是多维互动的过程，而非单向递进过程。SICAS 模型经历从互相感知（sense）、产生兴趣 & 形成互动（interest & interactive）、建立连接 & 互相沟通（connect & communicate）、行动购买（action）、体验分享（share）5 个阶段。这 5 个阶段既不是相互独立的，也不是两两联系的单一式结构，而是一个多维的全真形态，即每一阶段都与其他 4 个阶段互相关联，这是这个模型的关键。

（1）互相感知（sense）。

在 SICAS 模型中，通过分布式、多触点的社会化营销平台，在品牌商家和消费者之间建立动态感知网络是非常重要的基础。社会化营销平台的触点具备了交流无阻碍、随时随地进行的优势。对品牌商家而言，实时、全网的感知能力变成第一要义，如何建立遍布全网的敏感触点，及时感知需求、理解取向、发现去向以及充分有效的动态响应，成为品牌商家进行品牌营销管理布局的重要环节。其中，如何对消费者需求进行感知，以及消费者如何感知到品牌，关系到品牌商家营销的成效，也是品牌商家建立感知网络的两个关键。对消费者来说，关注、分享、订制、推送、自动匹配、位置服务等，都是有效感知的重要途径。品牌商家所需要做的，就是将自身产品的特性品牌优势以恰当、容易接受的方式，通过这些渠道被消费者感知到。当然，不同渠道的效率、特性也是下一步需要研究的。

（2）产生兴趣 & 形成互动（interest & interactive）。

品牌与消费者的互动不仅仅在于接触点的频次，更在于互动的方式、话题、内容等与客户体验相关的实质性部分。这方面，曝光、产生印象的效率在降低，而理解、跟随、响应消费者的兴趣和需求成为关键，这也是为什么社会化网络越来越成为最具消费影响力的风尚、源头。此阶段的消费者，正在产生或者已经形成了一定程度的心理耦合、兴趣共振。

（3）建立连接 & 互相沟通（connect & communicate）。

连接与沟通意味着基于广告、内容、关系的数据库和业务网络，将移动互联网和 PC 互联网结合，将企业运营商务平台和 Web、App 打通，建立与消费者之间由弱到强的链接。广告系统与内容、服务系统打通，以及基于社会化平台的客户关系管理等，成为其中的关键。站在消费行为、消费路径角度观察，以下是企业建立有效的链接架构的 7 个层面。

1）社会化平台链接。它是指企业是否建立了与主要社会化网络的品牌对话、互动链接通路。

2）广告链接。它是指企业是否通过自身或者广告代理实现了广告系统的数据互联、业务协同。

3）App 链接。它是指企业是否通过自有 App 及第三方 App 建立与消费者的互动链接渠道。

4）LBS 链接。它是指企业是否具有通过定位服务为消费者匹配产品服务的能力。

5）电子商务平台链接。它是指企业是否将上述渠道与电子商务打通，使消费者可以直达、购买。

6）CRM 链接。它是指企业是否实现了原有客户关系管理、社会化客户关系管理系统的互联互通，甚至彻底打通为一体，以及具备将感知网络数据流汇聚到 CRM 中进行动态实时管理、响应、对话的能力。

7）供应链链接。它是指企业是否已经将后端物流供应链与前端电子商务客户关系管理打通。

（4）行动购买（action）。

在移动互联网时代，移动支付成了深受消费者喜爱的新兴支付方式。在此情况下，消费行为不仅发生在电子商务网站之中，O2O、App、社交网络平台等都可能成为购买行为的发起点、交流点和完成点。站在消费行为、消费路径角度观察，在行动阶段，企业优化销售、电子商务布局等方面的关键指标对销售转化具有重要价值，其指标包括电商率（线上销售以及通过O2O带来的销售额在总销售额中的比率）、分布率（是一站式的自主电子商务还是分布式的电子商务，以及其所占比率）、接通率（企业线下销售网店、线上电子商务中与感知网络的接通量、打通率）、个性率（是否具备对消费者个性化需求的采集、响应、订制、服务能力，以及其所占比率）、移动率（企业电子商务在移动终端的部署量、交易达成量，以及其在总量中的比率）以及社会化率（社会化网络来源的流量、声量、购买量在企业商务总量中的比率）。

（5）体验分享（share）。

体验分享的基础是社会化网络，但在实际过程中，互联网的开放分享会实现对消费者体验分享碎片的自动分发和动态聚合，远非口碑营销那么简单。体验分享并非消费的末尾，并且很大程度上正在成为消费的源头，品牌在体验分享阶段进行互动、引导，其营销价值甚至大过广告带来的宣传价值。

数字时代、移动互联网创造了传统媒体乃至传统互联网媒体无法比拟的全新传播、营销生态——基于消费者关系网络，基于位置服务，消费者与好友、消费者与企业相互连接、实时对话，而不再是广播式的广告营销。如何在快速移动的碎片化环境中动态、实时地感知、发现、跟随、响应一个个"人"，理解他们并与他们对话，成为提高品牌商家营销成本效率的关键。而传播的含义甚至也在发生改变，不是广而告之想要告诉别人的信息，而是在响应、点燃那些人们已经蕴含在内心、表达在口头、体现在指尖的需要，SICAS模型正是与新的消费模式相适应而产生的。

SICAS模型有别于传统的单向递进的模式，是在移动互联网时代下基于互联网消费者的全真关系网络。它更加强调企业与消费者之间双向交流沟通而形成的多维互动的消费轨迹生态系统。SICAS模型具有系统性、全面性、多维性以及双向互动性等特点，能够及时掌握消费需求以及消费心理的变化，对消费行为轨迹进行全方位的动态监控，为企业或者品牌的塑造提供全面的信息支撑。

SICAS模型是移动大数据时代的产物，在社交网络平台上诞生了新的社会化营销，熟人之间通过点击、分享、点赞等形式传递更多的品牌信息。结合了实名制、信用打分等人们真实生活中的因素，让互联网成为可以信任的网络，这也为品牌传播以及营销活动提供了有利条件。企业通过整合平台资源，借助高质量的客户关系管理，最大限度利用熟人社交关系网络，引爆消费者互动与传播。随着移动互联网经济的进一步发展，SICAS模型在未来整合营销中的地位会越来越重。

（四）时代模型对比

三种模型的内容对比分析如表 4-2 所示。

表 4-2　模型对比

对比维度	AIDMA 模型	AISAS 模型	SICAS 模型
时代特点	工业时代	互联网时代	移动大数据时代
根本原因	工业革命	信息革命	数据革命
生产工具	机械	互联网	云计算
标志性发明	蒸汽机	个人计算机（PC）	移动终端
创新方法	图纸设计	用户体验、用户界面设计	O2O 架构设计
核心竞争力	垄断竞争力	免费竞争力	数据竞争力
市场驱动力	厂商驱动	消费者驱动	定制驱动
消费形态	标准商品	实物商品＋虚拟商品	定制化商品＋标准化

消费者的注意力是有限的，广告主在大量布局线下实体和网上虚拟广告宣传时，消费者也在接受五花八门的宣传推广中疲倦了。曾经的我们只能在广播电视和纸质媒体中接收信息，现在的我们可以选择在春节的晚上打开电视看春节晚会，打开平板刷微博，摇动手机微信抢红包。媒体多元化趋势越发明显，企业广告主为了抓住每一个消费者不得不进行多媒体平台的广告营销，这既是资源的浪费，也是对消费者注意力的消耗。如何做一个"善解人意"的营销系统是每一个企业都在追求的，将有限的广告资源投向潜在顾客那里，既不影响、占用非潜在顾客的注意资源，也让更多的潜在顾客得到更高品质的营销互动服务，深入地了解产品信息。

移动网络下互动式的传播模式，影响了消费行为习惯的变化，搜索引擎的广告链接以及多媒体化的视频动图广告链接都在引导着消费者，"鼠标一点"进入新的广告推广页面。消费者从被动接受信息变为主动接受并反馈，从单向连接到多点双向的系统交互，在信息传播过程中的话语权越来越大，与企业和媒体之间的交流更频繁、更平等，也在引导企业和媒体不断思考如何适应这种环境变化，以提供更好的购物体验，以建立长久的顾客–企业关系，为企业长足发展提供持续动力。

第三节　理性的非理性

在前面两节的内容中，我们分析了文化、经济、心理等各种影响消费者行为的因素，以及消费者的购买行为模式与决策机制，试图用科学、理性的经济学理论和传播学模型来理解甚至预测消费者的行为，以帮助企业更好地开展营销。但是，在现实中我们却发现，很多时候消费者的行为并不完全符合这些我们总结出的规律和模型，甚至会做出一些让人琢磨不透的决策，我们称之为一种非理性购买现象。

在经济学的假设中，人常常是理性的，然而在实际的消费中，消费者又会有什么意外之举呢？这些意外是否有迹可循？我们应该如何理解他们的"非理性购买"并找到破解之道，为企业营销提供指导呢？这一节我们就来共同探讨消费者理性面纱下的非理性购买行为。

一、评估模式

理性的非理性（上）

在生活节奏逐渐加快的今天，在不少年轻人"只想赚钱，没空谈恋爱"的今天，相亲的风越吹越大，从一开始的父母亲朋之间互相介绍，到如今发展出来的一系列婚恋网、交友平台等相亲产业，实力演绎了一出"相亲正当红"。虽然新时代一些年轻人总调侃自己是"间歇性想谈恋爱，持续性享受单身"，但到了适婚年龄，不得不说相亲也确实是一个找对象的绝佳方案。很多人喜欢带上闺蜜陪自己一块相亲，但又怕对方最后看上的是闺蜜而不是自己。那么，相亲时究竟要不要带上闺蜜呢？

（一）相亲定律

相亲中的第一次见面，最能直观感受到的还是这个人的外貌。在这个"看脸"的时代，你的颜值会成为你能否相亲成功的重要因素。你和你的女伴无外乎以下这四种情况：①你比她好看；②你们都好看；③她比你好看；④你们都不好看。

很明显，根据对比效应，第一种情况是绝对可以带，而第三种情况则是绝对不可以带。但是，剩下两种情况就比较复杂了。在第二种情况下，如果带，那么相亲对象就会对你俩进行联合评估，容易产生一种"大家都好看，那看来这也不是什么优势"的感觉，所以，这种情况该是选择不带，以免让自己的"颜值优势"变得平庸；第四种情况则相反，这时候就应该把她带上，让对方觉得颜值不高好像也并不是什么值得注意的事儿，反正大家都差不多，让你的小伙伴为你的不那么好看分散一些责任，这样相亲成功的概率也就越大。总的来说，如果两者都漂亮，则一人前往，根据单独评估让自己的漂亮凸显出来；相反，如果两者都不好看则一同前往，根据联合评估让自己的不漂亮分散开。

（二）联合评估与单独评估

不同的评估模式，会直接影响人们对评估对象的态度，最终影响人们的消费决策行为。在"单独评估"的模式下，我们主要根据评估对象的特点对其做出判断，在另一种"联合评估"的模式下，主要根据评估对象与其他类似产品的对比，在某些特质方面是否比其他对象表现得出众，以此来对其进行判断。在不同的情景下，人们会选择不同的评估模式对事物进行判断，而判断也常常会受到评估模式不同的影响，从而做出缺乏理性的消费决策。

那么，如何选用评估模式呢？什么时候该选择"单独评估"，什么时候又该选择"联合评估"呢？这里我们介绍一个比较实用的模板，假设 A 为评估对象，B 为参考对象，对它们的评价用优秀或者一般来界定，就像相亲定律中的情况那样，也可以分成 4 种不同情况来讨论：①如果 A 比 B 优秀，则利用对比效应进行"联合评估"；②如果 A 比 B 一般，则避免对比效应进行"单独评估"；③如果 A 同 B 都优秀，则聚焦优秀进行"单独评估"；④如果 A 同 B 都一般，则分散一般进行"联合评估"。

这个模型简单地区分了如何在不同的情况下做出适当的评估模型选择，当我们需要对某个事物做出判断时，最好自己保持理性，不要被商家的营销手段迷惑。

生活中的大部分事物也是符合这样的规律的，高级汽车像宝马、奔驰等都会有自己的专营店，只经营单一品牌。高档时装与奢侈品也会有自己单独的销售渠道，就是为了凸显产品的不同。相对而言，一般的平价产品则会选择多渠道、多品牌战略，甚至同一品牌旗下会有不同的子品牌，也是为了让消费者进行联合评估，增加购买行为。商家对不同的产品进行组合分类，引导消费者对单独评估和联合评估进行选择，从而提高消费者购买商品的概率。

| 案例直通车 |

元气森林与可乐的联合评估[⊖]

最近，有一匹新兴黑马从竞争激烈的饮料界杀出重围，一时间光芒万丈，集万千宠爱于一身，它就是元气森林。它优秀到什么程度呢？品牌成立三年，就能在 2019 年和 2020 年的"6·18 购物狂欢节"中，先后击败可口可乐和百事可乐两大老牌巨头，蝉联天猫饮品类冠军。它的身上具备了太多成功的条件，或许，极强的营销力度、过硬的产品质量、独特又醒目的包装设计以及"用户第一"的思想是其中的关键，但不可否认的是，联合评估也给它的走红之路做出了不小贡献。元气森林瞄准了当前消费者健身、减肥的这一大饮食需求，在这样一个大赛道下，它"0 糖 0 脂 0 卡"的概念风靡全国，非常隆重地把饮品成分——赤藓糖醇（0 能量糖醇产品）作为主要卖点，并直接对打可乐，大胆地与可乐进行热量比拼（210kJ/100mL

VS 0kJ），直观的热量差异能够让消费者更加清晰地感知到元气森林"0 糖 0 脂 0 卡"的宣传口号，从而打动了不少喜欢喝汽水但又害怕高热量的消费者。这一招恰到好处的"比附效应"，初出茅庐就光明正大地"蹭"着可乐的热度，还站在巨人的肩膀上说着巨人的不足之处，不可谓不成功。想想，是不是与当时瑞幸喊话星巴克、汉堡王单挑麦当劳有异曲同工之妙呢？

至此，你感受到联合评估的厉害了吗？通过与可乐的热量对比，不仅让消费者记住并坚信元气森林"健康"的这一特点，还"挖"走了不少可乐爱好者。从产品的销量来看，这一联合评估之"战"，元气森林大获全胜。

资料来源："东哥解读电商.元气森林，凭什么颠覆可口可乐？"，2022 年 1 月 29 日。

⊖　元气森林于 2021 年 4 月发公告称，"0 乳糖"并不是"0 糖"。有国家高级食品检验师表示，"无蔗糖"并不代表"无糖"，消费者应理性看待（来源：央广网）。

二、心理账户

心理账户

在我们的日常生活中，很少会看到有人为了一瓶饮料讨价还价，但是我们在吃饭的时候都会比较哪家团购更加便宜，在和朋友出去吃饭之前都会观察好各家餐厅有没有赠送优惠券或者满减的活动。对于购买饮料和外出吃饭，我们将二者放入了不同的心理账户，对小消费项目会表现得慷慨大方，对大额消费项目则表现得格外谨慎、节俭。

（一）心理账户——如何影响消费决策

理查德·塞勒教授是芝加哥大学行为科学领域的学者，既是金融学的奠基人，也是决策心理学领域最有影响力的学者之一。"心理账户"概念由他于1980年提出，揭示了人们在日常消费行为中对钱的不同态度。

心理账户理论认为，我们不仅会对自己的物品进行分门别类，对于钱和资产，我们同样也有将其归类对待的习惯。我们会在脑子里建立各种各样的"账户"，来管理、控制自己的消费行为——该在什么地方花钱，花多少钱，如何分配预算，如何管理收支，我们都会下意识地做出一番平衡规划。人们对头脑中不同的账户会持有不同的消费态度，例如，爱美的女孩子会在"服饰消费""化妆品消费"等账户上分配更多的钱，而爱美食的女孩子则会在"吃喝消费"账户上投入更多。并且，当我们把一个账户里的钱花光了的时候，为了维持账户之间的独立和稳定性，我们也不太可能再去动用其他账户里的资金。这些常常在不知不觉中发生，也就是说，心理账户管理控制着人们的消费行为，却往往不被人们所感知。但是，将收入和支出划归为哪个账户却常常切实地影响着人们的消费决策。

想象一个场景，假如你丢了1 000元的演唱会门票，那么你会选择再次购买吗？而当你丢的是1 000元的超市购物卡时，你会选择接着去购买1 000元的演唱会门票吗？

显然，它们在经济学上的价值额度都是一样的，不论通过什么途径得到或失去，影响的都只是财富总值，如果按理想的经济学原理来解释，两种情况下人们是否选择再次购买的概率应该是一样的。然而，大多数人并没有按照这种理性的经济学原理进行消费决策，在第二种情况下购买门票的概率会比第一种情况的概率大得多，这就是心理账户对消费行为的影响作用。

为什么？因为同样的1 000元，在第一种情况下丢失的是演唱会门票，是属于人们头脑中的娱乐账户，如果丢了之后再次购买，那么在人们心目中这张门票是花费了2 000元所得到的，那么他们就会开始计较2 000元看一场演唱会是不是过于奢侈，这笔消费是否超出了自己对娱乐消费的预估，于是，人们可能会选择放弃这次娱乐消费。而第二种情况下，丢失的 1 000 元是购物卡，属于人们头脑中另一个账户——购物账户。人们花钱买 1 000 元的演唱会门票入场意味着娱乐消费还是 1 000 元，只不过购物消费无缘无故多出了 1 000 元的账单，这其实并不影响自己继续怀着期待进场，为喜欢的偶像喝彩。所以，尽管两种情况下都是丢失了 1 000 元，但是人们最终做出的消费决策是存在很大差异的，当某项账户里的钱花光时，人们基本是不太可能动用其他账户的钱来继续消费行为。

（二）礼物营销——改变支出账户

消费者常常是不理性的，这些小的不理性的消费习惯常常被商家利用来促进消费。要说服人们增加某项花费的预算是很困难的，但是，如果我们放弃说服人们增加预算，而是改变人们关于心理账户认识，尝试说服他们把这项花费划分到另一个账户时，就能影响消费者的消费态度。礼物营销就是利用了消费者这种非理性的心理。

人们应该有过这样一种经历，就是很喜欢一个东西但是因为价格高昂舍不得买，会跟自己说：“没事，我先攒钱，生日的时候买了送给自己。”同样的一件商品、同样的价格，平时我们并不舍得买，但是到了生日的时候，我们却认为这是很值得的。这也是心理账户在起作用，因为我们把这两次消费放在了不同的心理账户。对于不同的账户，消费者的消费态度也是不同的，当一件东西作为“礼物开销”时，它的价格接受程度会比作为“日常开销”要高得多。这也是为什么许多品牌会推出“礼盒装”，并且定价比普通装稍高。人们对价格的接受程度，会因为商品本身附带的其他标签而改变。例如，情人节象征爱情的巧克力和鲜花，结婚时象征爱情永恒的钻石戒指。

很多商品通过礼物营销的手段，成功地打开了市场。塞勒教授在关于送礼行为的研究中发现，比起同等价位的实用品和现金，人们更加希望收到的是奢侈型和享乐型的礼品。也就是说，如果我们要送礼，送奢侈品和享乐品更加受欢迎，更能达到送礼的效果，恋爱中的鲜花也恰恰证明了这一点。

人们常常认为金钱是最公平的交换媒介，但是心理账户的存在却表明“钱和钱是不一样的”，心理账户还会暗中影响我们的消费决策。对企业而言，要细致地研究目标客户的消费心理，了解消费者心理账户的不同，才能更好地获利和发展。

三、损失厌恶

理性的非理性（下）

司马迁所著《史记》里有这么一句发人深省的话：“天下熙熙，皆为利来；天下攘攘，皆为利往。”这句话的意思是说天下人为了利益蜂拥而至，又为了利益而各奔东西。是啊，人都是趋利避害的，谁会喜欢损失呢？损失厌恶这个现象在生活中是极为普遍的。

（一）损失厌恶——得失的不对称性

举个例子，你发现揣口袋里的 100 元居然不见了，你会觉得懊恼不已，就算朋友为了安慰你，给你发了 100 元的微信红包，你依然还是快乐不起来。这是因为，人们损失 100 元的痛苦感觉比获得 100 元的快乐感觉要来得强烈得多，而在此心态基础上做出的"理性"抉择就是"损失厌恶"。

股票基金是最能反映损失厌恶的案例。不知道你有没有发现，当基金价格上涨时，让基金持有者卖出手里的份额是一件很简单的事情，因为卖出去就能获得收益；但是，当基金价格下跌时，情况就不一样了，这时候多数基金持有者都会变得不愿意卖了。这是因为一旦卖出去就意味着损失已成铁板钉钉的事实，不卖还有一丝获得收益或减小损失的希望，即使他们知道未来的形势依然不容乐观，他们也还是选择冒险一搏。

这也就是前景理论中指出的，人们面对得失与风险时有不同的选择。人们面对"收益"和"损失"的风险承受能力是不对称的，对"损失"的敏感程度要远远超过对"收益"的渴望。简而言之，人们在面临获得时，往往小心翼翼，变成了不愿冒风险的风险规避者；在面对损失时，人人都变成了风险偏好者。

损失厌恶的心理还衍生出了几个有趣的现象，人们在日常生活中也会受到这些效应的影响，做出非理性的决策。如何正确地认识这些效应，又如何避免被影响，从而做出更为理性的决策，属于接下来要讨论的范围。

（二）赋予效应

人们的情感是会影响决策的，人们对自己拥有的东西往往会因为情感和其他因素而给予高于本身价值的估价，当需要放弃时索取的价格往往要高于当时拥有时支付的价格，这些价格实际上是我们赋予物品本身的，因此称为赋予效应。

当你拥有某样东西时，它在你心中的价值就会变高，任何人想要从你手里拿走它都需要付出更大的代价，因为此时失去它的感知痛苦会比你没有拥有它时更为强烈。这种在放弃已有物品时难以割舍的赋予效应在恋爱关系中也有表现，也就是我们常说的"情人眼里出西施"，陌生人的身份和恋人的身份会严重影响你对另一半的评价，当他 / 她还是点头之交时，可能你会打 7 分，而当他 / 她成为你的恋人之后，你打 10 分都是正常的。

赋予效应在经济行为中属于非理性行为，商家也经常会利用人们的这种非理性进行营销活动，如现在电商平台推出的"七天无条件退换货"和"免费试用"服务。在进行购物选择时，人们会因为各种顾虑而推迟做出选择，或者直接放弃购买，而"七天无条件退换货"和"免费试用"服务减少了人们购买失败的付出成本，缩短了人们做出决策所用的时间。商家是否会因为这个政策让自己亏损呢？当然不会，有数据表明真正来退货的消费者很少。对于买回家的产品，一方面，消费者在心中已经确定是自己的所有物，即使有一些缺点也会秉承尽量包容的态度；另一方面，退换货还有一定的程序，这可能会导致消费者放弃退换货。这也是赋予效用在商业中的一大应用，更多的商家也将其应用在营销活动中，打出免费试用以及无条件退换等服务口号。消费者也常常会因为这些商家的承诺一时冲动购买原本不需要的产品，即使赋予了消费者退换货的权利，大多数情况下消费者也并不会去使用。

（三）安于现状

赋予效应使人们对自己拥有的事物有强烈的占有欲，会因此为其贴上更高的价值标签。大多数人因为损失厌恶，奉行着"安于现状，得过且过"的行为模式，在面对现状改变时会选择安于现状。

例如，如果你在工作中5年内没有转行，那么你大概率就会在这个行业做一辈子了。这是因为一个行业的工作经验的积累、技巧的获取都需要一定的时间，5年足够人们掌握重要的行业技能、积累人脉，而跨行业则意味着这些有价值的东西会失效。这种不愿意改变行业的行为表现即安于现状，它源于对现有行业资源的损失厌恶，行为表现就是更多的人终其一生守在自己的行业。

诺基亚鼎盛后的落寞，柯达由于决策失误而走向衰落，中国大批传统企业被新兴企业所代替，都是因为安于现状而不对现有技术工艺进行改革。对一个还在盈利期的企业而言，让它舍弃现有工艺投资而引进新工艺，是一个艰难的选择。毕竟现有工艺还是可以满足生产要求并且盈利的，所以即使从长远眼光来看，新工艺有更好的未来发展前景，决策者也很难说服自己改变现状。也正是这个原因，在中国经济的飞速发展中，许多没有改革创新精神的企业被淘汰。

（四）语义效应

埃姆斯·特沃斯基有一句名言："与其说我们挑选的是选项本身，倒不如说我们挑选的是选项的说法。"对应到对比效应，那就是告诉大家"我很好"还是"我比他好"；对应到损失厌恶，那就是告诉大家"你会获得70%的好处"还是"你会损失30%的利益"。其实影响人们选择的不只是绝对利益或绝对损失，而是利益与损失的相对关系。这个"相对"就道出了人们的"非理性"来源。说法的不同可以将收益变成损失，将损失转化成收益，从而直接影响消费者的态度。

损失厌恶让人们常常更加关注失去，正是因为关注青春美丽的逝去，所以化妆品、保养品才能广受女性消费者欢迎。女性经济的蓬勃发展也是因为商家抓住了女性消费者对美丽逝去的不舍，愿意花费大量金钱投入到无限的追求美丽的事业中。网络上流传一句笑话"逛屈臣氏的时候就是我皮肤最不好的时候"，这是因为屈臣氏的导购员会以极为专业的语言来告诉我们皮肤的各种缺陷，这种放大缺陷的方式会让消费者意识到自己美丽的逝去，为了阻止这种失落感与挫败感，我们急需要一瓶眼霜、一盒面膜、一盒除皱霜等来维护我们的容颜。由此可见，对得与失的不同描述会影响人们对同一事物的看法，不同的语言表达会改变我们的决策，这就是语义效应。对同一个事物，我们可以选择从正面出发，着重强调其有利之处；也可以选择从反面出发，着重强调如果不选择会带来的不利之处。根据损失厌恶中人们对损失更加敏感的理论，强调失去一个事物的损失要比强调获得它的好处来得更加有效，商家也经常将语义效应应用到与消费者的交互中，准确地把握消费者的心理，使用恰当的营销语言来提高销售量。

因为人们对损失的厌恶会习惯性地选择规避，商家会适当地调整自己的营销策路来吸引消费者。例如，涨价会影响消费者的购买决定，让消费者减少购买。但对商家而言，商品定价与调价是很重要的，因此他们会选择更易让消费者接受的方式——缩小包装规格，或涨价后再打折。作为消费者，有时候损失厌恶反而会让自己跌入商家的陷阱遭受更多的损失，我们要学会如何辨别商家的小技巧，看到事件背后的实际情况，克服自己的非理性思维。

第四节　互联网时代对消费者的影响

| 案例直通车 |

消费升级大趋势

在互联网飞速发展的今天，在这日新月异、风云变幻的时代，消费升级已经成为当下消费领域的一个大趋势，各企业品牌都在争相加入消费升级的浪潮中。

在消费者对生活品质的追求逐渐高涨的现在，传统泡面已经愈发没有市场。康师傅也迈开了产品升级的步伐，推出了高端方便面产品，外包装采用中国龙袍配色等奢华色彩，附带折叠筷、可提式碗盖，限量每月发售 6 000 件，售价为 68 元，康师傅给出的产品理念是享受快生活节奏，但是同时也要去感受一下生活的品质。高端泡面大获成功之后，康师傅又开始乘胜追击，在春节期间再一次推出了一种高端的方便面，以福禄寿喜为主题，确定了各种各样听起来很高级的名字。该方便面一共有四款不同的口味，售价是 268 元，并且限量发行，只卖 1 888 盒。

承载童年记忆的大白兔奶糖，也在近年推出了高端限量铁盒包装，盒面的卡通人物据说出自法国设计大师之手，一盒奶糖的售价近 300 元，是普通装价格的十几倍。

方太专注于高端嵌入式厨房电器的研发和制造，一直致力于提升中国家庭的幸福感。从 2016 年开始，除了产品以外，它每年还会提出一个纯粹的"文化产品"，通过品牌影片提出"幸福社区""家庭幸福"等品牌理念，让方太文化在用户中深度渗透，通过文化认同，获得品牌认同，从而在情感层面打动更多人。

"外出旅行或出差时想喝茶怎么办？"在茶叶都是大包装的情况下，小罐茶从天而降，反其道而行之，以"一罐茶一泡"解决了许多茶友在出差场景下不方便带茶的问题，并且高端大气的包装也大受消费者欢迎。

资料来源：梦梦美食家，《临近春节，康师傅再推"高端"方便面，网友：要吃不起泡面了！》，2019 年 1 月 17 日；搜狐网，《大白兔奶糖换成了铁盒包装，身价翻几倍》，2017 年 11 月 16 日；中国新闻网，《文化产品双轮创新驱动，方太持续引领高端厨电市场》，2018 年 9 月 27 日。

随着互联网的快速发展，"互联网＋"模式在企业中的普及，以及我国经济形势的稳中向好，企业的销售环境正在发生巨大的改变，越来越多借助互联网和新媒体的营销方式应运而生，而消费者的购买行为也发生着很大的改变。在互联网时代下，当前消费环境的大势所趋就是消费升级。

消费升级一般指的是消费结构的升级，是各类消费支出在消费总支出中的结构升级和层次提高，直接反映了消费水平和发展趋势。简单翻译一下，就是说人们愿意花更多的钱去买更贵更高级的东西来提升自己的生活质量。在这样一种大时代背景下，消费者的购买行为主要有以下几个方面的改变。

一、消费为娱乐

在互联网时代，消费者的思维方式和行为方式都已经发生了一些改变，面对互联网带来的海量信息，消费者需要提高自身的筛选能力，因此消费者对信息的关联性和趣味性要求大大提高。在这个注重娱乐的时代，如果无法让消费者感受到乐趣，他们的注意力就不会被吸引过来，就难以让他们提起体验的兴趣，难以让他们获得沉浸感，从而无法留住他们。当前社交平台的热火朝天就是因为给用户带来了娱乐感和沉浸感。例如，你体验过"抖音两分钟，人间两小时"吗？不论男女老少，通通折服于抖音的魅力之下，地铁上刷，上班摸鱼刷，睡觉前也要刷。有人一边嫌弃着"土"，却又一边孜孜不倦地刷着抖音，为啥？就是因为抖音给我们带来的沉浸感太强了，我们很容易就沉迷其中难以自拔，越刷越快乐，越刷越停不下来。

在消费升级大趋势下，文化娱乐持续提质扩容，文化娱乐内容消费也成为人民日益增长的刚需。尤其在移动互联网的普及下，内容消费升级涨幅迅猛。为了满足用户的文娱内容消费需求，整个内容产业也在迅速发生着变化。

第一，内容的碎片化和精品化。用户的消费场景多变，在通勤时间和碎片时间消费短内容，让抖音、快手这样的短视频平台迅速崛起。而长视频平台也开始了以复合信息流给用户推荐内容的新尝试。但是，用户对内容的品质要求却没有降低，反而更加苛刻。这也倒逼着内容生产者采用更先进的技术和生产方式。

第二，观看体验的快速迭代升级。随着智能手机的普及、4G网络的覆盖，用户在消费内容的同时，对于体验的要求越来越高。随之而出的窄带高清技术、杜比、HDR等新的技术手段和产品体验应运而出。

第三，体育内容的消费呈现泛娱乐趋势。以2018年的体育焦点——世界杯为例，世界杯已经超过了足球赛的界限，成为全民狂欢。数据显示，仅优酷平台的世界杯决赛直播，单场观看用户超2 400万，较世界杯揭幕战实现了100%增长。整个过程中，用户更是通过多种方式深度卷入。除了观看比赛直播，消费泛娱乐化的原创节目以及互动游戏也成为趋势。这也要求直播平台除比赛直播外，要开发适合移动端的具有泛娱乐化的原创节目，并围绕世界杯策划整合式的、娱乐化的情景互动。

二、消费为悦己

消费升级的一个具体体现就在于消费者对"高档品"的大量需求，他们追求实用价值更高，社会价值也更高的产品。他们希望产品的功能性效用要更好，也希望能够通过使用这些产品，感觉到自己的社会地位上了个档次，获得高级生活方式的情感效用。本质上而言，消费者追求高档品，其实追求的是一种更美好的、更能愉悦自我的生活方式，正所谓"千金只为心头好"。

现在的消费者，已经不再关注那些"能吃、能喝、能用"的基本生活需要了，那些都只是产品必须满足的基础功能而已，"升级"后的消费者，更看重产品能不能提供额外的满足感，抓住更高层次的需求，如尊重需求、社交需求、自我实现需求。可以说，消费者现在更关注的其实是一种"品质消费"。

归根结底，消费者都不再纠结于产品本身的功能价值，因为在成熟的市场中，功能上的差异其实是越来越难做到的，所以消费者更多是从社会价值以及情感价值的层面去考虑。就像谁还会专门买块价格不菲的手表来看时间呢？不过是出于"这块表很符合我成功人士的气质""这块表能够彰显出我令人羡慕的社会地位"，或者是"我真的很喜欢这块表，我非买不可"等这些内在原因。我们是否购买，取决于这个产品能否实现我们追求品质生活的愿望，取决于这个产品能否满足我们的价值需求，让我们获得精神上的满足，这也是我们现在所说的"悦己式消费"。

三、消费为人设

在曾经"渠道为王"的时代，消费者多是批量消费和同质化消费，因此大众品牌由于价格低廉、品质保障等优势赢得了大量忠实粉丝。但在消费升级这样一种背景下，消费者开始追求个性化，追求品质生活，开始变得更加挑剔，对于产品特征的要求提高了，对于定位也更加精细了。"我就是我，是颜色不一样的烟火"，当前的消费者更热衷于表达自己的独特，更愿意通过购买不同的产品，来探索更符合自己的需求，并打造专属人设。

就像方太，它并不仅仅局限于做一个厨具品牌，它更注重赋予品牌意义，以文化认同来打动消费者。当前，消费者不仅更喜欢细分化的产品，还要求品牌具备调动消费者情绪、提供情感价值的能力，他们从曾经的理性、功能需求变为了感性、情感需求，也从曾经的大众化需求变为了个性化需求。消费者愈发意识到自己是一个独特的个体，越来越喜欢强调自己和"众人"不一样，标榜自己的独特个性和专属人设，这也正是现在个性化定制产品或服务兴起的原因。

"适合我""代表我"，在当前消费者的消费动机当中，多少有一部分是出于对自我个性与生活审美的表达——他们通过购买的东西，来向外界说明"我是谁，我喜欢什么"；通过不断探索和尝试不同的风格，消费不同的品牌和产品，体验不同的生活方式来寻找什么适合自己。与此同时，消费者为了达成对某领域的深度认知，建立起人设，通过不断购买兴趣相关的品牌和产品，来加深兴趣相关领域的钻研。

四、消费为社交

在社交平台日益火热的今天，消费者的消费行为少不了社交网络。Z世代，即新时代人群，是在互联网的发展中成长起来的一代。当前，Z世代逐渐成为消费的主力军，而由于家庭构成、学业工作压力等原因，Z世代或许孤独感强，渴望对同辈的归属感，并且持续寻找更多的共同语言。换句话说，Z世代需要更多志同道合的朋友和社交圈子。

因此，消费成为其中的一种方式，它是Z世代的社交货币，并由此出现了一种特别的消费心理——消费为社交。

你不难在社交网络上看到Z世代在激烈地讨论着一款新出的球鞋或者口红色号，也会有Z世代在某个网红餐厅打卡的记录，而留言里总会出现"下次带我去"等朋友邀约。在某种程度上，消费已经成为Z世代的社交货币——所有的话题、关注度与线下互动，都围绕消费行为进行。

凯度与QQ广告的《Z世代消费力白皮书》同样显示，在接受调查的Z世代群体中，有65%的Z世代认为购物消费，就是想跟朋友有共同语言。因为消费能带来谈资和社交的资本，吸引圈内志同道合的人，从而成功进入社交圈。60%的Z世代表示希望通过消费，可以更好地融入社交的圈子，买出共鸣，吸引同好。而也有57%的Z世代表示，消费可以帮助自己维系社交关系。在某个领域的消费潮流，或许就是这个群体的社交通行证及话语体系。白皮书称，"Z世代们拥有和同伴们相同的东西，创造更多的共同话题，不落伍，才能更好地维系社交关系，不被排挤。"

思考题

一、名词解释

1. 边际效用
2. 心理账户
3. 损失厌恶
4. 赋予效应
5. 语义效应

二、选择题

1. 传统媒体时代的购买模型是（　　）。
   A. AIDMA模型　　　　B. AISA模型
   C. AISAS模型　　　　D. SICAS模型
2. AISAS模型中的"S"是指（　　）和（　　）。
   A. search、share
   B. search、switch
   C. seek、share
   D. seek、switch
3. AIDMA模型中的"I"是指（　　）。
   A. important　　　　B. impact
   C. interest　　　　D. input
4. 文化具有以下几种特点，其中错误的是（　　）。
   A. 文化是后天习得的
   B. 文化的影响是有形的
   C. 社会文化既有稳定性，又有可变性
   D. 社会文化的共享性、规范性

5. 女性购买行为的特点不包括（　　）。
　　A. 购买行为的被动性和购买目标的明确性
　　B. 消费倾向的多样化和个性化
　　C. 注重商品的具体利益和实用价值
　　D. 具有浓厚的情绪和情感色彩

三、简答题

1. 什么是亚文化？描述至少两种你所属的亚文化，并举例说明企业如何针对亚文化开展营销。

2. 你认为消费者的理性购买和非理性购买之间矛盾吗？企业应该如何理解消费者的购买心理呢？

3. 请比较说明 AIDMA 模型、AISAS 模型和 SICAS 模型的时代背景和消费行为特点有什么异同。

4. 人们普遍会有损失厌恶的心理，请思考如何避免因为"损失厌恶"心理而造成更大的损失。

四、案例题

"江小白"借 O2O
"绑架"用户

案例思考题：

1. 陶石泉是如何利用新时代下消费模型 SICAS 开始其创业之路的？

2. 为达到企业线上线下营销、销售于一体的 O2O 营销闭环，江小白是怎样巧妙地进行整体布局的？

3. 在瞬息万变的互联网时代，消费者注意力分散，缺乏耐心，江小白是如何设法强化与用户之间的链接的？你又有什么新的建议？

4. 完全依赖社交媒体势必会出现问题，请结合案例分析并提出解决方案。

5. 传统行业在互联网冲击下亟待转型，对于 O2O 模式你有什么好的建议？

第五章 弱水三千，只取一瓢：STP 策略

> 圣人不能为时，而能以事适时，事适于时者其功大顺势而为。
>
> ——《吕氏春秋》

:: 学习目标

1. 明确市场细分的含义和方法。
2. 目标市场的评估和策略。
3. 掌握市场定位的步骤和策略。

:: 重难点

1. 目标市场的评估。
2. 掌握市场定位的策略。

:: 关键词

STP 理论；波特五力模型；钻石定位图。

:: 框架图

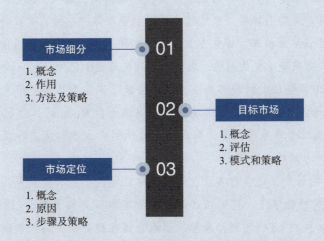

📖 案例导入

在我们的生活中，很多时候都需要审时度势，顺应市场需求。例如，2020 年突如其来的新冠疫情，不仅让万众期待的春节被动中断，也为实体企业的营销增长按下了暂停键。对于很多实体企业来说，此次疫情给它们带来了难以预料的伤害。然而，当大家必须在家隔离时，便产生了很多其他的需求有待满足，互联网虚拟行业应运而生，它们顺应市场变化并迎来了春天。下面我们以腾讯会议为例来看一下它是如何在疫情期间取得了高速增长的。

注册/登录

腾讯会议是腾讯云旗下的一款音视频会议软件，于 2019 年 12 月底上线，具有 300 人在线会议、全平台一键接入、音视频智能降噪、美颜、背景虚化、锁定会议、屏幕水印等功能，并提供实时共享屏幕，支持在线文档协作。2020 年 1 月 24 日起，腾讯会议面向用户免费开放 300 人的会议协同能力。此外，为助力全球各地抗疫，腾讯会议还紧急研发并上线了国际版。腾讯会议从疫情开始就向用户免费开放，中途还更新了几次。除此之外，腾讯会议可以应用的范围几乎涵盖了社会的各个方面，如政府的应急指挥、跨部门会议、远程宣教等，医疗行业的远程诊疗、手术示教和远程看护等，企业的在线办公、远程面试、视频会商等，教育领域可以进行在线课堂、在线辅导、集体备课等，极大地方便了社会群体的生活，对社会的正常运作做出了自己的贡献。腾讯会议界面简单、操作方便、使用免费、运行顺畅等优点使其用户激增，取得了上线 245 天，用户数突破 1 亿的成绩，成为用户最快超过 1 亿的视频会议产品。

在腾讯会议 2020 年全线升级发布会上，腾讯会议不仅公布了最新用户数据，还发布了企业版、会议室连接器以及智能会议室解决方案"腾讯会议 Rooms"，尝试从根源上解决企业会议组织难、效率低、管理难等问题，帮助企业降低运营成本和沉淀数据资产，为企业级用户打造安全、高效、专属的会议能力。

"春节期间疫情的爆发，让各行各业认识到，建立适应企业长期发展的数字化组织，已经成为必然趋势。组织的数字化，将大幅提升企业效率和可持续竞争力"，腾讯高级执行副总裁、云与智慧产业事业群 CEO 汤道生表示。腾讯会议在提升企业组织效率的同时，也在助力各行各业降低运营成本，节省社会资源。全球领先的制药企业阿斯利康，每个月平均要用腾讯会议召开 7 000 场研讨会，腾讯会议帮助其加速数字化销售转型，推动销售持续增长。

　　腾讯会议作为中国目前最多人使用的专业视频会议产品，其已深度服务于中小企业在线办公、政务、金融、教育、医疗等行业，这是因为互联网行业线上、虚拟的特征满足了人们受疫情影响"足不出户"的生活状态，所以线上服务企业拥有了巨大的机会。为响应国家号召，用户的消费、教育、娱乐的诸多需求都在线上释放，网络文学、线上教育、知识付费等项目也迎来了新一轮抢夺用户时间的机会。"少年强则国强"，哪怕在疫情期间教育也不能放松。事实表明，在线教育行业在疫情期间迎来了一次新的增长。由于疫情，所有学校采取延期开学的措施，以此避免学生因集体上课而引发疫情大范围传播，但是延长假期的方式虽然保障了学生的安全，也为家长带来了困扰，毕竟对于大多数家长来说，延期开学使假期变长，这一点可能会严重影响孩子的学习成绩，在线教育的出现刚好能够在一定程度上有效缓解家长的焦虑，满足孩子在家学习的需求。在各地延迟开学的特殊时期，在线教育通过腾讯会议等平台提供线上沟通渠道来满足师生不同场景下的使用需求。利用腾讯会议的线上直播功能，在线教育成为疫情期间学校教育的主流方式之一，可以让学生在假期期间也不停课，教师利用腾讯会议对学生进行网上教学，实现视频授课，PPT 教学、涂鸦、标记、文字输入等多种功能都为教师的教学提供了便利，课后文件共享功能还有利于学生课后复习，学生足不出户就能按时上课完成学业。腾讯会议的成功体现了顺势而为、顺时而为的重要性，企业应该有足够的敏感性，及时地洞察市场变化，因时而动，满足市场的新需求以占取先机、赢得优势。

第一节　市场细分

　　夫地形者，兵之助也。料敌制胜，计险厄远近，上将之道也。知此而用战者必胜，不知此而用战者必败。

——《孙子兵法·地形篇》

一、市场细分的概念

　　市场细分（market segmentation）的概念是 20 世纪 50 年代中期由美国著名的市场营销专家温德·斯密在总结一些企业的营销实践经验后提出来的。它的提出，顺应了第二次世界大战后美国众多商品市场由卖方市场变为买方市场这一新的市场形势，是企业市场营销观念的新发展。

　　市场细分就是按照某种或者某些特定的标准将市场上的消费者划分为若干群体内容的过程，这样整个大市场就被划分为多个相互之间有差异的小市场，不同的细分市场之间，消费者的需求、特征或者行为方式都存在着明显的差异，因此每个细分市场都追求特定的产品或者营销组合。

　　市场细分的实质是对于需求的细分，即按照一定的标准把消费者的需求"归堆"。

　　按照消费者对产品不同属性的重视程度划分，会形成 3 种模式的细分市场，如图 5-1所示。

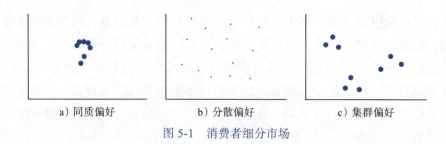

|a）同质偏好|b）分散偏好|c）集群偏好|

图 5-1　消费者细分市场

1. 同质偏好

同质偏好，即消费者具备大致相同的偏好，如图 5-1a 所示。这种市场不存在自然形成的细分市场，消费者对产品不同属性的重视程度大致相同，现有产品品牌基本相似，且集中在偏好的中央。

2. 分散偏好

分散偏好，是同质偏好的极端形式，即所有消费者的偏好差别极大，各不相同，分散在整个空间内，如图 5-1b 所示。最先进入市场的品牌可能定位于迎合尽可能多的顾客，之后进入市场的竞争者可能会集中于第一个品牌附近，或者定位于远离第一个品牌的某个角落，吸引中心品牌未能满足的顾客群。如果市场上同时存在几个品牌，则这些品牌可能定位于市场的各个空间，分别突出自己的差异性，来满足消费者的不同偏好。

3. 集群偏好

集群偏好，即不同的消费群体有不同的消费偏好，但同一群体的消费偏好大体相同，如图 5-1c 所示。这种市场也称为自然细分市场。进入该市场的第一家企业可以有 3 种选择：一是定位于偏好中心，来迎合所有的消费者，即无差异性营销；二是定位于最大的细分市场，即集中性营销；三是同时开发集中品牌，分别定位于不同的细分市场，即差异性营销。

二、市场细分的作用

雅客是一家糖果企业，它将糖果市场分为奶糖、硬糖、软糖、酥糖、功能型糖果、酵母型糖果和巧克力这几种类型，如表 5-1 所示。然后，雅客通过对市场上现有的糖果类型及其竞争力的分析发现，在糖果的口味、包装、价格等方面，市场上不同品牌的差距很小，而在非传统创新糖果方面，却相当有发展潜力。传统糖果如软糖和奶糖，虽然销售量仍然占据主导地位，但是销售额比例却呈下降趋势，加上现有企业的领导地位，留给其他糖果企业的空间有限。相比之下，各类新型糖果却发展迅速，因此雅客选择进入功能性糖果市场，集中火力开攻这一子市场。

雅客经过市场细分，确认了糖果的细分市场有七个，然后根据现有的细分市场情况确定自己应选择功能性糖果市场。市场细分可以给企业带来很多好处，对企业的生产、发展、营销起着至关重要的作用。

表 5-1　糖果市场的细分

奶糖	大白兔奶糖是领军者，销售量奇高，争夺不易
硬糖	技术含量低，生产厂家多，质量参差不齐，价格低，利润低
软糖	市场容量大，技术含量低，品牌多，竞争激烈
酥糖	门槛低，产品同质化严重
功能型糖果	市场在发展，品牌可以差异化
酵母型糖果	技术含量高，产品附加值高，有大品牌坐镇
巧克力	德芙、吉百利、好时、金帝已经瓜分完市场，属于寡头竞争

1. 市场细分是目标市场营销的第一步

目标市场营销是营销学的核心理论之一，也是一种真正体现现代营销理念的营销模式，市场细分作为这种营销模式的第一步，是非常关键的一步。市场细分的正确有效与否决定了目标市场的选择是否正确，进而会影响整个企业的经营计划。

2. 市场细分有利于企业发现新的市场机会

市场机会是指市场上客观存在的尚未得到满足或未能充分满足的消费需求。通过市场细分，企业可以分析与了解各类消费者的情况，还可以了解到各个细分市场的竞争激烈程度和发展空间大小等，通过这些分析与了解，企业可以结合自身的具体情况，选择一个机会较大的细分市场进入。

3. 市场细分有利于企业增强应变能力，提高竞争力

市场细分将具有相同消费偏好的消费者归集到同一个市场中，在这个市场中的消费者具有很大程度上的相似性，因此便于企业认识和掌握顾客的需求特点，了解消费者对于不同营销手段反应的差异性，使企业能够更加及时、准确地调整产品的结构、价格、渠道及促销策略，以适销对路的产品、合理的价格、恰当的服务方式更好地满足消费者的需求。

4. 市场细分有利于提高企业的经济效益

进行市场细分之后，企业可以根据自身的条件，选择恰当的目标市场，避免在整体市场上使用分散力量，因此市场细分可以将企业有限的人力、物力和财力集中投入到合适的细分市场上，提高企业内部的资源配置效率，进而提高企业的经济效益。

三、市场细分的方法及策略

（一）市场细分方法

1. 正确选择市场范围

企业在确定经营目标之后，一般要进行一番深入而细致的市场调研，分析市场消费需求的动向，确定市场经营范围，这个范围不能过大，也不能过小，要和企业自身的资源和能力相适应。

2. 决定细分依据

确定市场范围之后，企业要分析市场内潜在消费者的需求，尽可能地全面罗列归类，针对消费需求的差异性，决定实行何种细分市场的变数组合，决定对市场进行细分的依据。

3. 进行具体细分

企业通过分析不同消费者的需求，找出消费者需求类型的地区分布、人口特征、购买行为、消费心理、个性特点等方面的情况，结合营销者的营销经验，对市场进行具体细分。

4. 评估细分结果

市场细分之后要对其结果进行评估，根据前文所述有效市场细分的要求判断各细分市场的有效性，分析各个细分市场的优缺利弊，从而有利于企业选择一个与自己的经营目标和实力相匹配的细分市场作为其目标市场。

（二）市场细分的策略

市场细分的策略有很多，目前比较通行的方法主要有以下三种。

1. 单一标准法

单一标准法是指根据影响消费者需求的某一种要素进行市场细分。例如，按收入对所有消费者进行划分，每个收入阶层的消费者群体即为一个细分市场。

2. 综合标准法

综合标准法是指根据两种及两种以上影响消费者需求的要素进行市场细分。其核心是并列多因素分析，各因素之间没有先后顺序和重要与否的区别。例如，饮品可按年龄（老、中、青）、收入（高、中、低）、性别（男、女）等要素进行市场细分。

3. 系列标准法

系列标准法是指根据影响消费者需求的各种要素，按照一定的顺序由少到多，由粗到细，由繁至简进行市场细分。例如，服装的消费市场可以分为城市市场和农村市场，城市市场又可以分为男性市场和女性市场，女性市场又可以分为老年、中年、青年和少儿市场，中年市场又可以分为高收入、中收入和低收入市场，等等。

第二节　选择目标市场

我可以往，彼可以来，曰通；通形者，先居高阳，利粮道，以战则利。

——《孙子兵法·地形篇》

一、目标市场的概念

男孩小宋和小高都是普通的高校在校生，今年已经大四了，找到工作之后，忽然发现自己已经23岁了还没有交过女朋友，不知道恋爱的滋味是什么样的，于是他们决定要找一个女朋友！但是找女朋友这件事可不是那么容易的，于是学过营销的小宋灵机一动，想到了一个办法，他将目前所接触过的女生分为三类：第一类是女神级别的，长得非常漂亮，各个方面都很优秀；第二类是长相普通的，但是某一个方面很有魅力；第三类是长相一般的，同时对于小宋来说不适合做女朋友的。分类之后，小宋觉得虽然女神很美，但是追求者太多了，自己没有竞争力，于是便将目光投向了第二类女生，并排除掉已经有男朋友的，于是小宋用了两周的时间成功脱单，而小高还在茫茫人海中继续寻找。

著名的市场营销学者麦卡锡提出应当把消费者看作一个特定的群体，并称之为目标市场。目标市场就是通过市场细分后，企业准备以相应的产品和服务满足其需要的一个或几个子市场。对于企业来讲，所谓目标市场，就是指企业在市场细分之后的若干"子市场"中，所运用的企业营销活动之"矢"而瞄准的市场方向之"的"的优选过程，瞄准的是具有相同需求或特征的、企业决定为之服务的购买者群体。所谓目标市场，是企业在细分市场的基础上，根据自身资源优势所选择的、主要为之服务的那部分特定的顾客群体。选择正确的目标市场可以帮助企业更迅速地获取消费者的芳心，从而实现更大的盈利。就如故事中的小宋选对了目标，很快便完成了脱单的心愿。

选择目标市场是很关键的一步，大致包含如图5-2所示的三步。

图 5-2　选择目标市场的步骤

二、评估目标市场

（一）细分市场的规模和潜力

1. 市场规模适度

企业进入某一市场是一定希望能够盈利的，如果市场规模过于狭小，企业进入这个市场就没有意义了。另外，企业也要避免"多数谬误"，即与大多数企业遵循同一思维逻辑，将规模最大、最具有吸引力的市场作为目标市场，这样容易导致过度竞争，造成社会资源的浪费，同时企业很难建立起竞争优势，经营结果不理想。

2. 市场具有发展潜力

市场规模的大小并不完全代表市场的盈利能力大小，在评估细分市场的时候还要注意分析细分市场的发展潜力，可以从宏观环境方面对于市场的发展潜力进行分析和预测，这就要考虑到政治、经济、社会文化和科学技术等因素的影响。企业在选择目标市场的时候一定要从多个维度考虑细分市场的潜力和发展机会，选择一个具有相当大的发展潜力的细分市场进入。

（二）细分市场的结构吸引力

在完成市场细分之后，企业应如何选择目标市场呢？这时，就需要评估各个细分市场的吸引力，迈克尔·波特于 20 世纪 80 年代初提出波特五力模型，他认为行业中存在着决定竞争规模和竞争程度的五种力量，这五种力量综合起来影响着产业的吸引力以及现有企业的竞争战略决策。这五种力量分别为同行业内现有竞争者的威胁、新竞争者的威胁、替代品的威胁、购买者的讨价还价能力与供应商的讨价还价能力，如图 5-3 所示。

图 5-3　波特五力模型

1. 同行业内现有竞争者的威胁

如果某个细分市场已经有了众多的、强大的或者竞争意识强烈的竞争者，那么该细分市场就会失去吸引力。如果该细分市场处于稳定或衰退期，生产能力不断大幅度扩大，固定成本过高，撤出市场的壁垒过高，竞争者投资很大，那么情况就会更糟。这些情况容易导致价格战、广告争夺战，尤其当推出新产品时，企业参与竞争会付出高昂的代价。

2. 新竞争者的威胁

如果某个细分市场可能会增加大量资源并引入争夺市场份额的新竞争者，那么该细分市场的吸引力就会大大降低。这取决于该细分市场的壁垒高低，如果新的竞争者在进入市场的时候会遭遇很大的壁垒，那么新的竞争者就很难进入该细分市场，而一旦进入该市场，盈利的机会也会大大增加；如果该细分市场的进入壁垒很低，新的竞争者很容易进入该细分市场，那么这个细分市场的吸引力就大大降低了。

3. 替代品的威胁

如果某个细分市场存在着替代产品或者潜在的替代产品，那么该细分市场的吸引力就会大大降低。因为替代品会降低该细分市场内价格和利润的增长，与替代品的竞争也会增加企业资源的消耗，所以企业在选择目标市场的时候一定要注意替代品的动向，如果替代品的发展势头良好，尽量不要进入该细分市场。

4. 购买者的讨价还价能力的威胁

如果某个细分市场中购买者的讨价还价能力很强或者正在加强，该细分市场的吸引力就大大降低。购买者会尽力地压低价格，同时又要求供应商提供更高质量的产品和服务来使自己的利益最大化。在这种情况下，销售商之间还会进行激烈的竞争，使整个行业的利润水平大大降低，企业在选择目标市场的时候一定要注意规避这种细分市场，可以选择购买者议价能力较弱的市场进入，当然最好的防御方式是提供顾客无法拒绝的优质产品。

5. 供应商的讨价还价能力的威胁

企业的供应商一般包括原材料和设备供应商、公用事业部门、银行、行业协会等，如果细分市场中供应商的讨价还价能力很强，那么市场的吸引力就较小。强大的供应商很可能会采取向前联合的方法进行扩张，这样的话，其议价能力就会大大提高，所以，企业与供应商建立良好关系和建立多种供应渠道才是防御上策。

一个细分市场的结构吸引力是上述五种变量的函数，分析每一个细分市场的吸引力，是企业选择目标市场时不可忽视的重要步骤。

（三）企业自身的目标和资源

某些细分市场虽然有较大吸引力，但是和企业自身的目标不相符合。公司目标包括若干方面，其中主要有市场份额、利润率和收益率、一体化方向以及市场和产品发展方向。如果细分市场不能推动企业实现自身的发展目标，甚至分散企业精力，使之无法完成主要目标，这样的市场可以考虑放弃。此外，企业在选择目标市场的时候还应该考虑企业自身的资源和能力是否能够有效进入细分市场，与自身条件相符合的细分市场才能为企业创造利润。

| 案例直通车 |

一家小油漆厂的成功

英国有一家小油漆厂，访问了许多潜在消费者以调查他们的需要，并对市场做了一下细分：本地市场的60%，是一个较大的普及市场，对各种油漆产品都有潜在需求，但是本厂无力参与竞争；另有4个分市场，各占10%的份额。4个分市场分别是：一个是家庭主妇群体，特点是不懂室内装饰需要什么油漆，但是要求质量好，希望油漆商提供设计，油漆效果美观；一个是油漆工助手群体，需要购买较好质量的油漆，替住户进行市内装饰，他们过去一向从老式金属器具店或木材厂购买油漆；一个是老油漆技工群体，他们的特点是一向不买调好的油漆，只买颜料和油料自己调配；最后一个是对价格敏感的青年夫妇群体，其特点为收入低、租公寓住，按照英国的习惯公寓住户在一定时间内必须油漆住房，以保护房屋，因此他们购买油漆不要求质量，但要价格低廉。

经过研究，该厂决定选择青年夫妇作为目标市场，并制定了相应的市场营销组合：①产品，经营少数不用颜色、不用大小包装的油漆，并根据目标顾客的喜好随时增加、改变或取消颜色品种和装罐大小；②分销，产品送抵目标客户住处附近的每一家零售店，目标市场范围内一旦出现新的商店，立即招来经销本厂商品；③价格，保持单一低廉价格，不提供任何特价优惠，也不跟随其他厂家调整价格；④促销，以"低价""满意的质量"为口号，以适应目标顾客的需求特点，定期变换商店布置和广告版本，创造新颖的形象，并变换使用广告媒体。

由于市场选择恰当，市场营销战略较好地适应了目标顾客。虽然经营的是低端产品，该企业仍然获得了很大的成功。

资料来源：吴健安. 市场营销学 [M]. 北京：高等教育出版社，2007.

三、目标市场选择的模式和策略

（一）目标市场选择的模式

市场细分是探讨公司可能把握的各种市场机会，目标市场的选择则是在评估的基础上寻找企业发展机会。公司对不同的细分市场评估后，就必须选择目标市场。一般来说，一个公司可以考虑的目标市场选择模式有五种，即目标集中化、产品专门化、市场专门化、选择专门化以及完全市场覆盖，具体如图5-4所示，其中，P代表产品，M代表市场。

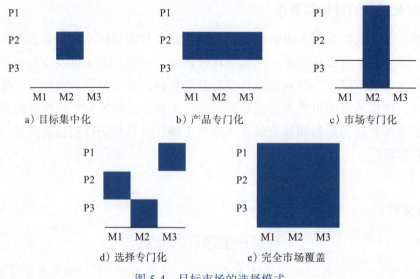

图5-4   目标市场的选择模式

1. 目标集中化

目标集中化是指公司只选择一个目标市场进行集中营销。这是一种最简单的目标市场模式。在这种模式下，企业只生产一类产品，供应某单一的客户群体。例如，陕汽集团主要针对的是重型卡车、重型军用越野汽车以及大吨位商用车市场，其他种类则较少涉及。

公司选择单一市场进行集中营销，可以集中公司的优势力量，更加充分地了解目标市场的市场需求，形成更能满足客户需求的公司特色经营，并在市场上创建良好的声誉，进而可在该目标市场上建立稳固的市场地位。如果细分市场选择得当，公司的投资便可以获得高报酬。

一个公司之所以会选择单一细分市场进行集中化经营，通常是基于以下考虑：公司具备在该细分市场从事专业化经营，并能在该市场上取得优势地位的实力；公司在资源方面受到了限制，只能在一个细分市场上有效经营；在选定的细分市场上不存在竞争对手，或是市场竞争较小；公司准备以此为基础，力求在该细分市场上取得成功之后，向其他领域扩张。

值得注意的是，集中营销比一般情况风险更大。例如，所选择的细分市场需求萎缩，或者某个强有力的竞争者决定进入同一个细分市场，都会把公司置于极大困境。因此，许多公司宁愿在若干个细分市场进行分散营销。

| 案例直通车 |

经常卖99块钱机票的航空公司，利润竟然是行业第一

春秋航空总部在上海，是中国首批民营航空公司之一，是国内首家低成本航空公司。春秋航空主打低价机票市场，在产品进入市场的早期，将价格定在较低的水平，尽可能吸引更多消费者。

航空业是一个看起来风光、实际上利润微薄的行业，各大航空公司的利润都很微薄，春秋航空的策略主要通过摊薄成本实现，通俗地说是"可花可不花的钱，一律不花；必须花的钱，一块钱办成八瓣儿花"，具体通过以下策略实现。

1. 只配置A320一种机型

只配置一种机型，飞机和零部件都可以形成规模效益，降低成本，而且人员培训、维修保养只需要设立一个标准，费用大大降低。

2. 服务全砍掉

没有免费餐饮，没有免费毛毯，行李的免费托运额度非常低。由于飞机停得离候机大厅远一点比较便宜，所以乘客登机的时候只能坐接驳车过去或者自己走过去。

3. 去掉商务舱和头等舱，全部改为经济舱

由于经济舱的空间较商务舱或头等舱大大减少，这种设置使得座位数就比别家航空公司多了50多个，而且经济舱的价格相对低廉，因此空座率也较低。

4. 只要飞不"死"，就往"死"里飞

一般航空公司的飞机一天飞4～5次，春秋航空的飞机一天飞8次。

那么，通过以上几种策略，春秋航空的盈利状况如何呢？答案是非常好，利润率在中国所有航空公司中稳居第一名。

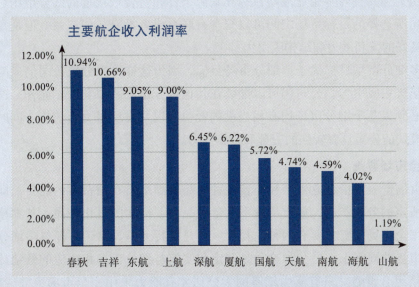

春秋航空的整体实力在所有航空公司中是居于中低位的，但是通过瞄准低价机票市场，并且结合一系列措施降低成本，使其总体利润率提高到行业第一的水平。

资料来源：运营研究社，2018年3月9日。

2. 产品专门化

产品专门化是指公司集中生产一种产品，并向各类客户销售这种产品。从某种程度上说，这种产品专门化的方式类似于利基市场模式，将某一种产品做到极致。

公司专注于某一种或某一类产品的生产，有利于市场面的扩大，有利于公司在生产和技术上形成优势和在该产品领域树立起良好的形象。

需要注意的是，采取这种方法也存在着一种潜在的风险，即当该产品领域原有的生产技术被一种全新的技术替代，或是该产品被一种新型的替代品替代时，该产品的发展潜力就会大大降低。

3. 市场专门化

市场专门化是指企业生产经营各种产品满足某类消费者群体的各种需要，即企业生产销售供某类消费者需要的各种产品。例如，某些化工用品生产企业专门提供大学实验室设备，某些服装制造商专门生产大码服装，等等。

市场专门化可以更好地为某一类顾客群体服务，有助于企业与顾客之间形成稳定的购买关系，从而可以降低一部分交易成本，并在这一类顾客中树立良好的形象。同时，由于采用这种方式的公司经营的产品类别众多，因此能有效地分散部分经营风险。当然，一旦由于某些原因导致这类客户的购买力下降，公司也会因此遭遇收入锐减的困境。

4. 选择专门化

选择专门化是指企业在市场细分的基础上，集合公司的资源状况，有选择地生产某几种产品，或是有目的地进入某几个细分市场，满足某些消费者群体的需要，即企业选择几个吸引力强并且与本企业战略目标和资源条件相符合或接近的细分市场。在这种方式下，公司所选择的目标市场之间可以很少有联系或者没有任何联系，但是每个目标市场都具有良好的盈利潜力和结构吸引力。

这种多细分市场目标优于单细分市场目标，因为这样可以分散公司的风险，即使某个细分市场失去吸引力，公司仍可以继续在其他细分市场获取利润。此外，这种模式要注意的是必须以几个细分市场均有相当大的吸引力以及发展潜力为前提。同时，还要求采取这种模式的公司具有较强的资源和营销实力。

5. 完全市场覆盖

完全市场覆盖是指企业生产和经营各种产品以满足所有消费者的需要，即企业经营各类用户所需的各种产品，如宝洁旗下有各种品类、档次的日化产品，基本覆盖所有日化领域。完全市场覆盖主要有两种途径：一种是实行无差异营销，即忽略细分市场的差别，满足市场共同需求；另一种途径是制定和实施与细分市场相适应的营销计划，包括不同的营销组合策略。只有实力雄厚的大公司才有能力采用完全市场覆盖战略，例如，美国 IBM 公司在全球计算机市场，通用汽车（GM）公司在全球汽车市场，可口可乐公司在全球饮料市场采用的均为全面覆盖的目标市场策略。

（二）目标市场选择策略

各公司选择的目标市场的范围是不一样的，所采取的策略就会有所差异，企业目标市场选择策略主要为无差异性市场选择策略、差异性市场选择策略和集中性市场选择策略三种，详情如图 5-5 所示。

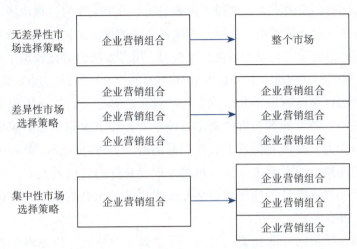

图 5-5　三类目标市场选择策略

1. 无差异性市场选择策略

无差异性市场选择策略是以市场总体为服务对象，不加以明确的细分，不管消费者需求的差异，只要能够满足最大多数顾客的共同性需要即可。因而企业只是用单一的营销策略来开拓市场，即推出一种单一的标准化产品，采用一种价格，使用一种分配渠道和促销手段。

无差异性市场选择策略的立足依据是成本的经济性，由于品牌专一，便于组织大批量生产、储存和运输，从而获得规模效益，进而降低成本。同时，不需要进行市场细分，可以减少调研和促销的费用。

这种营销策略对于需求广泛、市场同质性较高，并且公司有能力进行大规模生产、大批量销售的产品来说，是比较合适的。但是，对于大多数产品，无差异性市场选择策略并不一定合适。首先，消费者需求客观上千差万别，并且不断变化，一种产品长期为所有消费者和用户所接受的现象相对罕见。其次，由于忽略了差异性，当众多公司都采用这一策略，提供相同的产品和服务时，将加剧在最大细分市场内的竞争，而较小的细分市场被忽视，甚至被遗忘，无人问津，即构成了"多数谬误"。最后，采用这种营销策略的公司对市场需求变化的反应不太灵敏。在需求变化频繁的市场上，这类公司常常表现出适应能力差，易于受到竞争对手的攻击等弊端。当其他公司针对不同的细分市场提供更有特色的产品服务时，采用无差异策略的公司可能会发现自己的市场正在遭受蚕食，而又无法采取有效的措施进行反击。正是由于这些原因，所以世界上一些曾经长期实行无差异市场选择策略的大企业最后也被迫转而实行差异性市场选择策略。

例如，肯德基最开始在全世界推广的时候，都是同样的烹饪方法、同样的制作程序、同样的质量指标、同样的服务水平，采取的是无差异的策略。它刚进入中国市场的时候也是如此，后来逐渐改变其原有策略，开始有盖浇饭油条、粥等中式传统食品了。

2. 差异性市场选择策略

差异性市场选择策略是将整体市场划分为若干个需求大致相同的细分市场，然后根据本公司的资源、能力和营销实力，选择不同数目的细分市场作为目标市场，并针对每一细分市场制定一套独立的营销方案，以满足不同消费者的需求，扩大市场份额。实行差异性市场选择策略的公司必须有一定的规模，其人力、财务及物力等比较雄厚；公司的技术水平、设计能力有较强的适应性；此外，该策略对公司的经营管理能力有一定的要求。

差异性市场选择策略有以下几个优点：小批量、多品种，生产机动灵活，能够有针对性地满足具有不同特征的客户群体需求，使消费者需求得到更好的满足，从而提高本公司产品的竞争能力，并由此促进本公司产品的销售。另外，当一个公司产品采用差异性市场选择策略在数个或者更多个细分市场上取得良好的营销效益时，就能够在各市场上为本公司的产品树立起良好的形象，从而吸引更多的现有购买者和潜在购买者，提高企业产品的市场占有率。

差异性市场选择策略并非完美，它的不足之处主要体现在以下两个方面：一方面增加了营销成本，由于产品品种多，会使管理费用和存货成本增加；另外，公司必须针对不同的细分市场发展独立的营销计划，增加营销渠道，造成广告促销的扩大化与多样化，这些都会增加公司在市场调研、促销和渠道管理等方面的营销成本。另一方面，可能使公司的资源配置不能有效集中，顾此失彼，甚至在公司内部出现彼此争夺的现象，使重点产品难以形成优势，克服这种现象的一种选择就是只生产或经营少数品种。

3. 集中性市场选择策略

集中性市场选择策略是指企业选择一个或少数几个细分市场作为目标市场，制定一套营销方案，实行专业化生产和销售，集中力量争取在这些小市场上发挥优势，提高市场占有率。采用这种策略的企业对目标市场有较深的了解，不是追求在整体市场上占有较小的份额，而是为了在一个或少数几个较小的细分市场上取得较大的占有率，甚至处于支配地位。

企业选择集中性市场选择策略的考虑是与其四处出击而收效甚微，不如突破一点取得成功。这一策略比较适用于资源力量有限的中小企业，这类企业由于受财力、技术等方面因素制约，因此在整体市场可能无力与大企业抗衡，但如果集中资源优势在大企业尚未顾及或尚未建立绝对优势的某个或某几个细分市场进行竞争，成功的可能性更大。集中性市场选择策略的优点是能够有效地使用公司资源，集中公司优势，占领空袭市场或边缘市场。并且，随着生产、分销渠道、广告宣传等的专一化，不仅公司的生产和营销成本逐步降低，盈利增加，而且还能提高产品和公司在目标市场中的声誉，即可顾全市场差异性和营销经济型两个方面的要求，从而提高企业的经济效益。

集中性市场选择策略的局限性体现在两个方面：一是市场区域相对较小，企业发展受到限制；二是潜伏着较大的经营风险，一旦目标市场突然发生变化，如消费者的兴趣发生转移，或强大竞争对手进入，或新的更有吸引力的替代品出现，都可能使企业因没有回旋余地而陷入困境。因此，许多中小企业为了分散风险，仍然应该选择一定数量的细分市场作为自己的目标市场。

通过以上分析，可以发现无差异性市场选择策略面向市场上有同样或类似需要的消费者，差异性市场选择策略则面向市场上有不同需要的消费者，两者的共同点都是面向整个市场，都是用于大中型企业。而集中性市场选择策略更适用于小型企业，因为小企业拥有的资源有限，集中性市场选择策略更有吸引力。在这种策略下，企业可以集中精力实行专业化、系列化的生产和销售。

第三节　市场定位

兵者，诡道也。故能而示之不能，用而示之不用，近而示之远，远而示之近。利而诱之，乱而取之，实而备之，强而避之，怒而挠之，卑而骄之，佚而劳之，亲而离之。攻其无备，出其不意。此兵家之胜，不可先传也。

——《孙子兵法·始计篇》

一、市场定位的概念

市场定位

| 案例直通车 |

哈根达斯、DQ，作为消费者，你对哪个品牌的好感度更高？大多数消费者对于哈根达斯的消费体验是能从中吃出人民币的味道，很高大上，更适合情侣约会。而DQ经常变化口味，很时尚，同时价格也更适中。这就是这两个冰激凌品牌风靡全球的原因之———清晰而精准的市场定位。下面就让我们进入冰激凌的定位世界。

1. 哈根达斯——高端卡位的智慧

哈根达斯创立之初，冰激凌品牌林立，各式各样的品种都在冲击着人们的感官与味觉。在大部分冰激凌品牌仍在街头流动雪糕车上销售，力图用低廉的价格和相对美好的口味吸引更多回头客时，哈根达斯将自身定位为顶级雪糕的代表，以自我沉醉、愉悦万分的感官享受作为卖点，迅速占领高端成人消费市场。

20世纪80年代，哈根达斯在欧美市场大获成功，除了对于"尊贵、稀有"品牌气质的强调以外，与浪漫爱情的关联也成为其成功的关键要素。哈根达斯在对市场重新细分后，开始关注对爱情怀有旖旎幻想的女性族群。哈根达斯为冰激凌甜蜜香滑的口感赋予各种带有浓情意味的象征——情人的亲吻、指尖的缠绕、绵长温柔的拥抱，进而将品牌的目标顾客从尊贵一族调整为对爱情怀有旖旎幻想的女性族群。这样做一方面抓住了女性群体对于浪漫情调和美味食物往往难以抵抗的特质，另一方面，这种定位使产品与目标客户间产生了深层的情感维系，无论是该品牌广告中对于"爱她，就带她去哈根达斯"的极尽渲染和强调，还是顾客在品味冰品时脑中泛起的种种浮想，都将顾客群体更牢固地锁定在幻想、渴望、尝试和享受中，契合情人间"我在你眼中独一无二"的情感需求，以精心营造出小资情调和高品位的生活。

2. DQ——亲民无间的头脑

哈根达斯火了，但并不是所有人都能吃得起哈根达斯。一些介于 15 岁至 35 岁之间潮流的青年人及年轻的家庭，希望以自己可支付的价格，在轻松愉快、美式风格鲜明的环境中，享用高品质的食品和舒心的服务。当然，这个群体并不是有钱人群，他们有的只是青春、活力、激情！DQ 注意到了这一群体，DQ 本身的清新、健康、自然因素，恰恰就是这个年轻群体的消费需求。与哈根达斯不同，DQ 的定位是"谁都消费得起"。要做到这一点，DQ 另辟蹊径，避开哈根达斯的贵族锋芒，扬长避短，发挥自己的优势。DQ 经典产品"暴风雪"的"倒杯不洒"创意十足，产品口味更新速度快，突出时尚前卫的个性，符合目标顾客快节奏的生活方式，利用其不断尝新的诉求获得强黏性的顾客。

哈根达斯在中国的定位比较清晰，要做冰激凌中的劳斯莱斯，重在体"验"；而 DQ 的定位策略则意欲囊括低端和高端之间很大一部分主流顾客群，做冰激凌中的大众，重在体"味"。有竞争才会有动力，有动力才会有发展。

资料来源：杜鹏、樊帅. 人人学点营销学 [M]. 北京：机械工业出版社，2020 年。

由此可以看出，市场定位对获取并确定顾客价值是十分重要的。市场定位（market positioning）是 20 世纪 70 年代由美国学者阿尔·赖斯提出的一个重要的营销学概念，不管是在传统营销还是现代营销中都具有非常重要的作用。市场定位的概念就是为使产品在目标消费者心目中相对于竞争产品而言占据清晰、特殊和理想的位置而进行的安排。因此，营销人员必须使他们的产品有别于竞争品牌，为本企业产品塑造与众不同、印象鲜明的形象，并将这种形象生动地传递给顾客，从而使该产品在市场上确定适当的位置。

通俗来讲，市场定位并不是对一件产品本身做些什么，而是在潜在消费者的心目中做些什么，市场定位的实质是使本企业与其他企业严格区分开来，使顾客明显感觉到这种差别，从而在顾客心目中占有特殊的位置。简而言之，就是在想办法在目标客户心目中树立产品独特的形象。

二、市场定位的原因

企业为什么要进行定位？这主要从消费者对信息处理的习惯方式进行说明，即消费者的心智模式，定位的前提是了解消费者的心智模式。1996 年，特劳特与瑞维金在《新定位》一书中列出了消费者的五大心智模式：消费者只能接受有限的信息；消费者喜欢简单，讨厌复杂；消费者缺乏安全感；消费者对品牌的印象不会轻易改变以及消费者的想法容易失去焦点，如图 5-6 所示。

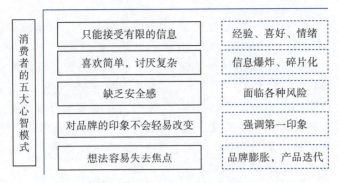

图 5-6 消费者的五大心智模式

第一，消费者只能接受有限的信息。在纷繁的信息中，消费者会按照个人的经验、喜好甚至情绪来选择接受和记忆信息。

第二，消费者喜欢简单，讨厌复杂。由于各种媒体广告的"狂轰滥炸"，消费者没有时间处理长篇累牍的信息，所以希望得到简单明了的信息。

第三，消费者缺乏安全感。根据行为学家的研究，在选择品牌的时候，消费者可能面临功能风险、生理风险、财务风险、社交风险、心理风险、时间风险六个方面的风险。广告在宣传品牌时应该尽量减少这些方面的风险，给消费者增加安全感。

第四，消费者对品牌的印象不会轻易改变。一旦在消费者脑海沉淀下来，品牌的形象就会根深蒂固。

第五，消费者的想法容易失去焦点。越来越多的品牌同时进入多个产品领域，另一些则与时俱进地不断变换品牌的诉求点，最终结果都是使得消费者模糊了原有的品牌的形象。

三、市场定位的步骤及策略

（一）市场定位步骤

| 案例直通车 |

依云矿泉水的精准定位

依云水的发现是一个传奇，据说，1789年夏，一个叫MarquisdeLessert的法国贵族患上了肾结石。当时流行喝矿泉水，他决定试一试。有一天，当他散步到附近的依云小镇时，他取了一些源自Cachat绅士花园的泉水。饮用了一段时间后，他惊奇地发现自己的病奇迹般痊愈了。这件奇闻迅速传开，专家就此专门做了分析并且证明了依云水的疗效，但谁也不知道这股泉水来自何处。此后，大量的人们涌到了依云小镇，亲自体验依云水的神奇，医生更是将它列入药方。拿破仑三世及其皇后对依云镇的矿泉水情有独钟，1864年正式将其赐名为依云镇（Evian来源于拉丁文，本意就是水）。从此，Cachat绅士决定将他的泉水用篱笆围起来，并开始出售依云水。Cachat家的泉边一时间衣香鬓影，名流云集，前来享受依云水。随后，这种传说最少经过15年冰川岩层过滤而成的依云水，开始走向世界，它出现在五星级酒店、高级会所、高尔夫球场、机场等高端人群活动场所，不断向世界人民诉说着依云小镇的神奇故事。

不管传说是真是假，有一点我们必须肯定，依云水因为这个品牌故事而变得更加神秘和高贵。从营销的角度来说，突破水本身，是依云赋予产品附加价值的重要策略。"一种水，当被赋予了文化与时尚时，它卖出的，就不是水本身的价格，而是文化与时尚的价格，怎么衡量也不贵。"

依云的产品策略是在饮用水产品口味上不做多元化，围绕优质的"水"，在业务上做了更宽泛的延展，开创新的产品品类。

1. 准确定位，锁定高端包装水市场，进行品牌传播

依云的定位超越了水本身的物理概念，诉求产地与众不同的水源，15 年冰川岩层过滤的自然属性，具有一定的治病功效的功能属性，二者的叠加就奠定了高端水的基本气质。再从产品价格来看，依云水独领高端包装水市场风骚，普通矿泉水 1.5元 / 瓶，依云矿泉水一般零售价都在 8 元 /瓶以上。从其定位地图来看，依云的产品

策略非常明显，它集成传播产地水源、治疗功效、品牌文化。

结合价格的定位，依云牢牢将目标消费者定位在体育名人、时尚明星、成功商务人士和高级政府官员身上，并选择性地铺设了与之对应的细分渠道。

2. 多元化延展，创新品类，推出系列护肤产品

借助品牌影响力，依云锁定年轻女性，创新品类，推出面膜、喷雾（规格 50ml、400ml）、天然活肤矿泉水喷雾限量版（150ml）；同时，依云还推出水嫩白面霜、香体乳液、矿泉补水嫩白防晒、补水净白洗面奶、补水嫩白乳液、补水嫩白化妆水等，抢占高端护肤用品市场。

3. 多元化延展，以依云产品为依托，发展美容业和文化旅游业

1902 年，依云镇成立了专门的依云水治疗中心；1984 年改建为 SPA，即依云水平衡中心。该 SPA 所用的水都是依云水，所用的护理产品如保湿喷雾也是依云水。水平衡中心的成立及效果又为依云增添了一份神秘，这份神秘和神奇吸引了越来越多的慕名者。

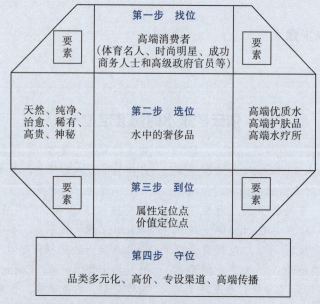

资料来源：滕越，依云营销成功之处，百度文库.2019 年 11 月 14 日。

通过依云案例，我们对如何定位有了进一步的认识，它遵循的是"钻石定位图"：在属性定位上，它强调 15 年冰川岩层过滤的自然属性；在功能定位上，它强调其纯天然和治疗功能，匹配护肤品类和美容产业的发展；在价值（情感）定位上，依云的定位不是卖水，而是一种生活和时尚，它构造了一个传奇的品牌故事为产品打造高端气质，同时通过高价与专门的渠道进行匹配。下面我们来具体学习定位的步骤。

定位理论的核心是解决"什么是定位、定位什么、如何定位"三个方面的问题。钻石模型（michael porter diamond model）是由美国哈佛商学院著名的战略管理学家迈克尔·波特提出的。他提出了国家竞争优势理论，这一理论着重讨论特定国家、产业或企业在竞争中取得优势的条件，包括生产要素，需求条件，相关产业及支持产业的表现，企业的战略、结构和同行竞争对手，以及两个变数即政府和机会，这四个条件和两个变数的动态整合构成了取得竞争胜利的优势，并构成了钻石模型。后来，钻石模型通过清华大学李飞教授的总结及相关研究演变成钻石图定位法。2003 年，李飞提出了三步定位法，为钻石定位模型的形成奠定了重要基础。该方法的提出解决了为了谁（目标客户），在哪个方面（定位点）提供更有利价值，可以实现什么目标（到位的理由）的问题。这些也是其主要的三方面贡献：一是拓展了定位的范围，提出了定位的范围应突破产品本身，从产品定位发展至营销定位；二是明确了定位的过程，提出了定位全过程的三个步骤，即找位、定位、到位；三是提出了定位点的概念。2006 年，李飞对原有模型进行了修订，并将其命名为市场定位钻石模型。

市场定位钻石模型的定位过程主要分为三步：首先，找到目标市场，在市场研究的基础上，分析消费者需求，从而确定潜在客户，进行竞争优势评估，最终确定目标客户，并了解目标客户在营销组合要素方面的需求特征；其次，选择定位点，通过细分目标客户的利益找出其最为关注的几个利益点，通过分析竞争对手来确定自身具有竞争优势的1～3 个利益点，并将这些利益点确定为定位点，再根据已确定的利益点确定属性定位点和价值定位点，并且在利益定位点已经实现差异化的情况下，价值定位点可有可无，但是如果利益定位点未能实现与竞争对手的差异化，则必须通过价值定位点实现差异化；最后，定位的实现要保证产品在营销中切实到位，围绕目标客户群，在相应的市场定位基础上进行营销要素的整合。将定位点规划为优于竞争对手，将非定位点规划为达到行业平均水平，同时要为定位点的实现提供服务。用纵轴表示定位过程，横轴表示定位内容，三角形表示定位范围，然后将三者组合起来，就构成了一个市场定位的钻石模型图，如图 5-7 所示。

用钻石定位法进行市场定位的具体步骤如下。

第一，在市场研究的基础上，确定目标市场（目标顾客群），了解他们在产品、价格、分销和沟通等方面的需求特征。

第二，细分目标顾客利益，找出他们最为关注的若干利益点，通过分析竞争对手确定自身具有竞争优势的利益点，将该利益点确定为定位点。

第三，根据利益点确定属性定位点和价值定位点。属性定位点是实现利益定位点的要素，价值定位点是满足目标顾客精神上的享受。无论利益定位点是否体现了差异化，最好在价值方面找到并确定差异化的价值定位点。

第四，通过营销组合实现已经确定的定位。

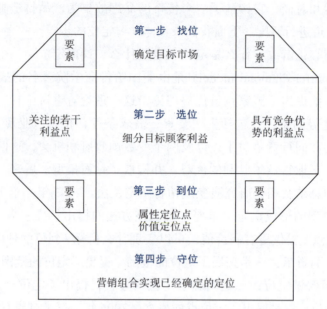

图 5-7　钻石模型图

（二）市场定位策略

定位模式（上）

1. 功能定位

功能定位是基于对消费者内心的洞察，发现潜在需求，打造独特的产品特性。在消费实践中，企业与其总是在促销活动中一味地向消费者强调自身的优势，不如告诉消费者可以为他解决什么问题，带来什么功能。

（1）利益化。产品提供给顾客的利益是顾客最能切实体验到的，目前，在市场上产品特性的共同点太多的情况下，空泛地告诉消费者自身的"好"会导致消费者感知力的下降，利益定位则可以直接击中消费者的痛点。

（2）技术化。要解决用户需求问题，"技术"是关键性因素。失去技术支持，所谓的为用户带来的价值和利益也都变得苍白无力，而把握这一问题的关键在于产品的设计导向。一般而言，产品的设计都是功能导向的。设计者和生产者往往关注各类技术参数的不断提升，在材质、外形、色彩等方面下功夫，以更快、更大、更小、更经济等量化指标为衡量标准，以求更好地满足顾客需求。但是，在"技术情商"的大趋势下，这一功能导向的产品设计战略观将会成为明日黄花，取而代之的将是情感导向的产品设计战略观。未来的产品，必须具备与用户的每一使用时刻不同的情感状态相呼应的调适性，才有望立足并赢得未来。换言之，未来的产品必须具备与用户共情的能力。

（3）细分化。企业要进行市场的扩张和产品的发展，需要对市场进行进一步的细分，结合自身的优势和劣势选择合适的目标市场，这一步骤可以借助安索夫矩阵来实现。策略管理之父安索夫博士于1975年提出安索夫矩阵，该矩阵以产品和市场作为两大基本面向，区分出四种产品/市场组合和相对应的营销策略，是应用最广泛的营销分析工具之一。安索夫矩阵是以2×2的矩阵代表企业企图使收入或获利成长的四种选择，其主要的逻辑是企业可以选择四种不同的成长性策略来达成增加收入的目标（见图5-8）。

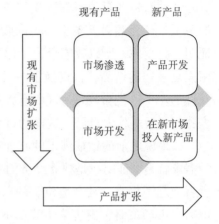

图 5-8　安索夫矩阵

1）市场渗透（market penetration）——以现有的产品面对现有的顾客，以其目前的产品市场组合为发展焦点，力求提高产品的市场占有率。采取市场渗透的策略，借由促销或是提升服务品质等方式来说服消费者改用不同品牌的产品，或是说服消费者改变使用习惯、增加购买量。

2）市场开发（market development）——提供现有产品开拓新市场，企业必须在不同的市场上找到具有相同产品需求的使用者顾客，其中往往产品定位和销售方法会有所调整，但产品本身的核心技术则不必改变。

3）产品开发（product development）——推出新产品给现有顾客，采取产品延伸的策略，利用现有的顾客关系来借力使力。通常是以扩大现有产品的深度和广度，推出新一代或是相关的产品给现有的顾客，提高该厂商在消费者荷包中的占有率。

4）在新市场投入新产品（diversification）——提供新产品给新市场，此处由于企业的既有专业知识能力可能派不上用场，因此是最冒险的多样化策略。其中成功的企业多半能在销售、通路或产品技术等技术诀窍（know-how）上取得某种综效（synergy），否则多样化的失败概率很高。

通过安索夫矩阵的分析，细分化定位可以分为三个方向。

1）现有市场细分。对现有市场的消费者进行进一步的研究和细分，识别消费者的痛点，并为之提供解决方案。麦当劳为了在奶昔市场上超越竞争对手，进行了专业的顾客研究，发现购买奶昔的消费者大多是早上开车的白领群体，他们将奶昔作为自己的早餐，以免上午饿肚子，所以他们并不在乎奶昔是否好喝，在乎的是能否让自己吃饱，所以麦当劳定义的市场是："帮助早晨开车上班的人，单手解决早餐"。在此情形中，其实"好喝"并不重要，所以在竞争对手都忙着提高好喝程度的时候，麦当劳着重提高了杯子的握感、奶昔的黏稠度（防止倾洒）、多重营养成分（如加入坚果补充其他早餐营养）等，帮助消费者更好地完成任务。它把奶昔的机器搬到柜台前，让消费者不用排队，刷卡自助取用，等等。这些举措大大提高了奶昔的销量。

2）现有消费者细分。同样的消费者在不同的使用场景下的消费需求也是存在差别的，区分其不同使用情景下的消费需求，可以发现新的市场机会。戴比尔斯当年用一个口号：钻石恒久远，一颗永流传（A diamond is forever），让钻石由一块石头变成了结婚的象征，让无数男人拿出一年的收入，来买一个没有任何使用价值的产品，仅仅是为了证明"我爱你，所以我愿意为了你进行无意义的花费"。这是一个市场，但后来戴比尔斯用完全一样的产品，仅仅换了一个口号，就不再是同一个市场了。后来的戴比尔斯发现女性的左手已经市场饱和（所有人都买结婚钻戒），所以准备开发右手，打出了"左手代表我们，右手代表自己"这样的口号。

如果说之前的钻戒满足的心理需求是"证明配偶很爱我"，那么现在的右手钻戒满足的需求就是"证明我是独立经济的女性，能给自己买钻戒"，前者唤起了"求偶"的动机，后者唤起了提高"社会地位"的动机。而这根本就不是同一个市场，相对应的所有渠道策略、市场策略、销售策略等都不一样。同样的人，在不同的场景，用同样的产品，完全在满足不一样的需求，也根本不是一个市场，不能只用"消费者如何满足需求"来定义市场。

3）新市场细分。通过对用户市场细分，实现产品的准确细分，为目标市场提供合适的产品。就产品来说，可以粗略地分为高、中、低三个层次，中高档产品是利润来源，低档品牌起到防止竞争者从低端蚕食市场的作用。比如农夫山泉，"农夫山泉有点甜"的广告词走过了十多个春秋，农夫山泉也开始进军高端水的行列，通过对高端市场进行细分，针对不同的目标市场提供独特的品类。新品第一弹：高端玻璃瓶水——玻璃瓶＋奇珍物种图，水质很好；新品第二弹：学生天然矿泉水——运动盖包装＋英国插画师画的长白山经典风景；新品第三弹：婴幼儿饮用天然水——专门为孩子准备的水。农夫山泉挺进高端水市场，将市场进行细分，选取几个最有利可图的高端水市场、学生市场和婴幼儿市场。他们抓住了这三个市场的特点——高消费（支付能力强）、高收入阶层、高端产品形象。

2. 情感定位

功能定位在市场上很流行，一般满足消费者的显性需求，而情感定位可以满足消费者的隐性需求。

（1）故事化。传统的产品推广更多的是冰冷的推广，不如产品有温度、有情怀；故事是温度和情怀的天然载体。一个产品或者品牌要迅速地流行，必须有可以激发人们共鸣的精神和故事。产品故事化，可以使产品生产者和购买者形成一个有着共同价值观、有温情的社区，二者之间保持一种情感上的互助、共鸣关系，企业就会获得强黏性的长期用户。

（2）拟人化。拟人化指的是为非人类的事物赋予人类的特征，令其被感知为人。许多企业利用拟人化的形式为自己的品牌或产品获得独特的营销价值。拟人化沟通指的是品牌采用人与人之间的交流模式与消费者进行沟通。许多早期的研究已经揭示产品拟人化对企业而言的重要性。

例如，每一种产品都是有性格的，杜蕾斯成功地将品牌拟人化，在微博等社交平台运营中，将品牌打造成为具有独特魅力和情感影响力的人性化品牌符号，让每一位目标消费者身临其境般地"对号入座"，在潜移默化中形成品牌黏性，情感磁场效应油然而生，触动心灵共识，促进价值认可，从而引爆潜藏在用户心智中那些难以名状的情感元素和价值主张，这样用户会自动成为品牌的一员，与品牌融为一体，与品牌荣辱与共。

（3）共情化。"共情"一词最早源于美学研究领域，是指欣赏者对艺术作品中表达的情感的一种领会和投射，后来铁钦纳（Tichener）将这个词引入心理学领域，作为心理学概念使用，表示对客体的自我投射。此后，这一概念在心理学领域得到广泛关注。

共情化是指企业站在消费者的角度去认知问题，体验消费者的情绪，与用户达成共鸣。这种方式是长期的情感投资，对于品牌形象的塑造、品牌忠诚度的提升、品牌归属感的增强有很大作用。

【思政课堂】

了解自己比了解别人重要，判断方位比追求速度重要，正确的定位不仅在微观层面上能够帮助企业更好地生存，还能够在宏观层面上促进国家的繁荣昌盛。

当前我国的基本国情是处于并将长期处于社会主义初级阶段，这是对我国社会主义历史进程中现实方位的精准判断，也是最科学的判断，是我们谋事干事的总依据。有了这个定位，才能更好地制定和执行方针与政策，谋求经济的发展和国家的复兴。"只有社会主义才能救中国，只有中国特色社会主义才能发展中国"，这一句我们耳熟能详的话，恰恰说明了正确的定位对于国家发展而言发挥着多么重要的作用，

只有找准了定位才能找对发展的路子。我们从来没有放弃过抗争，可是为什么洋务运动、戊戌变法、辛亥革命却依然以遗憾告终呢？因为它们没有立足于当时最基本的国情，没有意识到最广大工人阶级最为宏伟的力量，因此就无法形成正确的定位，无法制定出最为有效的战略方针来带领我们走向胜利。

吸取了经验教训之后，我们必须清醒地认识到，只有立足国情、找准社会主义初级阶段这个正确定位，将其作为推进改革、谋划发展的根本依据，如此才能取得举世瞩目的成就，推动经济的高质量发展，实现中华民族伟大复兴的中国梦。

思考题

一、名词解释

1. 市场细分
2. 市场需求
3. 市场渗透

二、选择题

1. 市场细分中的"市场"是指（　　）。
   A. 买方　　　　　　　B. 卖方
   C. 产品　　　　　　　D. 中间商

2. 在食盐市场上，消费者所表现出的需求都相似，这类产品市场被称为（　　）。
   A. 同质性市场　　　　B. 异质性市场
   C. 消费者市场　　　　D. 目标市场

3. （　　）是被企业选定作为市场营销对象的细分市场。
   A. 市场细分　　　　　B. 细分市场

   C. 目标市场　　　　　D. 需求市场

4. 采用（　　）策略的企业应具有较强的资源和营销实力。
   A. 市场集中化　　　　B. 市场专业化
   C. 产品专业化　　　　D. 完全市场覆盖

5. 目标市场营销的步骤：一是市场细分，二是选择目标市场，三是进行（　　）。
   A. 做广告　　　　　　B. 竞争
   C. 推销　　　　　　　D. 市场定位

三、简答题

1. 简述市场细分的模式。
2. 简述目标市场选择的策略。

3. 简述市场定位策略的优缺点。

四、案例题

汇源公司

第六章　见诸相非相，即见如来：
产品策略

工欲善其事，必先利其器。
——《论语·灵卫公》

∷ 学习目标

1. 了解产品的基本概念。
2. 学会用互联网思维看产品。
3. 掌握产品的生命周期。
4. 掌握产品生命周期各阶段营销策略。
5. 了解新产品的开发。

∷ 重难点

产品的生命周期；新产品开发。

∷ 关键词

产品线；产品组合；产品生命周期；新产品开发。

∷ 框架图

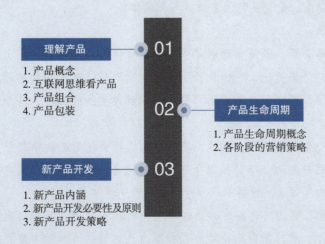

理解产品 —— **01**
1. 产品概念
2. 互联网思维看产品
3. 产品组合
4. 产品包装

02 —— **产品生命周期**
1. 产品生命周期概念
2. 各阶段的营销策略

新产品开发 —— **03**
1. 新产品内涵
2. 新产品开发必要性及原则
3. 新产品开发策略

📖 案例导入

你有没有感到瑞幸咖啡这个品牌，一下子出现在你的周围，铺天盖地的宣传，让这个"小蓝"成为"网红"，开始准备 10 亿元，砸 3 亿元做分众广告，免费请几百万白领朋友喝咖啡，实现半年开店 525 家，积累客户 130 万人，售出 500 万杯咖啡，扬言要在中国超过星巴克……

瑞幸咖啡的广告及其"免费策略"和"裂变机制"都是优秀的营销手段，"拉新"的作用一百分。瑞幸咖啡的优势如低价格、高密度、社交零售 App 和互联网属性都让它成功脱颖而出。

瑞幸咖啡隶属餐饮行业，细分为咖啡行业。创立于 2017 年 10 月的瑞幸咖啡仅用了 19 个月便做到了在纳斯达克上市，这不仅刷新了中国餐饮行业上市时间纪录，同时创下了中国企业上市的时间最短纪录。对于其他的咖啡企业而言，瑞幸咖啡是新的挑战者，2018 年瑞幸咖啡营收 7.63 亿人民币，占市场的 0.34%。

瑞幸咖啡是互联网的产物。用互联网的思维和速度来做瑞幸咖啡，是以用户或顾客增长盈利模型，先圈占用户到一定规模，然后在海量用户基础上，用规模优势或商业模式创新来实现盈利。瑞幸咖啡的定位是互联网咖啡，回到咖啡本身，用数据、物流、社交方式和 App 去满足用户的咖啡需求，是它独特的品牌差异化的体现。

它的营销方式如下。

第一，进行品牌营销，邀请当红明星张震、汤唯作为品牌代言，支出 3 亿元在分众电梯媒体、分众影院等广告渠道上，快速地吸引消费者的眼球，通过简约的蓝色和广告语"这一杯，谁不爱"抓住了现磨咖啡的精准用户群体追求雅致生活的心理，将知性白领用户的精致感体现得淋漓尽致。

第二，通过用户分享微信朋友圈可免费喝咖啡或获得优惠券的销售补贴策略使得品牌认知度迅速提高，让用户主动分享链接以获取更多的优惠，这样便利用用户的社交圈获取更多的新顾客和老顾客的忠诚度，使得瑞幸咖啡很快成为一种潮流。

第三，通过和星巴克的对比绑定和法律事件进行借势营销，不但借此体现出自己的产品定位和极高的性价比，同时借助舆论的方式提高自己的影响力和知名度，让顾客在想起星巴克的时候想起瑞幸咖啡，占据用户的心智。

第四，通过第三方广告公司的用户大数据分析基础做精准店面选址和用户推广，能以最少的店面覆盖更多的目标用户，并且通过烧钱补贴的方式获取流量积累到自身的平台中，做到精准营销。

第五，通过微信公众号、微信小程序、微博互动和 QQ 联合营销，积累流量导入自身 App 平台，实现平台流量积累和运营，降低运营成本的同时提高运营触达的能力，并通过社区的互动和产品服务形成较好的用户黏性。

第六，通过和网易云音乐联合开店，为店面导入优秀的网易云风格和评论，增加店面的青春和情感色彩，让咖啡厅更具文艺气息，从视觉和听觉双重角度形成企业形象。

資料来源："新零售财经．经典案例之瑞幸咖啡营销策略的成功之道"，2020 年 2 月 6 日。

瑞幸咖啡的公司愿景是"做每个人都喝得起、喝得到的好咖啡"，它现有的品牌营销策略符合公司的目标，愿景和目标是契合的，商业模式也是希望通过新零售模式以高性价比改变消费体验。其通过请明星代言人和分众传媒电视、影院、写字楼电梯等传统媒体进行品牌推广，并通过事件制造舆论进行推广，此外还通过广告公司大数据平台以及微信、QQ、网易云音乐、微博等新媒体渠道做精准营销，这种多层次组合的营销实现了企业的快速扩张，最终 19 个月实现上市。并且它正在形成互动式的社区，尤其是在微博，能不断地和用户互动、交流，并在产品上听取用户的意见，吸引更多的用户参与到其中，提高用户的参与感。

企业要想快速地成长，需要确定符合自身定位的多种媒体组合营销策略，既要保证传统媒体的品牌效应，也要必须着重关注新媒体在快速传播和精准营销方面的巨大作用。创立于互联网时代的瑞幸咖啡不但深入地做基于互联网、社区的新媒体广度和精准营销，同时在利用传统媒体推广自身品牌上，既做到了收入和顾客的快速增长，又做到了对更多用户进行更深的品牌概念推广。产品本身就是口碑之作，如果没有好的产品，即使营销做得再好也没有用，所以产品才是根本。那么究竟什么才是营销学意义上的产品？如何才能做好一款产品呢？

第一节　理解产品

整体产品概念

一、产品概念

日销破亿，全棉时代做对了什么

产品试用、KOL 发声，全棉时代在口碑营销上动作频频。全棉时代京东超级品牌日全天销售额破亿；当日售出纯棉柔巾 39 555 万张，为人类保护了 33 505 201 棵大树；当日售出 27 万多包奈丝公主卫生巾，帮助 7 万多位女性远离化纤伤害。而其口碑营销的玩法，正在成为不少品牌学习的样本。

全棉时代以母婴为切入点，并向全品类延展，婴童、女士、男士、家居棉品，覆盖生活的方方面面。它所涉及的消费者不再是某个精准垂直领域的消费者，当男女老少都要为其品牌所影响时，关键意见领袖（KOL）的选择便更难一级。

首先，要确定 KOL 群。全棉时代发现，孕婴童产品的使用者是孩童，但消费者一般是爸妈群体。在家庭全品类的消费场景中，爸妈群体是经济实力的中流砥柱，谁能揽获他们，谁就获得了真实流量。而当 90 后、85 后等年轻一代消费群体逐渐荣升爸妈群体时，这样的消费力便显著提升。全棉时代像剥洋葱一样，找到了整个消费群体中的 KOL 群——年轻的爸妈群体。

其次，紧握 KOL 群里的 KOL，成为影响整个群体的关键。全棉时代找到了使用者 KOL 群——爸妈群体中影响力较大的消费者星爸星妈。全棉时代与《时尚芭莎》、京东跨界合作，《时尚芭莎》前总编苏芒在春节期间，以"压岁礼"的名义，将该"生命之光全棉礼盒"送给了数位有宝宝的明星爸妈。经过使用体验，明星爸妈们自发在其新浪微博上晒出"生命之光全棉礼盒"以及使用感受，向所有的爸妈分享了这款产品。口碑营销顺势即来，在粉丝们的疯狂"打 call"下，该产品信息得到了病毒式传播，影响了众多消费者。

最后，跨界合作，取长补短。在整合了京东的平台资源和《时尚芭莎》的 KOL 渠道这两项资源后，全棉时代只需做好产品就好，毕竟，好产品自己会说话，产品即口碑。

用心做好产品，是全棉时代的发展基因。全棉时代是一家具有 20 多年医疗背景的生活用品品牌，由做医用纱布起家，最终成功研发全棉水刺无纺布专利工艺，从医用拓展到民用，专攻高品质的全棉生活用品。

在刘强东一段"为国货点赞"的采访视频中，其表示："中国很多产品的品质一点都不比国外差，比如全棉时代，我们家里用的所有'纸巾'都是全棉时代的，非常好，不比市面上任何品牌差"。而他口中的这款纯棉柔巾产品，则是将100%天然的原棉纤维通过高压水刺，让棉纤维自然交织在一起，无须任何化学处理或添加，天然，健康，深受众多女性消费者青睐。

好产品之外，全棉全品类更注重内容的拓展。在其创始人李建全看来，"好产品要让会员传播，让好产品自己说话"。全棉时代开始从纯棉柔巾到服饰服装等全品类扩展，而今已有4 000多种产品。这使得

好产品容纳了更多的内容，吸引了更多的用户来购买。

塑造品牌关系递进层，通过跨界合作找准KOL，直击口碑营销，全棉时代正在以"日销即破亿元"的成绩诠释消费升级的驱动力所在。当然，消费者驱动消费升级，而品牌商产品质量的稳步发展才是整个闭环的关键。口碑的信任背书不止于KOL，更多是产品。

资料来源："首席品牌官.日销破亿，全棉时代做对了什么？"，2018年2月28日。

成功的口碑营销使得全棉时代在同一品类中迅速脱颖而出，但是其中的基础因素是全棉时代深耕产品，瞄准母婴用品这一专业化领域，并且不断延伸产品链。就全棉时代而言，瞄准的是有形产品，但是就产品本身而言，产品形式则包括有形、无形两大类，产品分类也有着不同的标准。著名管理学大师德鲁克说，企业的目的只有一个，那就是创造顾客价值。而创造顾客价值的路径就是企业努力提供更好的产品和优秀的品牌，那么何谓"更好的产品"？

产品是指能够提供给市场，被人们使用和消费，并能满足人们某种需求的任何东西，包括有形产品、无形的服务，或它们的组合。服务是产品的一种形式，它包括为售卖所提供的动作、利益和满足，本质上是无形的，并同所有权无关。

产品可以按不同属性分为不同的类别，有以下几种。

（1）按产品耐用性和有形性可以将产品分为耐用品和非耐用品。耐用品，一般指使用年限较长、价值较高的有形产品，如轿车、冰箱、机械设备等。耐用品一般多采用人员推销的形式，还需要企业提供多种售后服务和技术支持，如海尔集团在提供质量可靠的产品的同时，还提供优质的服务。非耐用品，一般指使用周期较短、价值较低的易耗品，如牙刷、酱油等。由于这类产品消费快，因此适合的营销策略是：使消费者能在许多地点购买到这些产品；售价中的加成要低；应加大广告宣传力度以吸引顾客尝试，树立良好的品牌形象，进而产生偏好。

（2）按产品用途分类可以将产品分为两大类，即消费品和工业用品。消费品是指那些由最终消费者购买并用于个人消费的产品。根据产品特点及购买习惯可以将消费品进一步分成四类：便利品、选购品、特殊品和非渴求品。其中，便利品是指顾客购买频繁或随时购买，并几乎不做购买比较和购买努力的产品，如方便面、牙刷和烟草制品等。便利品通常定价较低，而且营销人员将便利品放在很多销售点出售，这样顾客一旦有需要就能立刻找到。

二、互联网思维看产品

现代市场营销理论认为，产品整体概念包含核心产品、基础产品、期望产品、附加产品和潜在产品五个层次，如图 6-1 所示。每个层次都增加了更多的顾客价值，这五个产品层次构成了顾客价值层级（customer value hierarchy）。

如图 6-2 所示，我们将这五个层次归纳为三种属性：第一，产品的自然"禀赋"——代表了产品的"天性"，即其本质上能为顾客带来的核心价值和利益；第二，产品的技术"天赋"——代表了产品的"理性"，即其通过技术的力量在基本形式和顾客期望层上的延展；第三，产品的艺术"抱负"——代表了产品的"感性"，即其通过心灵激荡、情感互动和社会责任为产品增加的附加价值和潜在利益。

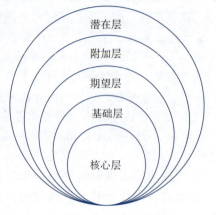

图 6-1　产品的五个层次

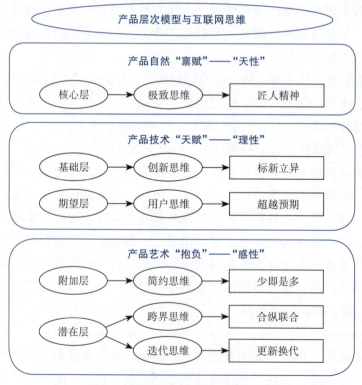

图 6-2　产品层次模型与互联网思维

三、产品组合

产品组合是指一个企业提供给市场的全部产品线和产品项目。产品组合，也称产品的各色品种集合（product assortment），是指一个企业在一定时期内生产经营的各种不同产品、产品项目的组合。产品好比人一样，都有其由成长到衰退的过程。因此，企业不能仅仅经营单一的产品，世界上很多企业经营的产品往往种类繁多，如美国光学公司生产的产品超过 3 万种，美国通用电气公司经营的产品多达 25 万种。当然，并不是经营的产品越多越好，一个企业应该生产和经营哪些产品才是有利的，这些产品之间应该有些什么配合关系，这就是产品组合问题，如表 6-1 中的所有产品构成宝洁公司的产品组合。

表 6-1　宝洁公司的产品组合宽度和产品线长度

	洗涤剂	洗发水	香皂	方便尿布	纸巾
产品线长度	象牙雪 德来夫特 汰渍 快乐 奥克雪多 德希 波尔德 圭尼 伊拉	海飞丝 潘婷 飘柔 伊卡璐 沙宣	象牙 柯克斯 洗污 佳美 爵士 保洁净 海岸 玉兰油	帮宝适 露肤	媚人 粉扑 旗帜 绝顶

（一）产品线

产品线是指密切相关的、满足同类需求的一组产品。一个企业可以生产或经营一条或几条不同的生产线。如表 6-1 所示，宝洁公司有 5 条产品线，分别是洗涤剂、洗发水、香皂、方便尿布和纸巾。

企业在不同的时期、不同的阶段，应该根据自身的特点进行产品线调整的决策，以适应情境的变化，使企业的利润达到最大化。主要的产品线策略有以下几种。

1. 产品线扩展

产品线扩展是指公司在现有产品类别中增加新的产品项目（如新风味、新颜色、新配方、新包装等），并以同样的品牌名称推出。

产品线扩展的方式有很多，具体包括：创新方式，如大多数的产品创新；仿制方式；更换包装；等等。

公司在出现以下情况时，可能会选择产品线扩展策略：过剩的生产能力；公司希望通过产品线扩展来满足消费者多种多样的需要；公司的竞争对手成功地实现了产品线扩展；公司希望从中间商那里占据更多的货架空间；等等。

当然，产品线扩展策略的采取也会在某种程度上带来风险，其中可能带来的风险包括：使原有品牌失去特定含义，弱化品牌作用；有可能导致销售不足，其收入尚不能抵偿开发与促销成本。有时公司只是为了取悦消费者而没有考虑其经济可行性从而导致不必要的产品线扩展，而且，即使销售增加了，也有可能是以公司其他产品项目销售下降为代价的，公司实际并未取得利益。

成功的产品线扩展应是通过抑制竞争者产品的销售来获得本公司产品销售的增长，而不是本公司产品的自相消长。

2. 产品线填补

产品线填补是指在企业现有的产品线中添加新的产品项目，企业采取这种策略的目的主要有获取增量利润；满足那些经常抱怨由于产品线不足而使得销售额不足的经销商；充分利用剩余的生产能力；争取成为领先的产品线完整的公司；设法填补市场空隙，防止竞争者进入。

但是企业在采取这种策略的时候，要注意保持产品项目之间具有足够的差异性，避免导致同一产品线上产品项目之间的相互竞争。因此，企业有必要对不同的产品项目给予不同的定位。

3. 产品线削减

产品线削减主要是指企业对产品线中的产品项目进行剔除。这主要出于两个原因：第一，该产品项目对企业来说不再具有价值；第二，企业没有能力继续经营该产品项目。

（二）产品项目

产品项目是指在企业产品线上列出的每一个产品，是构成产品的基本元素，如表6-1中的汰渍洗涤剂和佳美香皂等。

产品组合包括以下四个维度。

（1）产品组合宽度。产品组合宽度是指具有多少条不同的产品线。表6-1所显示的产品组合宽度是5条产品线。

（2）产品组合长度。产品组合长度是指产品组合中产品项目的总数。产品项目的总数除以产品线数目即可得到产品线的长度。表6-1所显示的产品组合中，产品项目总数是28，这既是产品线的总长度，每条产品线的平均长度就是总长度28除以产品线数5，结果约为5，说明平均每条产品线中约有5个品牌的商品。企业产品的项目总数越多，产品线就越长，反之则越短。

（3）产品组合深度。产品组合深度是指一条产品线中含有产品项目的多少。例如，佳洁士牌牙膏有3种规格和两种配方（普通味和薄荷味），佳洁士牌牙膏的深度就是6。通过计算全部品牌的产品总数目除以品牌总数，即为产品组合的平均深度。

（4）产品组合相关度。产品组合相关度是指各条产品线在最终用途、生产条件、分销渠道或其他方面相互关联的程度。宝洁产品属于消耗性日用品，可以通过大众零售渠道如超市、连锁店、便利店销售，因此，其产品就分销渠道来讲相关度较强，但从生产条件、最终用途来看，宝洁的食品类和洗化类产品线相关度不高。

产品组合的宽度、长度、深度和相关度直接影响着产品策略的制定。

一般情况下，扩大产品组合的宽度，有利于企业扩展经营领域。企业实施多元化经营，可以更好地发挥潜在的技术、资源优势，提高效益；可以分散经营风险，增加产品组合的长度，使产品线丰满充裕，成为更加全面的产品线公司；加强产品组合的深度，占领同类产品的更多细分市场，满足更广泛的市场需求，增强行业竞争能力；加强产品组合的相关度，在一定的市场领域内增强竞争能力和赢得良好的声誉。所以，企业的产品组合结构必须恰到好处。

四、产品包装

不知道你去超市购物的时候有没有一种习惯——喜欢买那些包装好看的产品？即使你并不需要它。著名的杜邦定律指出，大约 63% 的消费者是根据商品的包装和装潢进行购买决策的。这就是产品包装的力量，会让你无形之中增加对于产品的好感，从而产生购买的欲望。那么在市场营销学中究竟什么是包装呢？包装的作用又有哪些呢？

（一）产品包装的含义

产品包装具有两层含义：一是指用不同的容器或物件对产品进行捆扎；二是指包装用的容器或一切物件。

产品包装一般包含以下 3 个层次。

（1）基本包装，即商品的直接容器和包装物，如盛装啤酒的瓶子、装香烟的纸盒。

（2）次级包装，即基本包装外层的包装。

（3）运输包装，即为了运输的安全和方便而加于产品之上的包装。

（二）产品包装的作用

（1）保护产品。良好的包装可以使产品在营销管理过程中，在消费者保存产品期间，不致损坏、变质、散落，保护产品的使用价值。而保护产品的使用价值也是企业营销人员应该充分考虑的问题。

（2）促进销售。特别是在实行顾客自我服务的情况下，更需要利用产品包装来向广大顾客宣传介绍产品，吸引顾客注意力。古代"买椟还珠"的故事也充分说明了这一点，好的包装可以激发消费者的购买欲。

（3）增加价值。由于收入水平和生活水平的提高，消费者一般愿意为良好包装带来的方便、美感、可靠性和声望多付些钱。除此之外，拥有较高文化底蕴和价值观的商品更能通过包装向消费者透漏出高价值的信息。

（4）提供便利。不同的包装可以使消费者很方便地识别不同的产品，从而节约消费者的时间和精力。另外，便利的包装也能够方便消费者携带和存储产品。

第二节　产品生命周期

新产品推广策略

一、产品生命周期的概念

小米手机的产品生命周期及营销策略

进入 21 世纪以来，市场竞争日趋激烈，这种竞争的压力，在产品更新速度日新月异的高科技电子产业行业尤其明显。特别是在手机行业，高端的手机市场被极少数大公司控制，中低端产业市场利润被不断侵蚀，各类手机制造商都在这场电子战争中艰难度日。

小米手机在产品生命周期不同阶段的发展状况分析如下。

小米手机是一款集高科技与现代化大生产模式以及现代电子商务销售手段于一体的、高性价比的、具有中国本土特色的新型智能机。它坚持"为发烧而生"的新颖设计理念，在极短的时间内赢得消费者的青睐，迅速占领市场。作为电子数码产品，小米手机的产品生命周期亦符合大多数数码产品的生命周期特征。

1. 导入期及特征

2011 年，虽然拥有高科技的科研团队、高效的性价比，但 CNIC 数据显示，这期间小米手机的增长率尚且不及 7%，人均占有率与同类产品相比略有不足；其市场排名在三星、诺基亚、摩托罗拉等之后，仅仅位于市场排名第十位；市场占有率方面，诺基亚占 25.3%，三星 16.3%，HTC13.8%，而小米尚处于上市阶段，其市场占有率仅为 0.5%。这是小米手机的导入期。这一阶段，小米手机的主要特点就是产量少、销售量低。除此之外，由于是新机上市，技术不成熟，存在很多类似于死机、充电发热、电池损耗严重等一系列问题。初期小米手机的售后服务工作亦存在不足，其售后时间无法达到应有的承诺期限。导入期存在诸多的产品缺陷。

2. 成长期及特征

导入期出现的一系列产品问题，成为小米研发团队亟待解决的问题。为尽快解决这些实际的应用问题，小米公司向核心用户提供 600 台工程机，进行及时有效的信息反馈，发现产品中的不足，以最快的速度研发改进。2012 年、2013 年、2014 年小米销量分别高达 720 万台、1 900 万台、4 000 万台，销量环比增长均大于 120%。小米手机在经历了 M1、M1S 等一系列的更新换代和产品升级之后，已充分获得消费者的认可。另外，小米手机的市场占有率也在稳步攀升，从 2012 年年初市场份额占据中国智能机市场 4%，到 2014 年第一季度小米在中国智能机市场上市场份额突破 10%。2015 年，小米总裁林斌宣布，小米手机 2015 年销量总量超过 7 000 万台，居国内销量排行榜第一位。这一系列的数据显示，小米手机已以稳健的姿态进入成长期。

资料来源："许春华. 小米手机的产品生命周期及营销策略"，2016 年 6 月。

　　产品生命周期（product life cycle），亦称"商品生命周期"，是指产品从准备进入市场开始到被淘汰退出市场为止的全部运动过程，是由需求与技术的生产周期所决定的。它是产品或商品在市场运动中的经济寿命，也即在市场流通过程中，由于消费者的需求变化以及影响市场的其他因素所造成的商品由盛转衰的周期，主要是由消费者的消费方式、消费水平、消费结构和消费心理的变化所决定的。产品生命周期一般分为导入（进入）期、成长期、成熟期（饱和期）、衰退（衰落）期四个阶段。

费农认为，产品生命是指市场上的营销生命，产品和人的生命一样，要经历形成、成长、成熟、衰退这样的周期。就产品而言，也就是要经历一个开发、引进、成长、成熟、衰退的阶段。而这个周期在不同的技术水平的国家里，发生的时间和过程是不一样的，其间存在一个较大的差距和时差。正是这一时差，表现为不同国家在技术上的差距，它反映了同一产品在不同国家市场上的竞争地位的差异，从而决定了国际贸易和国际投资的变化。

产品生命周期阶段如图 6-3 所示。

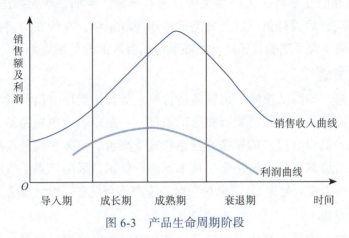

图 6-3　产品生命周期阶段

二、产品生命周期各阶段营销策略

产品生命周期中各个阶段的特点以及相应的营销策略如表 6-2 所示。

表 6-2　产品生命周期各阶段的特点及营销策略

	阶段	导入期	成长期	成熟期	衰退期
特征	销售额	低	快速增长	缓慢增长	衰退
	利润	易变动	顶峰	下降	低或无
	现金流量	负数	适度	高	低
	顾客	创新使用者	大多数人	大多数人	落后者
	竞争者	稀少	渐多	最多	渐少
策略	策略重心	扩张市场	渗透市场	保持市场占有率	提高生产率
	营销支出	高	高（但百分比下降）	下降	低
	营销重点	产品知晓	品牌偏好	品牌忠诚度	选择性
	分销方式	选择性的分销	密集式	更加密集式	排除不合适、效率差的渠道
	价格	成本加成法策略	渗透性价格策略	竞争性价格策略	削价策略
	产品	基本型为主	改进品，增加产品种类及服务保证	差异化，多样化的产品及品牌	剔除弱势产品项目
	广告	争取早期使用者，建立产品知名度	大量营销	建立品牌差异及利益	维持品牌忠诚度
	营销重点	产品知晓	品牌偏好	品牌忠诚度	选择性
	销售追踪	大量促销及产品试用	消费者需求增加	鼓励采用公司品牌	将支出降至最低

（一）导入期的营销策略

1. 快速掠取策略

快速掠取策略，即双高策略，也就是以高价格－高促销费用推出新产品。成功实施这一策略，不仅可以使企业在短期内获得较高利润，而且可以迅速占领市场，但需要具备以下条件：一是市场上有较大的需求潜力；二是目标顾客求新心理强，愿意付出高价；三是企业面临潜在的竞争者，需要尽快树立名牌形象。例如，华为推出的P系列手机，价格开始定得很高，后面打折，这是典型的快速掠取策略，高价在消费者心目中树立了一个高品质的形象，大手笔的促销活动不断刺激消费者的购买欲望。

2. 缓慢掠取策略

缓慢掠取策略，即高低策略，也就是高价格－低促销费用推出新产品。这一策略可以为企业带来更多的利润，但需要有相应的条件：一是市场竞争威胁不大；二是市场上大多数用户对该产品没有过多的疑虑并且愿意接受高价。苹果手机是典型的缓慢掠取策略，每款新品的价格都很高，但是几乎从来不进行促销，因为苹果手机高品质的品牌形象已经在消费者心中建立起来了，"果粉"对于该产品会没有疑虑地接受。

3. 快速渗透策略

快速渗透策略，即低高策略，也就是以低价格－高促销费用将产品推向市场。采用这种策略的目的是在导入期以最快的速度提高市场占有率，以便在以后的时期获得较多的利润。实施这一策略的条件包括：一是该产品市场容量很大；二是潜在顾客对该产品不了解，且对价格十分敏感；三是市场的潜在竞争较为激烈；四是产品的单位生产成本会随生产规模和销量的扩大而迅速下降。例如，vivo手机的价位一直不高，但是每次推出新品的时候都会进行大力度的促销，如豪华的广告投放等，其目的就是快速进入消费者的视野，占据消费者头脑中的位置。

4. 缓慢渗透策略

缓慢渗透策略，即双低策略，也就是以低价格－低促销费用推出新产品。实施这一策略，不仅可以使企业扩大产品销售，而且可以实现更多的利润。但企业实施这一策略需要具备以下条件：一是市场容量较大；二是潜在顾客对该产品了解，并且对价格十分敏感；三是市场的潜在竞争较为激烈。例如，OPPO手机的A系列一直走的是低价低促销路线，产品定位于低端市场，因为该产品的目标消费群体对其了解程度较高，所以几乎没有促销活动。

导入期是产品成长的关键阶段，在此期间营销策略要突出一个"快"字，应尽量缩短新产品投放市场的时间，使产品被市场所接受。

（二）成长期的营销策略

1. 改善产品品质

在保持或提高产品质量的基础上，努力增加产品的款式、型号和功能等。对产品的改进可以提高产品的竞争能力，满足顾客更广泛的需求，吸引更多的顾客。例如，QQ 这个软件从最初简单的即时通信到其功能不断增加，如 QQ 宠物、菜园等，收获了一批 80、90 后的喜爱。

2. 改变促销重点

广告宣传促销的重心要从介绍产品、提高产品知名度转移到树立产品形象上来，使消费者建立起品牌偏好，从而维系老顾客，吸引新顾客。例如，"金嗓子喉宝"在进入成长期后改变了促销重点，加强了品牌的塑造和传播，从而让消费者在记住产品利益的同时记住品牌概念，产生忠诚度。

3. 巩固和发展分销渠道

在巩固现有渠道的基础上，增加新的分销渠道，开拓新的市场，争取最大的销售量。例如，加多宝凉茶不仅进入超市，其进入成长期之后还开辟了火锅店这一渠道，并且卓有成效，在这一分销渠道上获利颇丰。

4. 择机调整价格

选择适当的时机，适当地降低价格，以激发那些对价格较敏感的消费者产生购买动机和采取购买行为。例如，华为的很多手机在进入成长期之后，会在节假日等节点进行降价促销，以刺激消费者购买。

（三）成熟期的营销策略

1. 市场改良

市场改良是指以发现产品的新用途或改变促销方式等手段来开发新市场，寻找新用户，使产品销量得以扩大。例如，小苏打在作为发酵产品已经进入成熟期的时候，发现了冰箱除味剂的新用途，从而开发出了新市场，进一步扩大了销量。

2. 产品改良

产品改良是指以产品自身的改变来满足顾客的不同需求，从而吸引他们购买其产品。产品整体概念的任何一个变量的改变都可以视为产品改良，如产品品质改进、性能改进、式样改进、包装的改进、服务的改进等。最近我们熟知的椰树牌椰汁进行了包装上的改进，从以前独特的审美风格变为了小清新的包装和广告风格，这使得已经进入成熟期的椰树牌椰汁又在年轻人的市场上火了一把，销量大大增加，并且吸引了一批新顾客。

3. 其他市场营销组合因素改良

其他市场营销组合因素改良包括改变价格、渠道和促销等。例如：以购买折扣、运费补贴、付款延期等方法来降价让利；扩大分销渠道，增设销售网点；调整促销组合，变换广告，加强人员推销，强化公共关系等。这样，企业采取措施"多管"齐下，渗透市场，扩大影响，以便争取更多的顾客。日本曾经有个商人通过用模特手持"抱娃"这一招，卖出了全部的堆积货物，一时间甚至掀起了"抱娃"热。

（四）衰退期的营销策略

尽管企业努力延长产品的成熟期，但大多数产品最终还是要进入衰退期。衰退阶段的主要特点是：产品销量急剧下降，利润也迅速下降甚至出现亏损；消费者的消费习惯发生改变或持币待购；市场竞争转入激烈的价格竞争，很多竞争者退出市场。此时企业主要的工作是处理好处于衰退期的产品，确定引入新产品的步骤。其主要的选择如下。

1. 放弃策略

放弃策略即放弃那些迅速衰落的产品，将企业的资源投入到其他有发展前途的产品上来。企业既可以选择完全放弃，也可以部分放弃。但使用该策略时应妥善处理现有顾客售后服务问题，否则企业停止经营该产品，原来用户需要的服务得不到满足，会影响他们对企业的忠诚。例如，进入智能手机时代之后，诺基亚原来生产的手机已经不能满足用户的需求，无法产生吸引力，不能为公司创造价值，所以诺基亚放弃了手机业务。

2. 维持策略

在衰退期，由于有些竞争者退出市场，市场留下一些空缺，这时留在市场上的企业仍然有盈利的机会。具体的策略包括：继续沿用过去的营销策略；将企业资源集中于最有利的细分市场，维持老产品的集中营销；大幅度削减营销费用，让产品继续衰落下去，直至完全退出市场。20 世纪 70 年代，黑白电视机在日本已经进入产品生命周期的尾声，但是日立、夏普等黑白电视机厂商通过进入中国市场，根据中国的消费习惯对产品进行适当调整，成功延长了黑白电视机的生命周期。

3. 重新定位

通过产品的重新定位，为产品寻找到新的目标市场和新的用途，使衰退期的产品再次焕发新春，从而延长产品的生命周期，甚至使它成为一个新的产品。这种策略成功的关键就是要正确找到产品的新用途。例如，脑白金本身只是一个保健品，进入成熟期后，公司对其进行重新定位——给长辈送礼必备，这一定位成功地将脑白金变成了一种礼品，也成功地延长了该产品的生命周期。

第三节　新产品开发

新产品开发

一、新产品内涵

成立于 2015 年的好色派沙拉，是一个专注于主食沙拉的性感生活方式品牌。2016 年 3 月，好色派沙拉成立了性感食物研究所（sexy food lab），让所有有想法的"吃货"成为他们的研发智囊团。

一般餐饮企业的产品研发流程是：厨师想法 – 内部测试 – 上新。而好色派产品研发流程公开透明，粉丝可参与上新。

好色派的新品研发包括三个方面：一是自己的专业研发团队；二是专业的外援，如米其林等餐厅的大厨；三就是上面提到的社群用户＋自有研发团队。

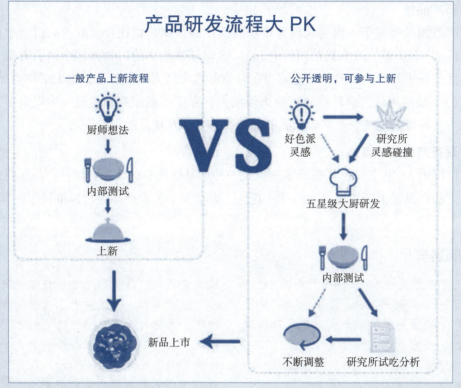

现在性感食物研究所经过不断的筛选，已经有 150 位成员。这其中不仅有忠实的粉丝，更有曾经投诉过的顾客，好色派的每一款新品都有这些用户的参与。

资料来源："王艳艳.餐饮老板内参"，2017 年 11 月 2 日。

好色派沙拉获数千万融资，其独特的产品定位及线上线下相结合的商业模式是其成功的原因之一，但是产品创新是其中的主要原因。好色派沙拉的新产品开发方式主要以顾客参与为主，新产品类型则是以改进现有产品为主，那么新产品还有哪些其他的内涵呢？本小节将详细讲述关于新产品开发的奥秘。

市场营销学中的新产品含义与科技开发中的新产品含义不尽相同，其内容要广泛得多。市场上出现的前所未有的崭新产品自然是新产品的一种类型，但这种新产品并不是经常出现，往往这些产品的功能、原材料、结构等方面略有改变，习惯上也称作新产品。

新产品的意义是相对的，只要是产品整体概念中任何一部分的创新、变革或是变动，都可以理解为一种新产品，它能够给顾客带来某种新的利益。

根据新产品对于公司和市场而言的新颖程度，可以将新产品划分为七种类型。

1. 全新产品

全新产品即运用新一代科技革命创造的整体更新产品。例如，蒸汽机、电话、电灯、飞机、计算机的研制成功及投入使用，都属于全新产品。这类产品的问世往往源于科学技术在某个方面所产生的重大突破，而它们的普及使用会极大地改善人们的生活。但是，它们要求消费者必须进行相关知识的学习，改变原有的消费模式。此外，全新产品的研制是一件非常困难的事情，需要资金、技术、时间的保证，并且需要承担巨大的投资风险。

2. 新产品线

新产品线是公司第一次进入现有市场的新产品，即公司在自己的产品组合中增加新的产品线。"不是每一款牛奶都叫特仑苏"，这句耳熟能详的广告词，给消费者留下了特仑苏"优质好牛奶"的印象，然后蒙牛在特仑苏这个巨人的品牌上，推出了特仑苏酸奶。特仑苏的产品结构从白奶延伸到了酸奶领域，扩容了产品家族，更进一步提升了特仑苏的影响力，并以蒙牛特仑苏多年积淀下的品牌力实现对新品的市场带动。

3. 现行产品线的填补

可口可乐（中国）推出雪碧纤维＋就是一种产品线填补的行为。填补产品线是指公司在已建立的产品线上开发出新的品种、花色、规格等，扩大产品的目标市场。

| 案例直通车 |

为了迎接夏日，可口可乐（中国）推出了新品——雪碧纤维＋，不仅仅是"零卡路里"无能量饮料，还含成人日需30%膳食纤维，每瓶含有相当于2个苹果（7.5g）的膳食纤维。

1. 零卡路里的关键词——代糖

代糖是一种食品添加剂，有糖的甜味，但是没有糖所带来的其他"副作用"，比如胰岛素波动。常见的代糖有糖精、阿斯巴甜、安赛蜜等，也正是有了这样的食品添加剂，无糖可乐等各种无糖饮料才得以出现，因为它们本质上只是含气的、带有口味的饮料，比如零度可乐就可以当作是可乐口味的苏打水。雪碧纤维＋不含糖，采用的甜味剂是阿斯巴甜。

2. 含成人日需30%膳食纤维的关键词——抗性糊精

世界卫生组织（WHO）推荐每日要摄入25克的膳食纤维。由于现代人饮食结构中蔬菜、水果、粗粮等往往摄入量少，这导致人们体内膳食纤维摄入量不足。短期摄入量过少会引起便秘、肠道功能紊乱等问题，而长期摄入过低则会增加心血管疾病、肠道疾病等风险。过少或过量摄入膳食纤维，都会对身体产生不利的影响。当体内摄入过多膳食纤维（75～80 克/天），就会引起腹胀或肠胃胀气，而且还会影响蛋白质的补充，阻碍维生素、矿物质的吸收。

"雪碧纤维+"中所谓的"纤维"来自一种叫"抗性糊精"的成分，该成分又名难消化糊精，是以淀粉为加工原料，将焙烤糊精的难消化成分采用工业技术提取、处理并精炼而成的一种新型的低热量葡聚糖，属于低分子水溶性膳食纤维。它不仅具有水溶性膳食纤维的特性，还具备调节人体生理功能的重要作用，如降低血糖反应和改善肠道环境。这种水溶性膳食纤维能让人产生一定饱腹感。

资料来源："1 点资讯.号称能减肥的 0 卡路里"网绿雪碧纤维+"，你喝了吗？"，2018 年 5 月 12 日。

4. 换代新产品

换代新产品是在原有的基础上，部分采用新技术、新材料、新工艺，使产品的性能有显著提高的产品。换代新产品的技术含量在原有产品的基础上有了较大提高，它是新产品开发的重要形式。

5. 产品的重新定位

产品的重新定位就是公司对原有产品进行重新定位，以新的市场或细分市场作为目标市场。例如，东阿阿胶通过再定位战略，在十年时间里收入增长了 6 倍，利润增长了 4 倍，东阿阿胶前总裁秦玉峰表示，再定位战略是东阿阿胶崛起的关键，东阿阿胶在品牌传播上经历了三步走，从"补血圣药"到"滋补三大宝"再到"滋补国宝"的重新定位，一步步提高了自我身价。

6. 产品成本的降低

产品成本的降低是指以更低的成本提供同样性能的原有产品，主要通过采用新技术、新材料等，改进生产工艺或提高生产效率，削减原有的生产成本，但新产品保持原有的功能不变。这种新产品的价值在于它是消费者可以用更少的货币获得的同样的商品。

7. 仿制新产品

除了前 6 种常见的新产品形式，随着市场竞争的加快，以及互联网的发展使得信息沟通的速度加快，随之也衍生出另一种新产品的形式，即仿制新产品。

仿制新产品是指企业对市场上已有的某种畅销产品进行仿制或是稍做部分改动，只是标出新品牌的产品。这类新产品的开发成本较低，投资风险也较小，只要有市场需求，就可以借鉴现成的样品和技术来开发本企业的新产品。但是，此类产品要尽量避免陷入产权的纠纷。

二、新产品开发的必要性及原则

（一）新产品开发的必要性

1. 产品生命周期的现实要求

企业同产品一样也存在着生命周期，如果不开发新产品，当产品走向衰落时，企业也同样走到了生命周期的终点。相反，企业若能不断开发新产品，就可以在原有产品退出市场时，利用新产品占领市场，任何时期都有不同的产品处在周期的各个阶段，从而保证企业利润的稳定增长。

2. 消费需求的变化

随着生产的发展和人们生活水平的提高，消费者的需求也会发生很大的变化，方便、健康、轻巧、快捷的产品越来越受到消费者的欢迎。消费结构的变化加快，消费者选择更加多样化，产品生命周期日益缩短。一方面给企业带来了威胁，企业不得不淘汰难以适应消费需求的老产品，另一方面也给企业提供了开发新产品以适应市场变化的机会。

3. 市场竞争的加剧

科学技术的迅速发展导致许多高科技新型产品的出现，并加快了产品更新换代的速度，企业只有不断创新、开发新产品才能稳住市场，占据领先地位。定期推出新产品，可以提高企业在市场上的信誉和地位，提高竞争力，并扩大市场份额。

（二）新产品开发应遵循的原则

1. 以市场为导向

企业开发新产品的目的之一就是满足消费者尚未得到满足的需求，因此，企业开发的产品能否适应市场的需要是新产品开发成功与否的关键。为此，企业在进行新产品开发时，必须进行深入的市场研究，了解消费者对产品的品质、性能及价格等方面的要求。此外，企业还需要关注新产品未来的市场发展空间，树立以市场为导向的新产品开发观念，并将这一观念贯穿于新产品开发的全过程。

2. 选择有特色的产品

有特色的产品是指能为消费者带来独特利益和超值享受的产品。特色可以表现在功能、造型等方面，这些有助于满足消费者的特殊偏好，激发购买欲望。但应注意的是，产品是否有特色是由消费者而不是由企业研究人员、工程师和营销部门决定的。企业只有在对消费者和竞争者有充分了解的基础上，才能开发出有特色的新产品。

3. 以企业的资源为依托

企业在进行新产品开发时，要以自身的资源为依托，在能力范围内开发与企业技术水平、市场营销能力相适应的新产品。企业可以利用各种现有的资源，实现经营的协同效应。这种协同可以是共同企业原有的销售能力和销售渠道的营销协同，也可以是利用企业原有技术和生产资源的技术协同。

三、新产品开发策略

新产品开发策略是企业在新产品开发的各个方面所做出的决策，主要涉及新产品开发的方向、方式、风险及程序等。

（一）新产品开发的方向

开发新产品的最大难题之一就是缺乏创意，企业无法明确该从哪个方向、哪些方面突出其差异性。根据产品的不同性能，以消费品为例，新产品的开发可以从多功能化、微小化、简易化、多样化及环保化等方面考虑，如图 6-4 所示。

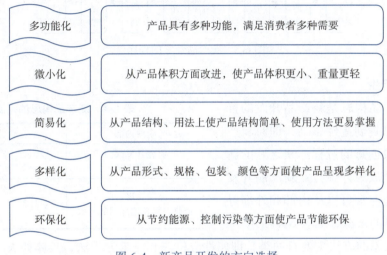

多功能化	产品具有多种功能，满足消费者多种需要
微小化	从产品体积方面改进，使产品体积更小、重量更轻
简易化	从产品结构、用法上使产品结构简单、使用方法更易掌握
多样化	从产品形式、规格、包装、颜色等方面使产品呈现多样化
环保化	从节约能源、控制污染等方面使产品节能环保

图 6-4　新产品开发的方向选择

（二）新产品开发的方式

新产品开发的方式包括购买、研发、研发与引进技术相结合等，如表 6-3 所示。

表 6-3　新产品开发的方式

方式	特　点
购买	包括购买专利、技术、特许经营等。这种方式能节省研发费用、赢得时间，也可以快速填补业务空白，缩短和竞争对手的差距
研发	包括企业自行研发、与科研机构联合研发、委托研究机构为企业研发新产品等，通过研发，创造出独具特色的新产品，从而取得技术领先地位和市场的优势
研发与引进技术相结合	既重视引进先进技术也不放弃产品研发，将两种方式结合起来。关键的、先进的技术引进，其他自主研发，这是目前国内许多企业研发新产品采用的较多的一种形式

（三）新产品开发的风险

新产品的开发往往蕴含着极大的风险，失败率一直很高。失败的原因有很多，主要包括：忽视或误解市场调查研究，过高地估计市场规模，产品设计差，产品在市场上定位错误，没有开展有效的促销活动或对产品的定价过高，没有足够的渠道支持，竞争对手反击激烈，等等。

（四）新产品开发的程序

新产品的开发是一项高风险的工作，必须慎之又慎。为了减少开发成本，提高成功率，必须按照科学的程序来进行。一般开发新产品的程序可以分为如图 6-5 所示的八个阶段：构思产生、构思筛选、产品概念、营销策划、商业分析、产品研制、市场试销及正式上市。

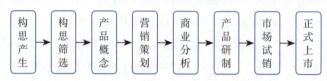

图 6-5　新产品开发的程序

1. 构思产生

进行新产品构思是新产品开发的首要阶段，构思是创造性思维，即对新产品进行设想或创意的过程。缺乏好的新产品构思已经成为许多行业新产品开发的瓶颈，企业通常可以从内部和外部寻找新产品构思的来源，如表 6-4 所示。

表 6-4　新产品构思的来源

企业内部	企业外部
研究开发部门 销售人员	顾客 中间商
高层管理部门 企业内部其他部门的员工	竞争对手 企业外部的研究和开发人员 营销调研公司

新产品构思的方法主要有两类，即属性分析法和需求分析法，具体如表 6-5 所示。

表 6-5　新产品构思的方法

属性分析法	需求分析法
多属性分析 　所有能够影响销售、增加市场需求的产品属性及其附加属性，都可能成为创新的构思来源点 **功能分析** 　只要能够使一种产品具有新的功能或用途，就意味着实现了产品创新 **功效分析** 　把被研究产品的所有功效罗列出来，从中发现尚未发掘的功效和未预计的功效缺损 **差异分析** 　研究各种产品的属性带给消费者的不同感受，进行这种分析能确定各种产品间的差异	明确需求的类型：特定需求、模糊需求、定制需求、变动需求 　针对需求而进行的新产品构思 　激发以需求为基础的产品创意

2. 构思筛选

不是每个构思都具有开发价值，因此就需要对构思进行筛选。企业可以根据自身发展目标和长远利益，结合资源能力和实际情况，淘汰那些不可行的构思，把有限的资金集中于少数有潜力的新产品上来，比如可以通过经验筛选法、相对指数评分法、多方案加权平均法等工具来进行筛选。

3. 产品概念

新产品的构思经过筛选后，要进一步将其发展成为更具体明确的产品概念，即把新产品的构思用有意义的消费者术语描述出来，它是构思的具体化。产品概念是用文字、图形、模型等方式对已经成型的产品构思进行详尽、形象的描述。对于一个新产品可以形成若干个产品概念，对发展出来的产品概念还需要进行进一步的产品概念测试，这关系到新产品开发出来后被市场接受的程度。

多种产品概念形成以后，企业如何从众多的产品概念中选出最优的产品概念，这就需要了解顾客的意见，进行概念测试。对于概念测试，企业一般采用概念说明书的方式，说明产品的形状、功能、特性、规格、用途、包装及价格等，并将其印发给部分潜在消费者。常用问题如表 6-6 所示。

表 6-6　概念测试常用的问题

1. 产品概念的描述是否清楚易懂
2. 消费者能否明显发现该产品的突出优点
3. 在同类产品中，消费者是否偏爱本产品
4. 顾客购买这种产品的可能性有多大
5. 顾客是否愿意放弃现有产品而购买这种新产品
6. 本产品是否能满足目标顾客的真正需要
7. 在产品的各种性能上，有什么可以改进的地方
8. 谁将购买这种产品
9. 目标顾客对该产品的价格做何反应

4. 营销策划

测试完成以后，企业必须提出将这种新产品引入市场的初步营销策划。营销策划包括三个部分：第一部分描述目标市场的规模、结构和顾客行为，确定产品的市场定位，预计近期的销售量、市场份额以及利润目标；第二部分描述产品的计划价格、分销和促销策略以及预算；第三部分描述预期的长期销售量、利润目标，以及不同私企的营销策略组合。

5. 商业分析

在确定最佳产品和初步拟定的营销方案以后，还要针对这一概念进行商业分析，判断其商业上的可行性和吸引力。这种分析包括需求分析、成本分析以及盈利分析三个部分。

6. 产品研制

企业经过商业分析确认新产品的开发价值后，就可以交给生产部门研制，即把产品概念变为物质产品。在这一阶段，企业必须研制出新产品的样品，这一样品要具备产品概念中阐述的主要特点，还要进行进一步的安全测试。

7. 市场试销

样品经过测试，确认安全后，企业就可将其投入小批量生产，并将其推向市场进行试销。试销就是将产品投放到有代表性的小范围市场上，进行销售试验，了解消费者的需求和购买情况，检验产品的质量、包装、价格、广告效果，以确定大批量生产的可能性和具体的营销方案。

8. 正式上市

正式上市是新产品开发的最后一个阶段，如果试销成功或者某些方面改进以后，就可以进入商业化阶段，正式大批量生产，全面推向市场。这时产品进入市场生命周期的

投入期，以后可按市场生命周期策略进行营销。

【思政课堂】

"一篇持久重新读，眼底吴钩看不休。"《论持久战》是把握全局、预见未来、克敌制胜的战略性著作，是在知己知彼的基础上写出来的，分析了抗日战争的持久战需要经过战略防御、战略相持、战略反攻三个阶段。第一个阶段是敌之战略进攻、我之战略防御的时期。第二个阶段是敌之战略保守、我之准备反攻的时期。第三个阶段是我之战略反攻、敌之战略退却的时期。

这与产品的生命周期理论有相似之处。以小米手机为例，小米手机就根据市场环境的不同，在不同的时期采用了不同的营销策略，最后取得了胜利。

战略防御是指劣势军队面对优势军队进攻，因为无法迅速地击破其进攻，为了保存军力、待机破敌而采取的一个有计划的战略步骤。战略防御的目的是保存军力，准备反攻，要创造并选择有利于我不利于敌的若干条件，使敌我力量对比发生变化，然后进入反攻阶段。与此相似的是，在导入期和成长期，小米手机也是先静待时机，做好充分准备，不和大品牌正面对抗，先占领小市场，再慢慢渗透进入大市场。

战略反攻是指战胜优势敌人的进攻，依靠在战略退却阶段中所创造的，有利于我不利于敌的，相比敌人开始进攻时发生变化的形势。这种条件和形势，具备决定胜败的可能性。反攻是一个长过程，是防御战的最精彩、最活跃的阶段，也就是防御战的最后阶段。在成长后期，小米也是高调举行发布会，引起媒体和"发烧"友们的注意，炒作话题，在万众瞩目中推出产品，充分利用品牌效应聚集粉丝，使手机销售一空。

所以在市场中，企业要根据自己所处的阶段和市场环境，具体问题具体分析，以小见大、从整体出发，并实事求是，在市场中保持警觉，及时调整自己的战略。

思考题

一、名词解释

1. 产品线
2. 产品生命周期
3. 全新产品

二、选择题

1. 产品投入市场至退出的过程称为（　　）。
   A. 产品生命周期　　B. 产品成长期
   C. 产品成熟期　　D. 产品投入期
2. 企业对市场上已有的某种畅销产品稍做部分改动，标出新品牌的产品称为（　　）。
   A. 全新产品　　　　B. 仿制新产品
   C. 新产品线　　　　D. 新产品组合
3. 新产品导入期的策略是（　　）。
   A. 快速渗透　　　　B. 调整价格
   C. 产品改良　　　　D. 重新定位
4. 采用维持策略的企业处于（　　）。
   A. 导入期　　　　　B. 成长期
   C. 成熟期　　　　　D. 衰退期

三、简答题

1. 简述产品生命周期阶段。
2. 简述产品各生命周期的营销策略。

3. 简述产品组合包括什么。

四、案例题

C2B+O2O，看尚品宅配如何玩转个性化家居定制

案例思考题：

1. 现有的电子商务模式有哪些？"互联网+"背景下，案例中提及的 O2O 模式的发展前景及方向是什么？
2. 结合案例，对当前尚品宅配的商业模式进行分析。

3. 归纳构成尚品宅配竞争优势的关键因素有哪些？
4. 查找资料，总结互联网生态背景下规模定制的实现方式，分析尚品宅配是如何在 C2B 模式下实现个性化定制的。
5. 结合案例，绘制尚品宅配供应链流程图。
6. 结合案例，思考并总结尚品宅配的管理经验，有哪些值得借鉴之处？并结合公司治理的相关知识，对尚品宅配的员工管理进行评价。

第七章　有之以为利，无之以为用：品牌管理

事不凝滞，理贵变通。
——《宋史·赵普列传》

:: 学习目标

1. 掌握品牌的概念。
2. 掌握管理品牌资产的方法。
3. 掌握品牌决策的方法。
4. 了解品牌维护的方法。

:: 重难点

品牌的内涵；如何选择品牌策略；品牌维护。

:: 关键词

品牌资产模型；品牌决策；品牌延伸；品牌传播；品牌危机。

:: 框架图

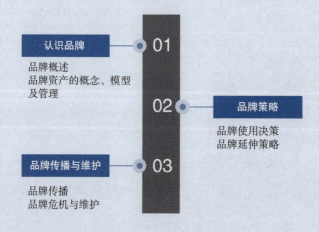

认识品牌　●　01
品牌概述
品牌资产的概念、模型
及管理

品牌策略　02
品牌使用决策
品牌延伸策略

品牌传播与维护　●　03
品牌传播
品牌危机与维护

案例导入

初次启用代言人的知乎，新意迭出玩得比老司机还"溜"

知乎在中文互联网世界算是成熟品牌了。多大能力，做多大段位的事情。知乎最近的表现，印证了"有问题上知乎"，成功激起舆论旋涡。

1. 有智慧的策略

（1）代言人用得够聪明，引爆品牌热度。

知乎宣布首位品牌代言人，市场的反应很有趣：很多人认为，一贯高冷的知乎并不需要代言人。代言人这种大众化品牌打法，被视为知乎不顾及核心用户的感受。细细想来，大概有两方面的原因：第一，在 6 月 14 日之前，大众印象中的知乎的品牌推广主要以户外、地铁广告为主；第二，7 年来，知乎品牌物料的调性内敛、克制，甚至有点认知壁垒。

（2）历来如此，但不代表必须如此。

1）知乎近一年的注册用户增长接近 8 000 万，一年翻了近一倍，意味着知乎到了新的发展节点。就这个角度来看，不论是投放世界杯 TVC，还是启用刘昊然，都是势在必行。

2）三次元破壁二次元，代言人 + 品牌 IP 联动，用年轻族群爱看的形式建立有效沟通。

知乎有个叫刘看山的品牌 IP，这位活在二次元的北极狐，有自己的知乎账号，能提问感兴趣的话题，等等。靠着知乎市场团队持续新鲜的内容喂养，形成了立体的人设。

知乎出了一组同人漫画，借吉祥物刘看山担心刘昊然来做代言人后自己失业的故事，让三次元的代言人与二次元的吉祥物结拜成为"刘氏兄弟"。

当然，当刘昊然在三次元世界成为代言人并出场 TVC 的时候，作为兄弟，刘看山自然也陪在他的身边，跟他互动、为他撑腰。巧妙，不过是旧元素新组合。所以，做市场不能喜新厌旧，新旧结合往往能玩出新意。

3）重视用户参与感，一定设法让用户参与到品牌的行动中，建立"共同完成一件事情"的共情感。知乎推出了"七日助燃计划·全球解锁刘昊然"活动。用户在下载或更新知乎App 之后，通过完成任务为"全球解锁刘昊然"活动贡献一定的燃力值，燃力值上升，就能解锁包括 7 支"刘昊然的私家放送"的视频、签名照片礼包、刘看山周边礼包、知乎 App 上的刘昊然专属皮肤、专属版本等福利。

2. 有整合的传播

开源的联合营销，大范围营造价值感。一直以来，知乎做品牌有个优势——它本身就是优质内容平台，大量的品牌入驻其中，在 B 端，知乎有明显的话语优势。知乎明显知道自己的优势所在，联合一众知名品牌发起了声势浩大的联合营销，围绕各家品牌的特性持续生产大量优质内容。这一路联合营销下来，知乎借助平台影响力，引发品牌、用户的参与和互动。而持续推送的形式，更将"挟平台以联合品牌，用流量换取声量"的策略玩到了一定程度。来往之间，参与的品牌、用户都感受到了知乎作为问答平台的价值。

资料来源：首席品牌官，2018 年 7 月 4 日。

在品牌传播过程中，随着发展阶段的不同，企业势必需要调整策略和打法，因为品牌需要考量的不仅仅有自身规划，更有用户、竞品、市场趋势，甚至可预见的、未知的热点等因素，决定了品牌唯有灵活应对，按需策划而不是按惯性，才能不断成长。

摸着石头过河，是市场营销的常态，走老路只会无路可走。改变，再改变，哪怕守着的是一棵老树，也能开出新花儿。那么品牌都包括什么内容呢？如何才能进行优质的品牌传播呢？

第一节　认识品牌

品牌内涵

一、品牌概述

（一）品牌的定义

人类的品牌活动源于远古时代，那时农夫通过在牲畜身上刻下烙印的方法来辨别自己的牲畜。在中国远古时代，和西文"品牌"近似的表述有"招牌"等，用于区别不同的"商店"。这就说明，品牌最原始的功能在于"印记"和"识别"，这一功能延续至今。

品牌的现代定义来源于美国市场营销协会，定义为：品牌是一个"名称、专有名词、标记、符号，或设计，或所有这些元素的组合，用于识别一个供应商或一群供应商的商品与服务，并由此区别于其他竞争者的商品与服务"。上述定义属于狭义的品牌概念。

狭义的品牌概念认为，品牌就是品牌名称、标识、符号、包装，或其他可以识别本公司的产品或服务的一系列有形物的组合。这些有形物又称为"品牌要素"。

狭义的品牌概念道出了品牌的物质载体，虽然它是基本的和必不可少的，但它对企业的指导意义是远远不够的。如果仅仅设计出方便识别的品牌要素而没有对这些要素赋予内涵，那么，品牌仍然不能给顾客留下印象，在市场上无法发挥影响力。

广义的品牌是指，品牌有形要素在顾客心目中建立起来的品牌意识和品牌联想，以及由此引起的顾客对其产品的感觉、评价和购买等的总和。或者说，品牌就是顾客对产品或服务及其供应商的所有体验和认知的总和。

总之，品牌是通过某些方式将自己与满足同样需求的其他产品或服务区分开的一种产品或服务。从品牌的产品性能角度看，差异可以是功能的、理性的或有形的；从品牌表达信息的角度看，差异也可以更符号化、感性和无形。企业管理者要做出许多与品牌有关的决策，其中包括确定品牌名称、品牌标志和商标等。

1. 品牌名称

品牌名称（brand name）是构成品牌的一个基本的和必不可少的元素。它可以反映产品内容、提高品牌认知、强化品牌联想，并最终给品牌带来品牌资产。此外，研究者发现，品牌名称能够影响消费者（尤其是缺乏购买经验的消费者）对耐用品产品质量的判断。

2. 品牌标志

品牌标志（brand logo）是一种构成品牌的视觉元素，包含文字部分（如华为公司的中文名"华为"，英文名"Huawei"）和非文字部分（通常称为符号，如华为公司的扇形标志），一个品牌可以包含两者或其中之一。

3. 商标

商标（trade name）是一种法定的名称，表示拥有者对品牌或品牌中某一部分享有专有权，并从法律上禁止他人使用。

（二）品牌的作用

1. 识别功能

品牌有利于经销商进行识别，经销商可以将其经销的全部产品按照品牌进行分类和管理，依据不同的品牌类别采取不同的采购和销售政策，以最佳的方式促进产品销售。

此外，品牌有利于顾客识别、选购商品，由于品牌、商标是区别不同质量水准的商品的标记，因此顾客可以依据品牌购买商品。顾客对于熟悉的品牌，可以减少挑选的时间，对于该品牌推出的新产品尤其如此。

享有盛誉的品牌有助于顾客建立品牌偏好，促进重复购买。

2. 保护功能

品牌的重要组成部分是商标，商标一旦注册，便具有法律效力，受到法律的保护，其他任何企业不能使用与此相似的标识，不得模仿、抄袭和假冒，从而使企业的市场形象、社会声誉等受到保护。

3. 促销功能

品牌有利于商品的广告宣传和推销工作，是一种直接、有效的广告宣传与推销形式。品牌以简单、醒目、便于记忆的方式代表着企业提供的产品或服务，表明企业的某种特性。

设计精美的品牌在广告宣传和商品推销过程中都有助于企业建立产品声誉，吸引顾客重复购买，提高市场占有率，有助于企业不断推出系列新产品进入市场。

4. 增值功能

品牌本身就是一种形象的体现，而当企业提供产品或服务时进一步赋予品牌更加丰富和深刻的内涵。随着企业品牌声誉的形成，企业的形象逐步得到确立。而良好的形象可以进一步促进产品与服务的销售，进而提升企业的品牌地位，由此，企业的品牌、形象和产品与服务、销售形成了相互促进的关系。

| 延伸阅读 |

自有品牌

二、品牌资产的概念、模型及管理

| 案例直通车 |

星巴克全球扩张计划：品牌成功不在咖啡

星巴克咖啡在美国是家喻户晓的品牌，在世界上也早已闻名遐迩。

打造品牌不靠广告。

在国际知名品牌中，星巴克算得上是后起之秀，在过去30多年中，从一家名不见经传的小企业发展成为市值高达200亿美元的知名大公司。星巴克品牌的迅速成长引起了世人的关注。对此，舒尔兹认为，现在创建一个品牌的总体环境和过去已有很大的不同。过去，消费品牌的创建往往是通过大规模的市场投放和传统广告来实现的，宝洁就是靠这种方式做大做强的。但是，星巴克走的是另一条路。星巴克不是一夜成名的公司，曾经挣扎了许多

年。有些年份舒尔兹连自己的工资都开不出，哪有钱去做广告。星巴克采取的是直接经营的古老方式，就像一个商人，需要好好照顾自己的顾客。

星巴克在经营中十分重视在社会责任和公司盈利之间找到平衡点。它认为消费者不仅关注产品的性能或服务质量，而且对公司和品牌的历史，以及公司的文化和价值观也感兴趣，比如这个公司是否参与当地的社区公益活动，如何对待它的员工等。星巴克希望让每一个员工感到公司对他们很重视。要想长期在市场上生存并取得成功，企业主管必须与员工和消费者建立一种相互信任的关系，这种关系必须建立在合适的、真实的和真正的商业运作基础上。在美国，星巴克是第一个为所有雇员提供完全医疗保险和股权的公司，包括占员工总数65%的兼职员工。

一个有趣的现象，就是星巴克创建品牌从来不做广告。这是因为消费者知道星巴克公司不仅经营咖啡店，它还有自己的企业文化和价值观。那些真正懂得社会责任，并且尽力在公司盈利和社会责任之间找到平衡点的企业，将是市场上最终和最大的胜出者。星巴克最近收购了一家饮用

水公司，收购这家公司的原因就是这家公司将瓶装水销售额中的很大一部分捐献给无法得到洁净水的非洲国家和一些发展中国家。

与消费者建立情感。

舒尔兹指出，要建立自己的公司，打出自己的品牌，你所经营的商品或提供的服务必须是你所喜欢的东西，你对它要有热情。你必须要相信自己的梦想，并且多与从事过同类事业的人在一起。当然，你需要雇用一些比你有经验的人来一起管理公司，因为成功最好的感觉是当成功被分享的时候，不要害怕比你有经验的人会把你的公司抢走，其实这些人不仅仅具有更多的经验，不仅仅只希望被雇用，他们还希望你能看到他们的价值。

星巴克开发中国市场，目标就是要赢得中国消费者的尊敬和认可。这要通过实际行动来赢得，而不是嘴上说说而已。星巴克要建立一个人们可以来享受咖啡、享受优质服务的地方，与消费者建立感情纽带，让消费者知道，星巴克在乎你。

资料来源：百度文库，2019年12月4日。

星巴克的这种价值观创造了星巴克这个品牌，并坐拥一大批粉丝，这些粉丝群体对星巴克品牌极其忠诚，这种忠诚也进一步提升了星巴克的整体"软实力"，同时构成了星巴克基于顾客价值的品牌资产。

（一）品牌资产概念

品牌资产是营销研究和实践领域的一个重要概念，其定义为："与品牌、品牌名称和标志相联系的，能够增加或减少企业所销售产品或提供服务的价值或顾客价值的一系列品牌资产与负债"。用一句简单的话概括就是："向产品或服务赋予的附加价值。"

品牌资产包括五个方面，即品牌忠诚度、品牌认知度、品牌知名度（感知质量）、品牌联想度、其他专有资产（如商标、专利、渠道关系等），这些资产通过多种方式向消费者和企业提供价值。基于顾客的品牌资产是指消费者因拥有的品牌知识不同，对品牌的市场反应也不尽相同。基于顾客的品牌资产具有以下特点：第一，品牌资产来自顾客的不同反应，如果顾客的反应相同，竞争的焦点就集中于价格；第二，这些不同的反应是因顾客对品牌的理解不同导致的，品牌应使顾客产生强烈、良好、独特的品牌联想，由此带给产品较好的销售绩效；第三，由顾客不同反应构成的品牌资产，在所有与品牌营销相关的感知、偏好和行为中都有所体现。

（二）品牌资产模型

品牌是代表企业或产品的一种视觉的感性和文化的形象，它是存在于消费者心目之中代表企业的东西，它不仅是商品标志，而且是信誉标志，是对消费者的一种承诺。品牌资产评估就是对消费者如何看待品牌进行评估和确认，由此可以说，消费者才是品牌资产的真正审定者和最终评估者。

大卫·艾克在综合前人的基础上，提炼出品牌资产的"五星"概念模型，即认为品牌资产是由"品牌知名度（brand awareness）、品牌认知度（perceived brand quality）、品牌联想度（brand association）、品牌忠诚度（brand loyalty）和其他品牌专有资产"五部分所组成，具体如图7-1所示。

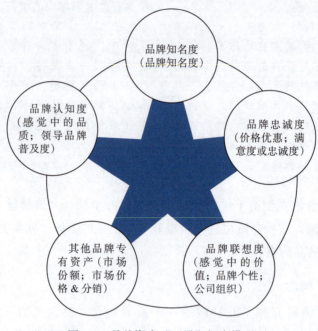

图 7-1　品牌资产"五星"概念模型

1. 功能属性——品牌知名度、认知度

品牌知名度是消费者对一个品牌的记忆程度。在互联网模式下，最明显的一个特征就是知名度的提升会加速，呈现聚合现象，很多品牌都是一夜成名，特别是在技术变化快，产业生命周期短的行业中尤其突出。

品牌认知度是指消费者对某一品牌在品质上的整体印象，不仅包括产品自身的品质，还包括服务的品质，其主要内容包括：①产品功能与特点；②适应性；③可信赖度；④耐用性；⑤外观；⑥价格；⑦渠道；⑧服务能力（见图7-2）。品牌认知度指标可以反映消费者对某一产品功能、特点、适应性、可信赖度、耐用性、外观、价格、渠道、服务能力等诸方面的评价。这种评价为消费者购买产品和服务提供了理由，同时也是产品差异化定位、高价位和品牌延伸的基础。

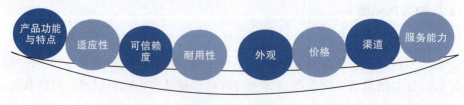

图 7-2　评价因素

| 延伸阅读 |

品牌认知度与品牌联想度的区别是什么？

2. 社交属性——品牌联想度

在这个信息爆满、嘈杂纷乱的时代，如何铸就一种品牌信息标识，让目标受众念念不忘？如何创造一种"徽记象征"？

品牌联想度是指透过品牌而产生的所有联想，是对产品特征、消费者利益、使用场合、产地、人物、个性等的人格化描述。品牌联想源于企业的品牌传播、口碑效应和消费者的品牌体验。品牌的功能定位在营销界最为普遍，一般满足消费者的显性需求，而品牌联想则深度挖掘顾客的隐性需求。

丰富的品牌联想，意味着品牌被消费者接受、认可、喜爱及市场上的差异力和竞争力等，能增强消费者的购买信心，丰富品牌价值和品牌资产。

3. 精神属性——品牌忠诚度

（1）品牌忠诚度。

品牌忠诚度是在购买决策中多次表现出来的对某个品牌有偏向性的（而非随意的）行为反应，也是消费者对某种品牌的心理决策和评估过程。忠诚度反映消费者对品牌的偏爱、选择、尝试购买、重复购买以及承诺购买水平。

品牌忠诚度是品牌资产的核心，如果没有品牌消费者的忠诚，品牌不过是一个几乎没有价值的商标或用于区别的符号。从品牌忠诚营销观点看，销售并不是最终目标，它只是消费者建立持久有益的品牌关系的开始，也是建立品牌忠诚，把品牌购买者转化为品牌忠诚者的机会。

品牌忠诚由五级构成：无品牌忠诚者、习惯购买者、满意购买者、情感购买者、承诺购买者，如图 7-3 所示。

（2）互联网时代下高品牌忠诚度的两种路径。

1）品牌社区——依赖感。

品牌忠诚本质上是一种行为，在品牌活动中是一种结果，而不是原因。在互联网模式下，品牌选择太多，与其说对品牌忠诚，还不如说品牌具有黏性更为贴切。因此，在今天的时代，打造品牌忠诚度，就意味着必须直接与消费者对话，通过打造品牌社区增强用户对品牌的依赖感。

产生品牌忠诚度的原因有两个：一是对品牌的依赖度，就是消费者每当选择同类产品和服务时，总会习惯性地依赖某个品牌。二是更换成本，当然消费者会对更换成本高的产品产生更加高的黏度，更换成本包括直接的购买成本和风险，也包括使用中的更换成本。从某种程度上说，这种现象本质就是一种精神上的惰性依赖。

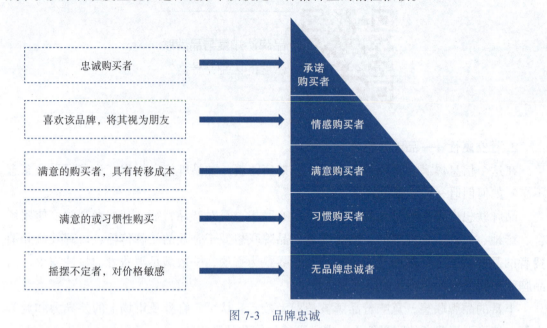

忠诚购买者　→　承诺购买者

喜欢该品牌，将其视为朋友　→　情感购买者

满意的购买者，具有转移成本　→　满意购买者

满意的或习惯性购买　→　习惯购买者

摇摆不定者，对价格敏感　→　无品牌忠诚者

图 7-3　品牌忠诚

2）粉丝经济——认同感。

当顾客具备了品牌忠诚度时，就意味着品牌资产达到了金字塔的顶端，产生了品牌共鸣。品牌共鸣是指消费者与品牌之间"同喜同悲"的程度，意味着消费者与品牌之间既有情感联系，又有行动承诺。这种情感联系包括对品牌的依恋最后达到对品牌至爱的程度。行为承诺则可以体现为重复购买品牌、向他人推荐品牌以及抵制品牌负面信息等内容。

品牌共鸣在互联网时代下被衍生成"粉丝经济"。比如米粉对小米手机的狂热追捧，才给了小米手机持续发展的源源动力。小米的粉丝称雷军为"雷布斯"，这是雷军的个人魅力，小米手机的畅销本质上是粉丝经济，而雷军的成功从某个角度是培养了米粉这个群体。《粉丝力量大》的作者张嫱对粉丝经济的定义为："粉丝经济以情绪资本为核心，以粉丝社区为营销手段增值情绪资本。粉丝经济以消费者为主角，由消费者主导营销手段，从消费者的情感出发，企业借力使力，达到为品牌与偶像增值情绪资本的目的。"在粉丝经济中，粉丝不单单是对品牌感兴趣，而是对品牌产生一种认同感，这种认同感转化成为情感资本维系着粉丝经济的有序进行，是最终实现品牌增值的关键。

4. 价值属性——其他品牌专有资产

其他品牌专有资产是指品牌的商标、专利等知识产权。我们知道，品牌的价值更多地体现在附加值上面，企业正面、亲和、友善、对社会负责、对未来负责的形象往往能够给品牌带来意想不到的结果。一般企业往往从内外两个方面塑造这种品牌形象：一是完善企业文化，二是积极从事公益活动。

（三）管理品牌资产

有效的品牌管理须从长期角度考虑营销决策，在面对营销环境外部变化和企业营销目标与计划的内部变化时，企业必须制定前瞻性战略，以保持和增加基于顾客价值的品牌资产。

1. 评估品牌资产

评估品牌资产的方式主要有两种：一是间接的方式，即通过确认和跟踪顾客的品牌知识评估品牌资产的潜在来源；二是直接的方式，即评估品牌知识针对顾客的不同营销方式所引起的反应的实际影响。以上两种常用方式是互补的，也可同时进行。鉴于品牌力存在于顾客心中，企业有必要思考品牌力是如何影响顾客对企业营销活动的反应的。

换句话说，为使品牌资产发挥其有价值的战略性功能和正确引导营销决策，营销者必须充分了解品牌资产的来源，以及它们如何影响品牌的投入和产出；同时跟踪了解各种来源和产出是如何变化的。品牌审计对前者很重要，品牌跟踪则对后者很重要。

品牌审计是以消费者为中心，评估品牌的情况，发现品牌资产的构成，提出品牌资产改进和调整建议的一系列实践活动。营销者打算对重要的战略方向做出调整时，应当进行品牌审计。定期开展品牌审计（如每年一次）有助于营销者随时掌握品牌情况的变化，从而能够前瞻性地、及时地对品牌进行管理。尤其是管理者制订营销计划时，品牌审计报告将是十分有用的背景资料。

品牌跟踪研究是指定期采用常规方式收集顾客的数据，以便从多个主要维度为营销者提供关于品牌和营销计划如何连续运营的基本信息。品牌跟踪研究是了解创造品牌价值的地点、数量和方式的手段，有助于企业的日常决策。

表 7-1 展示了一些品牌资产的评估方法，以供参考。

表 7-1　品牌资产评估方法的分类

评估方法要素	评估方法的特点	代表性方法
财务要素	品牌资产是公司无形资产的一部分，是会计学意义的概念	成本法、替代成本法、市值法
财务要素 + 市场要素	品牌资产是品牌未来收益的折现，因此，对传统的财务方法进行调整，加入市场业绩的要素	Interbrand 方法 Financial World 方法
财务要素 + 消费者要素	品牌资产是相对于同类无品牌或竞争品牌而言，消费者愿意为某一品牌所付出的额外费用	溢价法 品牌抵补模型（BPTO） 联合分析法（conjoint analysis）
消费者因素 + 市场因素	品牌资产是与消费者的关系程度，着眼于品牌资产的运行机制和真正驱动因素	品牌资产评估电通模型（brand asset valuator） 品牌资产十要素（brand equity ten） 品牌资产趋势模型（equity trend） 品牌资产引擎（brand equity engine）

2. 实现品牌增值

作为企业主要的可持续资产，企业应对品牌进行适当的管理，以免贬值。

　　持续地向顾客传递品牌意义的营销行为能使品牌资产增值，为此，需要认真分析：品牌代表什么样的产品？品牌提供什么样的核心利益？品牌满足什么样的需求？在消费者心中，什么样的品牌联想是强大、吸引人的？例如，妮维雅精心设计和执行其品牌延伸战略，其范围已经从单一的润肤霜品牌扩展为皮肤护理、私人护理品牌，进而在更广阔的领域强化了其"妮维雅能给肌肤最温和的呵护"的品牌承诺。

　　使品牌资产增值要求营销计划保持创新，营销者应引入新产品，开展新营销。持续向顾客传递品牌意义并不代表一成不变，相反需要做出许多战略性的变革，以保持品牌的战略推进方向。在管理品牌资产时，企业应认真考虑如何在增强品牌和品牌内涵的营销活动与那些试图借助现有品牌资产收获财务利益的营销活动中做出取舍。在一定程度上，如果不能提升品牌资产，品牌知晓度和品牌形象就会在激烈的市场竞争中受到削弱。

3. 关注品牌复兴

　　顾客品位和偏好的变化，新竞争者、新技术的出现或营销环境的任何新进展，都将对品牌的命运造成潜在的影响。经常会看到市场上一些曾经杰出和令人敬佩的品牌跌入低谷，甚至逐渐匿迹，但也常常出现这样的局面：营销者重新让某个品牌升级，使其得以复兴。

　　扭转衰退品牌的命运，要么使其回归到最初的样子，恢复其已经失落的品牌资产来源；要么重新建立新的品牌资产来源。一般情况下，转变品牌命运的第一步是了解品牌来源于哪里，正面联想是否推动了优势或独特性，品牌是否有负面联想。其次，企业要决定，是选择保持原有的定位不变，还是重选定位。如果重新定位，应当如何定位？在某些情况下，原来的定位可能仍然是合适的，而执行的营销计划才是问题的根源，因为它未能成功地传递品牌承诺，因此，"回到原来"的战略仍然有效。

　　显然，品牌复兴战略过程是一个连续的统一体，一端是纯粹的"恢复到原来"战略，另一端是纯粹的"再创新"战略，而多数复兴是两种战略的结合。

第二节　品牌策略

品牌行为

一、品牌使用决策

1. 品牌化决策

　　品牌运营的第一个环节就是企业是否要给产品建立一个品牌名称。在当代，品牌的商业作用对企业非常重要，品牌化发展迅猛，已经很少有产品不使用品牌了。像大豆、水果、蔬菜、大米、面和肉制品等过去从不使用品牌的商品，现在也被放在有特色的包装袋中，配以品牌出售，这样做的目的自然是获得品牌化的好处。

那么品牌化具有哪些好处呢？

品牌化有利于订单处理和对产品的跟踪；保护产品的某些独特特征，以免被竞争者模仿；为吸引忠诚顾客提供了机会；有助于市场细分；有利于树立产品和企业形象。此外，企业产品的品牌化对分销商和消费者同样有利；分销商把品牌作为方便产品经营、识别供应商、把握产品质量标准和增强消费者偏好的手段；消费者则可以通过品牌来识别和判断同类产品的质量差别，以便进行更高效率的选购。

2. 品牌归属决策

企业决定使用品牌以后，就要涉及采用何种品牌，一般有三种选择：第一种是采用本企业的品牌，这种品牌叫企业品牌、制造商品牌、全国性品牌。第二种是中间商品牌，也叫私人品牌，也就是说企业可以决定将其产品大批量地卖给中间商，中间商再用自己的品牌将货物转卖出去。第三种是混合品牌，即一部分产品使用生产者品牌，另一部分使用中间商品牌。

（1）使用制造商品牌。绝大多数生产者都使用自己的品牌，制造商品牌长期以来一直支配着市场。虽然生产者使用自己的品牌要花费一定的费用，但品牌作为企业不可忽视的一笔无形资产，可以为企业带来很大的利益。生产者使用自己的品牌，可以获得品牌带来的全部利益。享有盛誉的生产者可以将品牌租赁给他人使用从而收取一定的特权使用费。例如，我国青岛啤酒品牌就与多家企业联营共同使用其品牌，使联营企业的产品可以借助青岛啤酒的名牌效应，迅速打开销路，同时青岛啤酒公司也可以收取一定的特权使用费。

（2）使用中间商品牌。近些年来，中间商品牌发展势头强劲，中间商品牌能够发展主要是因为：①一些资金薄弱、市场经验不足的企业，为集中力量更有效地运用其有限的资源，采用了中间商品牌；②顾客对所需产品不一定有充分的选购知识，所以顾客在选购时不仅把制造商品牌作为选购的依据，还经常依据中间商品牌在信誉良好的商店购买。

中间商使用自己的品牌有许多好处：①中间商有了自己的品牌不但可以加强对价格的控制能力，还可以在一定程度上控制生产商；②中间商找到一些生产能力过剩、无力创立品牌或不愿自立品牌的厂家，使其使用中间商的品牌制造产品，这样可以减少一些不必要的费用，中间商可以降低产品售价，提高产品的生产竞争力，同时还能保证得到较多的利润。

生产者是使用自己的品牌还是中间商的品牌，主要根据品牌在市场上的声誉。如果一个企业对市场不熟悉或者自己的品牌声誉远不及中间商的品牌声誉，就可以考虑使用中间商品牌，以便集中自己有限的资源做对企业来说更有利的事情。

（3）使用混合品牌。有三种使用混合品牌的方式：①生产者部分使用自己的品牌，部分批量卖给经销商使用经销商品牌，这样既能保持本企业品牌的特色又能扩大销路；②为了进入新市场，企业先使用中间商的品牌，取得一定市场地位后再使用自己的品牌；③两种品牌并用，即一种制造商品牌与一种中间商品牌或另一种制造商品牌同时用于一种产品，以达到说明企业究竟应该使用自己的品牌还是中间商的品牌，必须全面地权衡利弊。如果制造商具有良好的市场信誉，拥有较大市场份额，产品技术复杂，要求有完善的售后服务等条件时，大多使用制造商品牌。相反，在制造商资金实力薄弱，市场开拓能力较弱或者在市场上的信誉远不及中间商的情况下，则适宜采用中间商品牌。尤其是新进入某市场的中小企业无力用自己的品牌将产品推向市场，而中间商在这一市场领域中却拥有良好的品牌信誉和完善的销售体系，在这种情况下利用中间商品牌往往是有利的。

3. 品牌名称决策

品牌名称决策是指企业对于所生产的不同种类、规格、质量的产品是分别使用不同的品牌名称，还是冠以统一的品牌名称的决策。企业通常有以下四种选择。

（1）个别品牌名称。它是指企业的每一种产品分别使用不同的品牌名称。这种战略的优点是：企业不会因某一品牌信誉下降而承担较大的风险；个别品牌为新产品寻求最佳品牌提供了条件；新产品在市场上不畅销时，不会影响原有品牌的信誉；可以发展多种产品线和产品项目，开拓更广阔的市场。这种战略的最大缺点是：增加了产品的促销费用；品牌过于繁多，不利于企业凸显品牌。宝洁和联合利华都是使用这种品牌战略的代表，每一种产品都有一个单独的品牌，宝洁公司仅洗发水就有海飞丝、飘柔、沙宣、伊卡璐等多个品牌。

（2）统一的家族品牌名称。它是指企业所生产的全部产品都用统一的家族品牌，这种战略的优点是：建立起一个优质品牌，就像为企业产品撑起一把品牌大伞，可以带动许多产品，并有利于企业树立形象，有利于新产品进入目标市场，因为已有的品牌信誉有利于消除顾客对新产品的不信任感，集中宣传一个品牌可节约大量广告费用，统一品牌下的各种产品可相互影响，有利于扩大销售。如佳能在办公室产品、个人消费类产品、工业及其他产品领域均使用佳能这一品牌。这一品牌战略具有一荣俱荣的优势，也存在一损俱损的风险，一旦某种产品出现问题，使用该品牌的其他产品也会受到株连，甚至给整个产品体系带来毁灭性灾难。

（3）分类的家族品牌名称。不同类别的产品分别采用不同的品牌名称，这种战略的优点是：当企业生产销售许多种不同类型的产品时，使用多个家族品牌名称，可以将这些不同类型的产品区别开来，避免混淆。或者虽然企业生产、销售同一类型的产品，但是使用多个家族品牌可以区别不同质量水平的产品。比如海尔集团拥有海尔、卡萨帝和统帅三个家族品牌，其中卡萨帝为海尔的高端家电品牌，致力于为一线城市的高端人群打造艺术家电和嵌入式一体化厨电产品；海尔定位于中端家电品牌；统帅则是海尔的低端家电品牌。这种策略可以把需求上具有显著差异的产品的类别区分开来。

（4）企业名称与个别品牌并用。这种战略又称主副品牌战略，是指在每一种品牌前冠以公司品牌名称，即对产品赋予一主一副两个品牌，采用这种战略的好处是：既可以使新产品享受企业的声誉，也可以使各品牌保持自己的个性和相对独立性。其缺点是需要协调个别品牌的核心价值与公司品牌的核心价值，如果二者存在显著差异，则不适合采用这种品牌命名战略。娃哈哈营养快线使用的就是这种品牌战略，其中娃哈哈是企业品牌，营养快线是具体产品品牌。

4. 品牌延伸决策

品牌延伸也称品牌扩展，是指企业利用其成功品牌的声誉来推出改良产品或新产品。比如，海尔集团成功推出海尔冰箱后，又利用这个品牌成功推出了洗衣机、电视机、空调等新产品。

企业开发出一种新产品后，面临三种品牌选择：创建一个全新的品牌，使用一个已有的品牌，或者创建一个与已有品牌相关联的品牌。只有第二和第三种情况才属于品牌延伸。比如海尔推出的卡萨帝不属于品牌延伸，五粮液推出的五粮春、五粮醇则属于品牌延伸。

5. 多品牌决策

多品牌决策是指企业为同一种产品设计两种或两种以上相互竞争的品牌。宝洁公司曾经推出过一种快乐牌洗涤剂，作为本公司已经销售成功的汰渍牌洗涤剂的竞争产品。当然，这种策略一度使汰渍牌洗涤剂的销售量有所下降，但是快乐牌洗涤剂的销售量却远远超出了汰渍牌洗涤剂所损失的销售量，市场占有率大幅度提高。正是发现了多品牌策略的优势，所以宝洁公司在市场营销活动中极为重视多品牌策略，它目前正在生产8种品牌的洗涤剂。

宝洁公司在品牌策略方面的成功经验，也可以说明这种策略的优势所在。第一，采用多品牌策略可以使企业在零售环节上占有更大的市场空间，从而增加零售企业对自己品牌的依赖性；第二，多品牌策略可以将对企业原有品牌不忠诚的消费者圈回到本企业的产品，笼络那些喜新厌旧型的消费者；第三，多品牌策略可以给企业内部组织机构以不断刺激，由此会提高企业内部各部门的运作效率；第四，多品牌策略可以有利于对企业的各个品牌进行个别定位，从而可以获得不同的细分市场。

但多品牌策略同样也有风险存在，它要经常考虑这样一个问题，即由于每一个品牌只能获得一个较小的市场份额，因而企业必须把自己的资源消耗在若干个品牌上面，从而有可能分散企业在品牌管理方面的精力。在这种意义上，多品牌策略只能适用于那些大型企业，尤其是那些跨国公司，只有它们才有能力和经济实力建立起比较严密的品牌筛选程序，在必要的时候剔除那些已经出现疲软趋势的品牌。单从品牌策略的角度来考虑，任何企业都应当力争这样一种境界的出现，即企业的品牌策略必须能够避免自相竞争，必须以吞掉竞争对手的品牌为直接目标。

6. 品牌重新定位决策

某一个品牌在市场上的最初定位即使很好，随着时间推移也必须重新定位。这主要是因为以下情况发生了变化：竞争者推出一个品牌，把它定位于本企业的周边品牌，侵占了本企业品牌的一部分市场定位，使本企业品牌的市场占有率下降，这种情况要求企业进行品牌重新定位；或有些消费者的偏好发生了变化，他们原来喜欢本企业的品牌，现在喜欢其他企业的品牌，因而市场对本企业的品牌的需求减少，这种市场情况变化也要求企业进行品牌重新定位。总之，当宏观或微观环境发生变化且这种变化与企业品牌相关时，品牌经营者就应当及时考虑是否对原有品牌定位进行变更。

二、品牌延伸策略

由于企业所拥有的品牌在市场上得到的消费者认可度、品牌忠诚度、品牌信誉等资产不同，企业的资源状况、面临的市场环境和竞争态势不同，企业所采取的品牌战略和发展思路也就具有差异，这就决定了品牌延伸策略的选择也具有差异。

品牌延伸策略可以划分为以下几类。

1. 冠名与副品牌式延伸策略

冠名是指新产品直接使用原品牌（或主品牌）名称及标志，相当于前边提到的统一品牌。品牌延伸有直接冠名、间接冠名或副品牌式延伸三种策略。

在原品牌具有较为深厚的品牌资产，冠名与副品牌策略具有沟通优势、管理优势和成本优势的情况下，该策略对消费者的品牌传播十分有利。

（1）直接冠名。

直接对新产品冠以原品牌名是最常见的品牌延伸方式，这种策略模式实行的条件是原品牌的内涵主成分与新产品的特性以及买方对新产品的评价标准吻合程度较高，如消费者对电器产品的评价标准基本都是产品的质量、企业的技术、服务、声誉等，所以世界范围内很多电器生产企业的产品共用一个品牌。例如，飞利浦的家用电器、小家电、照明设备等都采用直接冠名的方式。这种延伸方式产品导入市场速度和被消费者认可的速度通常是最快的，也容易形成品牌声势，但容易形成"株连"效应或品牌稀释。

（2）间接冠名或使用部分原品牌名。

间接或部分使用原品牌名也比较常见，如麦当劳产品品牌延伸时使用的麦乐鸡、麦香鱼等，都使用来自原品牌的一个"麦"字。这种方式大大拓展了品牌延伸的幅度和空间，对原品牌和产品的负面影响较小，当然，原品牌对于产品的市场支持力度也相对较弱。

（3）副品牌式延伸策略。

副品牌延伸就是在主品牌后面再加上一个副品牌。

副品牌式的品牌延伸策略是近年来比较流行的品牌延伸方式，主品牌涵盖了企业的系列产品，用副品牌来突出产品的个性特点，形成产品的差别化，满足不同消费者的需求。副品牌策略的最大优点是既利用了原品牌的影响，又能突出新产品的差异特性，实质上是一种发展式的延伸方式。例如，以设计师乔治·阿玛尼名字命名的美国服装品牌阿玛尼就有 A/X 阿玛尼、阿玛尼·交流、阿玛尼·简氏，分别流行于美国、亚太地区和欧洲。在产品更新换代很快的今天，副品牌策略给企业的品牌策略提供了更大的变动。

2. 品牌组合与产品线延伸策略

（1）品牌组合延伸策略。

品牌组合是指品牌经营者提供给顾客的一组品牌，包括所有的品牌线和品牌名目，具有一定的宽度、长度、深度和相关度。例如，美国雅芳公司的品牌组合包含三条主要的品牌线：化妆品品牌、珠宝首饰品牌、日常用品品牌。每条品牌线下包括许多独立的品牌，如化妆品品牌可细分为口红品牌、眼影品牌等。

品牌经营者可以从三个方面进行品牌延伸：①增加新的品牌线，以扩大品牌组合的宽度；②延长现有的品牌线，以成为拥有更完整品牌线的企业；③为每一品牌增加更多的品种，以增加其品牌组合的深度。

（2）产品线延伸策略。

①水平延伸，即原产品与新产品处于同一档次，例如"玉兰油深质滋润晚霜"延伸到"玉兰油保湿美白晚霜"。这种延伸风险最小，可以满足消费者现有消费水平的多种选择，也是最容易成功实施的品牌延伸方式。由于产品处于同一档次，品牌形象和个性定位容易统一，原产品的影响很容易泛化到新产品上去。

②垂直延伸，即原产品与新产品处于不同的档次。垂直延伸又可以具体分为高档品牌向下延伸、低档品牌向上延伸或中档品牌向高档和低档两个方向的双向延伸这三种方式。向下延伸——许多企业的品牌最初定位于目标市场的高端，随后向下扩展以占据整个目标市场，将品牌线向下延伸，在市场的低端增加新产品，填补自身中低档产品的空缺，吸引更多的消费者，提高市场占有率，但容易引起消费者对原有品牌内涵和档次的怀疑，影响原品牌的定位和品牌形象，失去原有的一部分消费者，引起品牌价值的贬损，延伸风险较大。向上延伸——通常定位于市场低端的经营者经营了一段时间之后，由于受到高端市场高利润的吸引，或者为了给消费者更完整的品牌选择，可能会以新产品进入高端市场，但品牌名称、标志等一系列品牌元素都要重新策划，甚至品牌定位、品牌文化等也随之变更，经营者采取向上品牌延伸的策略同样存在一些风险，从低端市场进军高端市场时，要投入大量的资金。然而，当原处于低端市场的品牌进入高端市场时，消费者会对其是否有良好的质量产生怀疑。同时，处于高端市场的品牌不会轻易让别人进入，因此会有所反击。双向延伸——适用于那些原来定位于中端的品牌，品牌经营者可以向高端和低端两个方向发展，使品牌线更完整。双向延伸的主要风险是可能模糊了原有品牌清晰的定位，给消费者造成"高不成，低不就"的印象。

第三节　品牌传播与维护

一、品牌传播

（一）品牌传播的概念

品牌传播是指企业以品牌的核心价值为原则，在品牌识别的整体框架下通过传统的广告、公共关系、营销以及互联网条件下的网络社区、沟通互动平台等手段，将企业设计的品牌信息、梳理的品牌形象传递给消费者和社会公众，以期获得消费者的认知和认同，并在心目中确定企业营造的品牌形象。

（二）品牌传播的方式

1. 网络传播

（1）传统的网络广告传播。传统的网络广告包括图标广告、对联广告和插入式广告等。①图标广告和插入式广告等的设计方式是用一个醒目的图标、旗帜或按钮作为引擎，浏览者点击图标会弹出详细的广告传播内容或到达广告企业的网站；②对联广告是指在页面左右堆成分布对联广告，不干涉浏览者的视觉焦点；③插入式广告又称弹出广告，干扰浏览者的正常活动，容易引起反感，目前一些新的浏览器都设置了弹出广告的拦截功能，以便减少浏览者的烦恼。

（2）新型的网络广告传播。新型的网络广告主要包括电子邮件广告和搜索引擎广告。电子邮件广告可以分为两类：一类是新闻信件，以提供新闻或信息为主，是信息附加型的电子邮件；另一类是商业广告电子邮件，这类邮件通常被称为垃圾邮件。搜索引擎广告是采用新型的付费排名的推广传播方式，是指在关键词或引申关键词的搜索结果中，按照广告商的付费多少排位，付费越多排位越靠前，点击率就越高，获得消费者的机会也越高。搜索引擎广告针对有需求的消费者设计，具有较强的针对性，也可以帮助消费者在比较分析中分清良莠。

2. 展览传播

（1）会展平台的品牌传播。会展经济的发展为品牌传播提供了一个全新的渠道，也为品牌与客户提供了一个交互的平台。国际、国内各个行业都定期组织行业内部的产品展销会，如机器人展览会、环保设备展览会等。这些展会中聚集了大量的同行业生产厂家，是学习体会产品技术、观摩产品设计、把握行业发展趋势的良好机会。展会吸引了大量的客户，通过展会设计，可以展示产品，增加互动、宣传品牌、洽谈业务，是提升销售绩效的有效途径，同时也是企业策划、传播、推广品牌产品的优选平台。

（2）艺术展览的品牌传播。对于高端品牌和奢侈品品牌而言，艺术展览越来越受到品牌管理者的重视。将产品用艺术展览的形式呈现在人们眼前，从艺术审美的角度来解读产品的巧妙构思、精湛的技艺和品牌背后的文化内涵，探寻品牌的发展历史文化的形成或过程，把产品拉入艺术的范畴，使品牌在文化中得到升华。目前，很多企业把建设博物馆作为品牌艺术展览的平台，如葡萄酒庄园的制作工艺，酒藏、品尝等一体化的艺术展览以及汽车公司的汽车博物馆和农作物博物馆等。高端品牌和奢侈品品牌可以通过艺术展览平台，营造一个特有的品牌体验氛围，通过品牌文化体验提高品牌的艺术价值和核心价值。

3. 品牌社区传播

（1）品牌社区的内涵。品牌社区是指使用同一品牌的一群消费者聚合联合而成的以该品牌为关系的社会群体，是建立在成员之间可以互动沟通基础之上的一个复杂的实体，包含自己特定的文化、意识、责任感和行为编码。消费者围绕某一个品牌而建立一套特有的社会关系，这种关系或者由公司倡导，或者由消费者自发形成，在品牌社区中存在一个亚文化，处于他文化中的成员的个人身份、动机、承诺与商品和消费活动的联系不可分割。品牌社区中的亚文化确定了消费者对某一品牌具有共同的感情和价值观，某一品牌所宣扬的体验价值、形象价值与其自身所拥有的人生观、价值观相契合，从而产生心理上的共鸣和忠诚。

（2）"互联网＋"时代的品牌社区。在"互联网＋"时代，互联网和移动互联网为社区成员的互动沟通提供了一个方便的平台，互动沟通可以更方便，内容可以更随意，沟通的话题传播速度更快、范围更广。

品牌社区通过增强品牌与社区成员之间的关系，增加品牌价值体验，对购买决策和品牌忠诚产生影响。消费者通过加入品牌社区来建立与其他成员的情感联系，分享品牌的各种知识和社会关系。此外，他们认为在品牌社区中存在一些核心成员，这些人对品牌有更高的熟悉度和忠诚度，企业需要强化与核心成员的关系，因为核心成员对社区的其他成员拥有非同小可的影响。

二、品牌危机与维护

（一）品牌危机的概念

品牌危机是指由于组织内、外部突发原因造成的始料不及的对品牌形象的损害和品牌价值的降低，以及由此导致的使组织陷入困难和危险的状态。

（二）品牌危机管理

品牌危机管理是指企业在品牌生命周期中，采取恰当的管理活动，以尽可能避免导致品牌价值损失事件的发生，以及在发生品牌危机后尽可能降低品牌价值的损失。它包括为了预防品牌危机的发生而采取的防范措施，或者在危机发生后采取有效措施减轻危机所造成的危害，使品牌能尽早从危机中恢复过来，或者让危机在有控制的情况下发生，然后有效善后等。危机管理的最高境界是化危机于无形，也就是采取全方位、全过程的危机管理方式。

现代企业面对的危机，就像死亡一样，已成为不可避免的事情。市场是一个包含无数未知因素的巨大魔方，企业品牌随着所提供产品或服务的时间和空间跨度的几何级数增长，时空中的参变量必将越来越多，潜在风险也必将越来越大。既然危机是不可避免的，那么对于企业品牌来说，关键在于采取什么样的措施来化解危机，使企业摆脱困境，在公众心目中重建企业的形象。那当危机发生后如何进行处理呢？

1. 迅速组成处理危机的应变总部

在危机爆发后，最重要的是不要因为惊慌而乱了阵脚，而应该冷静地进行辨识，有计划、有组织地应对危机。因此，迅速成立危机处理的应变总部，担负起协调和指挥工作就是十分必要的。

当品牌遭遇危机时，这个应变总部是处理危机的核心机构，而公关人员则扮演主宰成败的角色。应变总部应该迅速判断是否聘请外部公关专家和其他有关专家来协助指导工作。危机处理不是无经验者的训练场。在这困难和压力面前，只有专业的、经验丰富的专家才能帮助公司控制灾难。另外，负责危机公关的人应当是决策成员，至少必须拥有接近公司最高领导人的途径，这样公关人员才有可能在处理危机时及时果断，不致贻误时机，造成更大的损失。

2. 搞好内部公关，取得内部公众的理解

无论何种类型的危机都会或多或少地冲击企业内部的员工、股东及员工家属。处理不好内部公众关系，就可能使他们感到岌岌可危，造成人心涣散的局面，从而使以陷入危机的企业感到雪上加霜。因此，首先必须搞好内部公关，提高自身凝聚力，使大家能够团结一心，同舟共济，帮助企业渡过难关。为此，一方面公共关系人员应保持与内部公众的接触，及时将准确的情况公布给大家，了解他们的意见，稳定情绪，激发志气，并将企业所做出的决定告知大家。另一方面，充分利用"意见领袖"的正向作用去影响、带动员工向着有利于企业的方面发展。

3. 迅速收回不合格产品

由于产品质量问题所造成的危机是最常见的危机，一旦出现这类危机，应不惜一切代价迅速收回所有市场上的不合格产品，并利用大众传媒告知社会公众如何退回这些次品的方法。如果放任这些产品继续流通，就有可能是使危机涉及的范围进一步扩大，引起公众和媒体的群起而攻之，最终达到不可收拾的地步。

4. 设立一个专门负责的发言人

发言人一般是由处理危机事件的最高负责人担任，其职责是全权向外界全面解释各种真相，代表的是决策层的意见。对外传播信息只有这一个人输出，不要多种声音讲话，否则容易在公众中引起理解上的混乱，不知哪一个才是事实，最终导致公众不再信任任何该企业的解释，使已经受损的企业品牌形象跌入谷底。再者，发言人讲话态度一定要诚恳、和气、向公众充分表明企业的诚意。

5. 主动与新闻界沟通

成也萧何，败也萧何，新闻界既是公众之一，又是联系公众和企业的桥梁。由于它的特殊地位，影响范围广泛，对公众舆论导向作用极大。危机事件发生之后，新闻界必然来采访，在强大的社会舆论和可能产生的舆论压力面前，在新闻媒介高度的注视下，主动与新闻界沟通，让其知道事件的真相，才是解决危机的最好政策。企业应广泛联系新闻界，特别是与企业保持友好关系的媒体，利用新闻传播，增加组织的透明度，增强企业与公众之间的沟通与交流，消除事件的负面影响。另外，还要注意沟通的连续性。不但在危机处理过程中要不间断与新闻界保持联系，在危机解决以后，仍然要继续这种联系，及时通过新闻界向公众展现企业品牌的新形象、新举措，在公众心目中重塑品牌形象。

6. 查清事实，公布造成危机的原因

查清事实，是解决危机的关键。危机发生后，各种传言会使企业陷入一个充满猜疑、不满和缺乏信任的不良环境。面对此情此景，唯有以事实为依据，以查清事实为突破口，才能找到起死回生的转机。

一般来说，使企业品牌面临危机的情况主要有三种，即自身行为不当、突发事件和失实报道。三种不同的理由，处理的方法也就不同。只有首先通过调查研究，弄清事实的来龙去脉，才能为以后事件的处理做到有的放矢。查清事实之后，企业应该尽快坦诚地向公众和新闻界公布造成危机的原因。正如美国专司企业危机咨询业务的考林·夏恩指出："如果工作中出现过失，你只是面临一个问题，但如果你在试图掩盖它，那所面临的问题就是两个了，而且，一旦事实真相被披露，谎言可能会比原先的错误更令你困扰。"因此，无论什么样的危机，企业都应该接受既定事实，及时地向有关人士和公众开放必要的信息传播通道。如果是自己的责任，应当勇于向社会承认；如果是别人故意陷害或者是报道失实，则应该通过各种手段使真相大白，最主要的是要随时向新闻界澄清无事实根据的小道消息及流言蜚语。

7. 危机中谣言的处理

在危机中，常常会产生许多谣言。谣言的出现或传播更增添了组织解决危机的困难，有时甚至会成为解决危机的最主要障碍。因此，如何对付谣言是处理危机的重点。要有效地制止或遏制谣言的产生和传播，首先要了解促成谣言的各种因素，接着就应该采取积极的行动，分析谣言的意图、产生的原因、来源、传播的范围、影响的程度及发展的趋势等，在分析时要注意客观、慎重、尽可能减少主观臆断。在发布正面真实的资料时，不要提到谣言本身，提及谣言本身会使谣言得到重复传播，有助于谣言的扩散，加深谣言内容对人们的影响。

为了消除谣言已经在公众中产生的不良影响，应该与受谣言影响的人或受损害的人对话，向他们谈事实，表示企业对此事的关心和辟谣的决心。还可以利用社会上有地位、有身份、有影响力的人士，借助他们的权威来帮助企业对付、解决困难的局面。

思考题

一、名词解释

1. 品牌资产
2. 品牌化

3. 品牌危机

二、选择题

1. 在相同的产品类型中引入其他品牌，其品牌战略是（　　）。
   A. 品牌延伸　　　　B. 多品牌
   C. 新品牌　　　　　D. 产品线扩展

2. 在现有产品类别中增加新的产品项目，并以同样的品牌名称推出，是（　　）。
   A. 品牌延伸　　　　B. 多品牌
   C. 新品牌　　　　　D. 产品线扩展

3. 品牌中可以用语言称呼、表达的部分是（　　）。
   A. 品牌　　　　　　B. 商标
   C. 品牌标识　　　　D. 品牌名称

4. 制造商品牌又称（　　）。
   A. 全国品牌　　　　B. 分销商品牌
   C. 商店品牌　　　　D. 私人品牌

三、简答题

1. 简述品牌资产"五星"概念模型。
2. 简述品牌延伸的策略。

3. 简述品牌危机管理。

四、案例题

马应龙：传统药企如何借力新媒体营销

案例思考题：

1. 在互联网的冲击下，传统药企是否应该寻求宣传渠道的创新？

2. 若马应龙选择通过新媒体进行产品信息的宣传，应该以什么样的形式作为切入点更易被人接受？

3. 在互联网信息时代，各种新事物的出现使得消费者很难保持对企业和品牌的忠诚度，马应龙该如何强化用户黏性？

4. 当马应龙药业在线上取得了客户关注度之后，该如何实现商业模式的 O2O 闭环？

5. 当马应龙建成自己的 O2O 体系之后，未来该如何完善？

第八章 被设计的选择：价格游戏

兵以计为本，故多算胜少算。
——《汉书·赵充国传》

:: 学习目标

1. 从经济学和心理学视角了解价格的含义。
2. 了解定价的影响因素及程序。
3. 比较几种定价方法，掌握成本导向定价法、需求导向定价法和竞争导向竞价法。
4. 了解互联网定价策略。

:: 重难点

1. 区别成本导向定价法、需求导向定价法和竞争导向竞价法。
2. 理解价格策略背后所运用的消费心理。

:: 关键词

成本导向定价法；需求导向定价法；竞争导向定价法；差别定价；招徕定价；动态定价；尾数定价。

:: 框架图

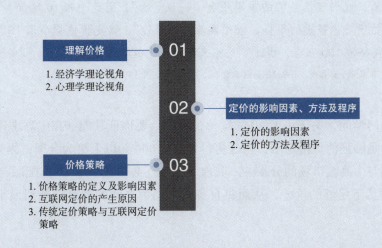

理解价格 —— 01
1. 经济学理论视角
2. 心理学理论视角

02 —— 定价的影响因素、方法及程序
1. 定价的影响因素
2. 定价的方法及程序

价格策略 —— 03
1. 价格策略的定义及影响因素
2. 互联网定价的产生原因
3. 传统定价策略与互联网定价策略

📖 案例导入

小米的高性价比之路

我们知道，小米手机的成功，其中有个关键点就是"极致性价比"。小米1发布的时候，大部分安卓手机厂商的主力产品系列的起售价仍然高达3 000元以上，而小米则直接将其杀到了1 999元。

此后，从小米1一直到小米5，虽然搭载的高通骁龙8系移动平台会变，虽然配备的相机参数会变、存储参数会变，但是小米数字系列的起售价一直都维持在1 999元。正是凭借这一点，小米赢得了众多用户，一路成长起来。

不过，2017年发布的小米6不再坚持1 999元的起售价，而是上调到了2 299元，2018年进一步上调至2 699元，2019年则到了2 999元。小米数字系列的起售价一步步上调，一方面是因为中国手机市场的销售均价一直都在上升，另一方面也是更重要的原因，则是红米手机异军突起，成为小米手机中的主力。据统计，红米手机一度占到了小米手机整体销量的70%以上。2019年年初红米Redmi品牌宣布独立，并且明确了承担早年小米数字系列"极致性价比"的责任和定位。

Redmi发布的K系列、Note系列、数字系列均忠实地执行了"极致性价比"，一方面将一些原来用于旗舰机的配置"下放"到Redmi手机上，另一方面仍然坚持同等配置最低价的定价策略。在从去年开始的5G手机大战中，Redmi发布的第一款5G手机Redmi K30将起售价打到了1 999元，这也是目前市场上唯一一款售价低于2 000元的5G手机。

既然Redmi已经扛走了"极致性价比"的大旗，小米数字系列也就能够放飞自我，打造更符合市场需求的中高端机型了。因此，我们看到将于2月23日推出的小米10，不再仅仅依靠"首发高通最新骁龙8系移动平台"这个卖点，同样也在拍照、屏幕等消费者看重的领域下了很大功夫，就是为了能够在中高端市场立足。而作为今年上半年"最能打"的5G主力机型之一，小米10当然也必须考虑竞争对手们的竞品情况，其定价将会重点对标另外两款手机：一个是起售价为3 699元的荣耀V30 PRO，另一个是预计今年3月发布的华为P40。如果与去年的定价策略相同的话，华为P40系列的起售价将定在3 988元。对于小米10来说，不再主打"极致性价比"，并不意味着不讲"性价比"，以目前小米在国内市场的整体品牌形象和影响力来看，我们相信务实的雷军不会"一步登天"，因此小米10定价3 999元起。作为性能强劲、拍照功能强大的手机，依然卖着"白菜价"，该定价使得小米10发售仅仅两个月，销量便已经突破100万台，由此可见小米高性价比策略的成功。

资料来源："百家号.冀勇庆.小米10如何定价？"，2020年2月13日。

定价是一门学问，关于小米10的定价，首先，要保证其能够在中高端市场立足，即必须给消费者足够强的价格暗示，将起售价定在3 000元以上更为合理，因为3 000元可以看作中低端与中高端市场的分水岭。其次，小米还必须在小米10低配版与Redmi K系列高配版之间留下足够的价差，从而将自身两大品牌之间的冲突降低到最小限度，防止出现"自己人打自己"的现象。

小米的极致性价比策略使其在竞争激烈的手机市场脱颖而出，这个故事告诉我们，价格永远是消费者考虑的关键因素。定价关乎成败，这是商界的不二法则。

第一节　理解价格

价格是商品同货币交换比例的指数，或者说，价格是价值的货币表现。价格是商品的交换价值，在经济学及营商的过程中，价格是一项以货币为表现形式，为商品、服务及资产所订立的价值数字。微观经济学认为，资源在需求和供应者之间重新分配的过程中，价格是重要的变数之一。

价格形成的质的基础是凝结在商品中的一般人类劳动，这是商品价格的实体；价格形成的量的基础是由生产商品的必要劳动时间所决定的价值量。

一、经济学理论视角

从经济学理论视角来看，价格指的是市场价格，是你在购买产品时所需支付的那个数字。经济学上的价格是由供需关系来决定的，需求曲线和供给曲线的交点形成均衡点（见图8-1），该点的价格称为均衡价格。此时，产品的边际收入等于边际成本，达到利润最大化。

如图 8-1 所示，供给曲线与需求曲线的相交点是均衡点，如（Q_1，p_1）和（Q_2，p_2）即为两个均衡点。当需求数量 D 上升（则需求曲线沿着坐标轴 Q 的正向移动），而供给数量 S 不变，均衡价格和均衡交易量（即均衡数量）亦会上升，均衡价格、数量会出现变动；反之亦然。

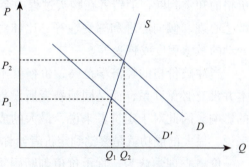

图 8-1　供给曲线⊖和需求曲线⊖

注：纵轴 P 表示价格，横轴 Q 表示需求量，S 为供给曲线，D' 为原需求曲线，D 为需求数量上升后的需求曲线。

二、心理学理论视角

| 案例直通车 |

心理学上的"不寻常"价格

关于价格方面的研究，众多心理学家曾做过许多有趣的实验，来解释一些看似不太寻常的消费行为。

实验一：某自动售卖机上的 10 元零食

⊖　供给曲线（supply curve）是以几何图形表示商品的价格和供给量之间的函数关系。

⊖　需求曲线是显示价格与需求量关系的曲线，是指其他条件相同时，在每一价格水平上买主愿意购买的商品量的表或曲线。

本来打 7 折销售，后来变成概率折扣：你购买时 70% 的可能性原价购买，30% 的可能性退回全款（免费）。结果自动售卖机销量增加了 3 倍。

这是因为"前景理论"提出，当面对远小于购买力的利益时，我们倾向于增加风险。这也能够解释为什么有些商家选择采取抽奖等概率折扣而非固定折扣的形式来吸引消费者，满足消费者对"风险"的渴望。

实验二：首先假设这 2 种情境：

1. 某天你不小心将车剐蹭了一下，修车花了 1 000 元；心情不好，回到办公室，发现抽奖中了 200 元。

2. 某天你不小心将车剐蹭了一下，修车花了 800 元。

这两种情境下，你觉得哪种情境你会心情更好？

实验结果证明，绝大部分人都会选择第二种。可是，明明从经济学视角来看，两种情形的损失绝对值是无异的，为什么却能给人带来不同的感受呢？

这是因为我们往往会为收益和损失设置不同的"心理账户"，并且往往用不同的方法来看待不同的"心理账户"，我们对损失的感知痛苦会远大于对收益的感知快乐。

资料来源："谋定市场.同样的价格，只做一个调整就让销量翻了 3 倍，学不？"，2017 年 8 月 13 日。

经济学视角只能解释消费者对价格感知的理性部分，对于非理性部分，我们需要从心理学视角来进行考量。

价格是影响消费者购买行为的最具刺激性的因素。由于消费者自身的个性心理和对价格的知觉判断，消费者在购买过程中会形成对价格刺激的各种心理反应——习惯心理、敏感心理、倾向心理和感受性等，比如对某一品牌的习惯性购买或倾向性，比如对价格变动的敏感程度或感受等。

当冲破价格的经济学范畴，价格就不只是标签上的一个数字。产品的价格和实际成本并没有必然联系，而是同消费者所设想的成本存在关联，而这种关联受到多方面因素的影响。因此对于定价者来说，最大的成功就是引发消费者的价格幻觉，而对于消费者来说，最大的成功就是察觉到定价者给你设置的价格幻觉陷阱。

价格心理学认为，货币价值判断跟重量（或者亮度、音量、热度、冷度或气味的强度）等感官判断大有相似之处。研究感官知觉的学科，叫作心理物理学。早在 19 世纪，心理物理学家就发现，人们对相对差异非常敏感，对绝对数值却不怎么敏感。当你手上有两个外形一模一样的手提箱，一个 5 千克，一个 10 千克，你很轻易就可以判断出哪个重，但是如果让你估计你手上的手提箱重量是多少恐怕对你来说就很难。

消费者在对价格的感知上与对重量的感知上有相似之处，"任意连贯性"理论说，消费者其实并不知道什么东西该值多少钱。消费者的敏感点主要是相对差异，哪个产品更便宜，哪个产品更物美价廉，而非产品的绝对价格。因此要是能抓住消费者的心理来给产品定价，往往能有效地提升价格甚至是增加盈利，而不会超出消费者的接受范围，甚至能让消费者在买到产品后更愉悦，而不是因为低廉的价格怀疑产品的质量。

科特勒说，营销不是卖产品，是卖价格。金焕民说，销售是通过价格把产品卖出去，营销是通过产品把价格卖出去。换言之，营销的灵魂就是怎么卖价格，并且不是通过价格去销售，而是把价格销售出去。

第二节　定价的影响因素、方法及程序

一、定价的影响因素

不知道你们有没有发现，普普通通的一件黑色 T 恤，每一个品牌的售价却不尽相同。H&M 卖 7.9 美元，GAP 卖 14.9 美元，而阿玛尼却能卖到 249 美元。为什么同样一件黑色 T 恤，却有三个不同的价格呢？

可见，产品定价不只是由成本决定的，而是受到很多因素的影响，如定价目标、市场需求状况、国家法律法规等。其中成本、需求和竞争是三个最主要的因素（见图 8-2），成本要素决定了产品的最低定价，市场的需求状况决定了产品的最高定价，而竞争者的价格水平则最终决定了产品能定多高的价格。

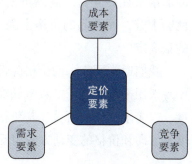

图 8-2　定价影响要素

（一）成本要素

| 案例直通车 |

海底捞、西贝的涨价风波

由于原材料成本、人力成本以及营销成本等成本费用的上升，2019 年 9 月，海底捞宣布从国庆开始取消大学生 69 折优惠，整体折扣上调。随后，西贝莜面村的菜品价格也于年末在部分地区上调 1～10 元不等。受疫情和成本上涨影响，2020 年 4 月始海底捞再次上调价格，整体价格上调幅度 6%。

然而，此番涨价却引发消费者强烈不满，进行舆论声讨、抵制，导致海底捞、西贝先后发布道歉声明，并恢复原价，西贝董事长还宣布给消费者赠送 50 元优惠券希望平息消费者的怒气。

资料来源："新京报贝壳财经·圆桌：趁火打劫还是生存需要？海底捞、西贝涨价引争议"，2020 年 4 月 12 日。

海底捞和西贝的涨价反映出，一种产品的最低定价受到产品成本的限制。只有这样，才能抵消生产成本和经营费用，否则企业就无法经营。

产品成本是企业在生产经营过程中各种费用的总和，是价格构成的基本因素和制定价格的基础。它不仅是企业定价的依据，同时也是制定产品价格的最低界限。价格只有高于成本，企业才能弥补生产过程中的耗费，获得一定的利润。价格低于产品成本，不仅无法补偿生产经营中的耗费，而且还会导致不正当竞争的倾销，影响企业的生存与发展。

成本的分类方法很多。在管理决策中常把成本分为变动成本和固定成本。变动成本是指企业在可变投入要素上的支出，其总量是随着产量的变化而变化的成本，如生产工人的工资、直接材料费和直接营销费用等。固定成本是指企业在固定投入要素上的支出，不受产量变化的影响，如折旧费、房租、借款利息和管理费用等。将成本划分为变动成本和固定成本，有利于企业根据不同的定价目标选用不同的定价方法。

（二）需求要素

我们都知道"薄利多销，厚利少销"，即如果其他因素保持不变，消费者对某一商品的需求量往往与这一商品价格变化的方向相反，如果商品的价格下跌，消费者的需求量就会上升，而商品的价格上涨，需求量就会下降，所以市场的需求状况往往决定了产品的最高定价。

我们通常用需求的价格弹性来反映需求要素对价格的影响。需求的价格弹性在经济学中一般用来衡量需求的数量随商品的价格的变动而变动的情况，反应需求对价格的敏感程度，以需求变动的百分比与价格变动的百分比之比值来表示。在正常情况下，市场需求的变动方向和价格的变动方向相反。提高价格，市场需求减少；降低价格，市场需求增加。

$$需求的价格弹性 = \frac{需求变动的百分比}{价格变动的百分比} = \frac{\Delta Q}{\Delta P}$$

产品价格是由市场上的需求和供给决定的。需求受产品价格、消费者的购买力、消费偏好、消费观念、生活方式和价格预期等因素影响。在其他因素不变的情况下，需求量随着价格的上升而减少，随着价格的下降而增加，两者之间呈现一种负相关关系。这样，需求强度、需求层次、需求弹性等对价格的制定也有重要的影响。对于需求强度大、需求层次高、价格弹性小的产品，价格可以定高一些；反之，较低的价格则更利于企业获得较高的利润。此外，还要结合产品供给状况进行综合分析。在卖方市场条件下，厂商拥有市场主动权，采取高价策略能提高企业的利润；在买方市场条件下，消费者具有充分的选择权，企业产品的价格应有市场竞争能力，以保持和扩大市场份额，实现其营销目标。

企业通过分析市场需求情况，判断产品需求弹性大小，可有针对性地采取价格策略。对需求价格弹性大的产品采取降价策略会产生明显效果，但对需求弹性小的产品则不适用。

（三）竞争要素

根据市场上企业的数量和规模大小、产品的差异化程度以及新企业进入市场的可能性等特征，市场可分为完全竞争市场、垄断竞争市场、寡头垄断市场以及完全垄断市场四种结构类型。

现实生活中很少有完全竞争市场的存在，在这种市场环境中，企业并不是价格的制定者，价格完全由供求关系决定。

在垄断竞争市场中，存在一些商业巨头和一些小竞争者，在这样的环境中，企业通过有差异性的产品、不同的渠道，制定适合自己的价格。产品的差异化程度高、竞争优势明显的企业，其价格可高于其他竞争者。

寡头垄断市场是介于完全垄断和垄断竞争之间的一种市场模式，是指某种产品的绝大部分由少数几家大企业控制的市场，在这种市场环境中，定价权由这几个寡头企业共同控制，企业在定价时应充分考虑竞争者的反应从而采取相应的对策。

在完全垄断的条件下，一个行业中只有一个卖家，没有其他企业与之竞争，这个卖家完全控制了市场价格，它可以在国家法律允许的范围内随意定价。

二、定价的方法及程序

（一）定价的方法

定价的方法，是企业为了在目标市场上实现定价目标，而给产品制定的一个基本价格或浮动范围的方法。虽然影响产品价格的因素很多，但是企业在制定价格时主要是考虑产品的成本、市场需求和竞争情况，产品成本规定了价格的最底基数，而竞争者价格和替代品价格则提供了企业在制定其价格时必须考虑的参照系。在实际定价过程中企业往往侧重于对价格产生重要影响的一个或几个因素来选定定价方法，常用的定价方法主要包括成本导向定价法、需求导向定价法和竞争导向定价法。

1. 成本导向定价法

成本是产品价值的基础部分，它决定着产品价格最低界限。如果价格低于成本，企业便无利可图，但是价格过高又会降低消费者的购买吸引力。产品的成本可以分两种，即固定成本和变动成本。在产出水平一定的情况下，产品的总成本等于固定成本和变动成本之和。因此企业在制定定价战略时，必须考虑不同成本的变动趋势。成本导向定价法就是以产品单位成本为基本依据，再加上预期利润来确定价格的成本导向定价法，是企业最常用、最基本的定价方法。成本导向定价法又分为成本加成定价法、目标收益定价法、盈亏平衡定价法等几种具体的定价方法。

（1）成本加成定价法。成本加成定价方法是一种最简单的定价方法，就是在单位产品成本的基础上，加上一定比例的预期利润作为产品的售价。售价与成本之间的差额即为利润。由于利润的多少是按成本的一定比例计算的，因此这种方法被称为成本加成定价法。它的计算公式为：

$$单位产品价格 = 单位产品成本 \times （1+ 加成率）$$

这种方法的优点是计算方便，因为确定成本要比确定需求容易得多，定价时着眼于成本，企业可以简化定价工作，也不必经常依据需求情况而做调整。在市场环境诸因素基本稳定的情况下，采用这种方法可保证企业获得正常的利润，从而可以保障企业经营的正常进行。

（2）目标收益定价法。目标收益定价法又称目标利润定价法，它是在成本的基础上，按照目标收益率的高低计算的方法。目标收益定价法的优点是可以保证企业既定目标利润的实现。这种方法一般是用于在市场上具有一定影响力的企业、市场占有率较高或具有垄断性质的企业。目标收益定价法的缺点是只从卖方的利益出发，没有考虑竞争因素和市场需求的情况。其计算的步骤如下：

1）确定目标收益率。目标收益率可表现为投资收益率、成本利润率、销售利润率、资金利润率等多种不同的形式。

2）确定目标利润。根据所选择的目标收益率表现形式来确定目标利润。

3）计算售价。

$$售价 = （总成本 + 目标利润） / 预计销售量$$

目标收益定价法的优点是可以保证企业既定目标利润的实现。这种方法一般适用于在市场上具有一定影响力的企业、市场占有率较高或具有垄断性质的企业。

（3）盈亏平衡定价法。盈亏平衡定价法也叫保本定价法，是指在销量既定的条件下，企业产品的价格必须达到一定的水平才能做到盈亏平衡、收支相抵，即根据盈亏平衡点原理进行定价。盈亏平衡点又称保本点，是指一定价格水平下，企业的销售收入刚好与同期发生的费用额相等，收支相抵、不盈不亏时的销售量，或在一定销售量前提下，使收支相抵的价格，其计算公式为：

$$盈亏平衡点价格 = \frac{总固定成本}{单位售价 - 单位变动成本}$$

根据盈亏平衡定价法确定的价格，是企业的保本价格。低于此价格企业会亏损，高于此价格企业则有盈利。实际售价高出保本价格越多，旅游企业盈利越大。因此，盈亏平衡定价法常用作对企业各种定价方案进行比较和选择的依据。

2. 需求导向定价法

所谓需求导向定价法就是指企业在定价时不再以成本为基础，而是以市场需求、消费者对产品价值的理解和接受程度为依据的一种定价方法。也就是说，对于相同的商品因消费者需求和认识的差别，也可以制定不同的价格。在产品供过于求时，企业运用需求导向法定价，效果会更好。具体主要有认知价值定价法和需求差异定价法。

（1）认知价值定价法。认知价值是以消费者对商品价值的感受及理解程度作为定价的基本依据。把买方的价值判断与卖方的成本费用相比较，定价时更应侧重考虑前者。因为消费者购买商品时总会在同类商品之间进行比较，选购那些既能满足其消费需要，又符合其支付标准的商品。消费者对商品价值的理解不同，会形成不同的价格限度。如果价格刚好定在这一限度内，消费者就会顺利购买，即根据消费者对产品价值的认知和可接受程度来制定价格。总的来说，就是消费者觉得你值多少钱，你就定价多少钱。一旦价格超过了消费者能够接受的阈值，消费者就不会产生购买行为。

（2）需求差异定价法。需求差异定价法，又称差别定价法，是指根据销售的时间、地点及消费对象的不同而产生的需求差异，对相同的产品采用不同价格的定价方法。对于需求差异定价法，同一产品的价格差异并不是因为产品成本的不同而引起的，而主要是由于消费者需求的差异所决定的。其好处是可以使企业定价最大限度地符合市场需求，促进商品销售，有利于企业获取最佳的经济效益，即以不同时间、地点、产品及不同消费者的消费需求强度差异为定价的基本依据，针对每种差异决定在基础价格上是加价还是减价。

这种需求差异主要体现在时间、地点、消费对象之间三个方面，举例如下。

1）时间差异。"时间就是金钱"在时间差异这点上彻底体现出来了。例如，新手机上市，如果你是品牌的忠实追随者，那你必须付高价才能立即得到它，反之，你可以慢慢等待，等价位降到你的目标价位的时候再出手。有些地方高峰电价和低峰电价不一样，机票的价格和距起飞时间成反比，旅游景区的淡旺季门票差异等，这些都是需求定价法中利用时间差异法定价的方法。

2）地点差异。新开一家超市，附近没有竞争对手和有竞争对手时，其定价策略是完全不一样的；一瓶同样的啤酒在超市和酒吧的价格大相径庭；演唱会前排的价格高于后排的价格等，这都是地点差异化的定价方法。

3）消费对象差异。消费对象的定价差异更多体现在会员顾客和非会员顾客的价格差异上，以及女性相对于男性对价格敏感的差异上。未来随着科技的进步会逐渐发展到个体的定价差异上，例如零售商根据你购买或维修冰箱的数据，发现你的冰箱到了更换的时候，就可以给你寄一张 200 元的冰箱代金券，这样你的价格就和其他人不一样了。

3. 竞争导向定价法

竞争导向定价法是企业为了应付市场竞争的需要而采取的特殊定价方法。它是以竞争者的价格为基础，根据竞争双方的力量等情况，制定比竞争者价格低或高，或与竞争者相同的价格，以达到增加利润、扩大销售量或提高市场占有率等目标的定价方法。竞争导向定价法主要有随行就市定价法、密封投标定价法等。

（1）随行就市定价法。随行就市定价法又称"流行价格定价法"，是指在一个竞争比较激烈的行业或部门中，某个企业根据市场竞争格局，跟随行业或部门中主要竞争者的价格，或各企业的平均价格，或市场上一般采用的价格，来确定自己的产品价格的定价方法。这种定价方法应用相当普遍，适用于除完全垄断以外的其他类型的市场结构。

由此可以看出，随行就市定价法就是企业使自己的商品价格跟同行的平均水平保持一致。一般来说，在基于产品成本预测比较困难，竞争对手不确定，以及企业希望得到一种公平的报酬和不愿打乱市场现有正常次序的情况下，这种定价方法较为行之有效。在竞争激烈而产品弹性较小或供需基本平衡的市场上，这是一种比较稳妥的定价方法。

（2）密封投标定价法。在国内外，许多大宗商品、原材料、成套设备和建筑工程项目的买卖和承包以及出售小型企业等，往往采用发包人招标、承包人投标的方式来选择承包者，确定最终承包价格。一般来说，招标方只有一个，处于相对垄断地位，而投标方有多个，处于相互竞争地位。标的物的价格由参与投标的各个企业在相互独立的条件下来确定。在买方招标的所有投标者中，报价最低的投标者通常中标，它的报价就是承包价格。这样一种竞争性的定价方法就称为密封投标定价法，其主要用于投标交易方式。

在招标投标方式下，投标价格是企业能否中标的关键性因素。高价格固然能带来较高的利润，但中标机会相对减少；反之，低价格、利润低，虽然中标机会大，但其机会成本高，利润少。那么，企业应该怎样确定投标价格，就成了企业考虑的重难点问题。

（二）定价的程序

企业商品价格的制定需全面考虑，一般可以分为五个步骤，即确定定价目标、测定需求价格弹性、估算成本、分析竞争对手、选择定价方法。

1. 确定定价目标

企业价格的制定是一种有计划、有步骤的活动，是实现企业营销目标和总体战略的具体工作。企业的定价目标不是唯一的或单一的，而是由几个定价目标共同组成的，企业需考虑清楚，哪些是主要定价目标，哪些是次要定价目标。因为企业提供给市场的是一个产品组合，各种产品的性质、所处生命周期阶段等均不相同，所以，定价目标也不同。有些公司希望达到一定投资报酬率，有些公司希望能够对付竞争对手，有些公司希望能够保持市场份额，等等。

2. 测定需求价格弹性

市场需求、成本费用、竞争产品价格对企业定价有着重要的影响，而需求又受到价格和收入变动的影响，因价格和收入等因素而引起的需求的相应变动率，就叫作需求弹性。需求弹性分为需求的收入弹性、价格弹性和交叉弹性。我们主要测定影响最大的需求价格弹性。

| 案例直通车 |

Uber[⊖]的弹性定价

当暴雨侵袭，上下班的人要想打个车那简直比登天还难。但如果想打到车那也不是不可能，就是看看你是否愿意加价了！下雨天打车价格比平常涨了三四倍，看看 Uber 是怎么解释的。

还记得开头的供求曲线模型吗？需求方明显会受到价格波动的影响：当价格升高后，需求量相应减少；反之若价格降低，需求量会立即增加。

利用价格杠杆进行调节，使得供求关系达到一个动态平衡，这也是 Uber 在用车高峰期的溢价逻辑。

Uber 官网对溢价机制给出这样的解释：当许多人同时预约车辆，Uber 平台上的车辆无法满足大量的需求时，将提升费率来确保您用车的需要。溢价的原因有多种，例如，大雨、当地运动活动或假期都会导致暂时的费用溢价。

也就是说，价高者得，有强烈出行需求并愿意为之支付更高价格的乘客打到车的概率，肯定是高于那些只会埋怨又不肯掏钱的乘客。人们慢慢适应这样的规定，在资源相对稀缺的情况之下，溢价是可以接受的。

⊖ Uber（Uber Technologies, Inc.）中文译作"优步"，是一家美国硅谷的科技公司。

此前一项研究表明，与晴天相比，雨天在路上跑的出租车减少了 7.1%，专车亦是同理。原因在于，虽然雨天用车需求增加了，但是司机驾车遇到拥堵、积水的风险却提高了。单位时间的载客收入明显减少，出车接单的动力减少。如放任不管，便会陷入"天气越糟糕，越打不到车"的恶性循环。

为了满足需求，维持运力，Uber 平台只能祭出"杀手锏"——远高于正常水平的超高倍溢价。不满由此而生，绝大多数人会被暴雨耽误既定的行程，暴雨也放大了他们的抱怨情绪。他们会想当然地认为，这是专车平台坐地起价、趁火打劫。

凭什么下雨天打车就不能涨价呢？其实暴雨溢价只是遵循最基本的经济规律，没什么比涨价更能抑制打车需求，鼓动司机冒险出车，从而有效调整供给，让更多急需用车的人打到车，也令司机挣得更多的钱。放到任何一个正常健全的市场机制下，暴雨溢价都是必然出现的价格调控现象。

那么问题来了，如何在暴雨天打到车？加钱。

资料来源："系统之家. Uber：雨天打车涨价倍数高和经济学原理有关"，2016 年 7 月 22 日。

从理论上说，产品价格是由价值决定，并受市场上供求关系影响的。Uber 摒弃了传统的相对固定的差别定价模式，而采用这种实时差别的动态定价，是一种能实时反映和控制市场供需变化的智能调价机制，突破了因为信息不对称导致的供需关系上的时间滞后。

价格会影响市场需求，在正常情况下，市场需求会按照和价格相反的方向变动。价格提高，市场需求会减少；价格降低，市场需求会增加。需求的价格弹性反映需求量对价格的敏感程度（见表 8-1）。在以下条件下，需求可能缺乏弹性：①市场上没有替代品或没有竞争者；②购买者对较高价格不在意；③购买者改变购买习惯较慢，也不积极寻找更便宜的东西；④购买者认为产品质量有所提高，或认为存在通货膨胀等，价格较高是应该的。而在不同的价格弹性下，涨价或降价对商品产生的影响也不同（见表 8-2）。

表 8-1　商品的需求价格弹性

$Ed = 0$	完全无弹性
$Ed = \infty$	富有无限弹性
$Ed = 1$	单位弹性（单一弹性）
$0 < Ed < 1$	缺乏弹性
$Ed > 1$	富有弹性

表 8-2　不同价格弹性条件下涨价、降价产生的影响

Ed	$Ed > 1$	$Ed = 1$	$Ed < 1$
降价的影响	增加销售收入	销售收入不变	减少销售收入
涨价的影响	减少销售收入	销售收入不变	增加销售收入
企业的策略	适当降价	以非价格竞争为主	适当涨价

3. 估算成本

产品从原材料到成品要经过一系列复杂的过程，在这个过程中必定要耗费一定的资金和劳动，这种在产品的生产经营中所产生的实际耗费的货币表现就是成本，它是产品价值的基础，也是制定产品价格的最低经济界限，是维持简单再生产和经营活动的基本前提。产品的价格必须能够补偿产品生产、分销和促销的所有支出，并能补偿企业为产品承担风险所付出的代价。低成本的企业能设定较低的价格，从而取得较高的销售量和利润额。企业想扩大销售或增加利润，就必须降低成本，从而降低价格，提高产品在市场上的竞争力。如果企业生产和销售产品的成本大于竞争对手，那么企业将不得不设定较高的价格或减少利润，从而使自己处于竞争劣势。

因此，企业在制定商品价格时，要进行成本估算，这对任何企业都不能例外。企业希望制定一个合理的产品价格，它不仅能弥补生产、分配和销售成本，还可以为其付出的努力和承受的风险提供适当的回报。

4. 分析竞争对手

竞争对手因素对定价的影响主要表现为竞争价格对产品价格水平的约束。同类产品的竞争最直接表现为价格竞争。如果企业采取高价格、高利润的战略，就会引来竞争；低价格、低利润的战略可以阻止竞争对手进入市场或者把其赶出市场。在竞争激烈的市场上，企业都会认真分析竞争对手的价格策略，密切关注其价格动向并及时做出反应。

当今企业处在一个超竞争的环境中，市场环境瞬息万变，谁能掌握市场的先机，谁能及时把握竞争对手的动态，谁就在竞争中掌握了主动。所以对竞争对手进行分析就显得尤其重要。对竞争对手的分析步骤主要包括三步：分析企业竞争地位、协调企业的定价方向、估计竞争企业的反应。

（1）分析企业竞争地位。竞争地位是指企业在目标市场中所占据的位置，它是企业规划竞争战略的重要依据。企业竞争地位并不是一成不变的，今日的市场主宰者不一定是明天的行业老大，因此，市场主宰者竭力维护自己的领导地位，其他竞争者则拼命往前赶，努力改变自己的地位。正是这种激烈的市场竞争，促使企业争创竞争优势，占据市场有利位置，从而推动行业和社会的发展。企业主要根据其所拥有的竞争优势和劣势，确立其在目标市场中的竞争地位，对竞争优势和劣势进行衡量和评价后，根据评价结果测定自己在市场中的竞争地位。根据阿瑟·D. 利特尔咨询公司的观点，一个公司在其目标市场中有六种竞争地位，如表 8-3 所示。

表 8-3　企业竞争地位的类型

类型	公司状况及未来发展
主宰型	控制整个目标市场，可以选择多种竞争战略
强壮型	可以单独行动，能稳定其长期地位
优势型	在一定的战略中能利用较多的力量，并有较多机会改善其竞争地位
防守型	经营状况较好，能持续经营，但发展机会不多
虚弱型	经营状况不佳，但仍有机会改善其不利地位
难以生存型	经营状况差，而且没有机会改变其被淘汰的命运

（2）协调企业的定价方向。不同行业的不同产品，其价格需求弹性差异不同，产品定价方向也不同，一般对于价格需求弹性大的产品定价时会走低价，而价格需求弹性小的产品则会走高价，毕竟价格对销售影响不大，多赚一分是一分。所以，企业要结合自

身产品的需求弹性，协调自己的定价方向。

（3）估计竞争企业的反应。企业参与市场竞争，不仅要了解谁是自己的顾客，而且还要弄清谁是自己的竞争对手。企业必须密切关注竞争企业反应的变化，了解自己的竞争地位及彼此的优劣势，只有知彼知己，方能百战不殆。

企业要准确判断竞争对手的价格战略定位，并在此基础上预测竞争对手未来的战略，准确评价竞争对手对本企业的价格战略行为的反应，并以此来对自身做出调整。

5. 选择定价方法

给定消费者的需求水平、成本函数和竞争者的价格后，企业就可以制定价格了。企业应选择一个将这三个因素中的一种或多种包含在内的定价方法。由上节可知一共有三大类定价方法：成本导向定价法、需求导向定价法、竞争导向定价法。具体定价方法介绍如上，企业可以根据自身条件选择适合的定价方法。选择好定价方法之后，就大致可以确定最后价格了。

总之，每个企业都要正确地分析自己所处的外部竞争环境，深入了解竞争者所提供的产品质量和价格，以便制定科学的战略，采取适当的竞争手段和竞争方式，不断提高企业的竞争实力。

第三节 价格策略

一、价格策略的定义及影响因素

（一）价格策略的定义

企业定价策略是指企业在充分考虑影响企业定价的内外部因素的基础上，为达到企业预定的定价目标而采取的价格策略。企业定价的目标是促进销售，获取利润。这要求企业既要考虑成本的补偿，又要考虑消费者对价格的接受能力，从而使定价策略具有买卖双方双向决策的特征。

（二）价格策略的影响因素

1. 定价目标

定价目标是指企业通过特定水平的价格制定或调整所要达到的预期目的。是为了维持生存，当期利润最大化，市场占有率最大化，还是产品质量最优化，即走高端路线？不同的定价目标，所对应的价格制定区间是不同的。

2. 成本因素

产品的最低定价受到产品成本的限制，只有这样，才能抵消生产成本和经营费用，否则企业就无法经营。产品成本、进货成本、销售成本、储运成本、租赁成本、人力成本等，直接决定产品定价的最低范围。

3. 消费者因素

消费者因素即消费观念问题。不同类型的消费者具有不同的消费习惯和行为，或是价格敏感型，或是偏好高端型，或是追求性价比型，他们所表现出来的不同的消费行为会对企业价格策略的选择造成影响。

制定科学合理的定价策略，不但要求企业对成本进行核算、分析、控制和预测，而且要求企业根据市场结构、市场供求、消费者心理及竞争状况等因素做出判断与选择。价格策略选择得是否恰当，是影响企业定价目标的重要因素。

4. 竞争者因素

产品的最高价格取决于市场需求，产品的最低价格取决于成本费用，在这个幅度内，企业的定价取决于竞争对手的价格水平。如果竞争对手定价比你低，产品比你好，那么你就很难在市场上生存下去，特别是在当前信息透明的时代，消费者想要比价是轻而易举的事情。

二、互联网定价的产生原因

1. 互联网技术与移动终端的飞速发展

随着智能终端的大量普及，消费者与厂商可以实现跨时点的交易。所谓跨时点，就是指交易的时间不受到上下班、昼夜、节假日的影响，交易的地点也不受到消费者和卖方所处地理位置的影响。随着移动互联网的发展，这种优势更加明显，消费者在公交车上、在旅游中、在工作中都可以实时了解商品的价格、促销信息，通过移动端下单购物，实现购物的意愿，并不需要跑到商店去选，动动几根手指就够了。

2. 新时代消费者有了新的需求

互联网让消费者与商家直接接触，我们面对的不再是没有生命和感情的产品，而是活生生的人，我们需要更多地与商家进行沟通和互动，商家也需要通过与消费者的互动抓住他们。再者，这么多购物平台的出现也是让我们这些消费者眼花缭乱，为了吸引消费者的注意力，各种活动层出不穷。正是因为价格信息在获取方式上的新变化，使得互联网背景下的定价策略与传统定价策略相比也发生了巨大的变化。

三、传统定价策略与互联网定价策略

（一）互联网定价策略之"有权"

定价策略之"有权"

传统的促销定价和差别定价考虑更多的恐怕是时间和地域的限制了，而互联网和大数据技术则让这两种定价策略能够跨越空间和整合时间，给予消费者充分的议价权利，即互联网定价策略之"有权"。

1. 传统促销定价与互联网下的打折促销

促销定价是指企业为了实现其促销目标（增加销售量或减少库存等），暂时将其产品价格定得低于目标价格的策略。例如"满减"定价、套餐组合定价、秒杀定价、批量同价、买一送一的定价、批次降价和加量不加价等。

那么，在互联网时代下促销定价的新表现是什么呢？下面请看一个案例。

| 案例直通车 |

"双十一"席卷

每到年末，各大电商平台都会推出各种促销活动以求得流量和销售额，最为典型、影响力最大的就是"双十一"，各大电商巨头每逢"双十一"前后都会铆足了劲儿各出奇招，比谁降价降得狠，比谁花样玩得多。据统计，2020年"双十一"天猫当日销售额高达4 982亿元，开场半小时就以3 723亿元轻松超过去年全天的成交额2 684亿元。

除了"双十一"当天的狂欢，各电商如天猫还开启了"双十一"预售，从10月20日就开始，将"双十一"狂欢战线拉长了近一个月，有效地吸引消费者长期在线，留住老客户的同时最大可能地通过各种关系营销吸引新客户，也为"双十一"当天锁住流量。

预售的一大好处，是提前带动市场氛围，这有利于各电商巩固其流量聚集平台的优势，提升广告收入。另外，预售可以加强"双十一"的号召力，这是平台流量聚集能力和广告转化效率的最好体现。

而不退定金的举措也很大程度地保证了消费者的最终付款决策，利用长线钓大鱼的营销手段获取利益最大化。同时，预售可以持续创造话题热度，反复刺激唤醒消费者潜在需求。

资料来源："猎云网．2020天猫'双十一'：总成交额4 982亿人民币，近8亿消费者参与"，2020年11月12日。

现今的网络购物突破了时间、空间限制。相比传统购物方式而言，突破时空限制，增加了消费者的购物空间，挖掘出了更多潜在消费群。网络销售24小时不打烊，当实体店铺打烊时，正是网店的夜晚黄金时间。同样是促销定价，超市在扯破嗓子吆喝"甩卖！甩卖！大甩卖！"时能吸引的顾客仅局限于周边居民，而像淘宝、京东这样的大市场做个活动整个中国都跟着疯狂，每年的"双十一"大促俨然已经形成一种全民的电商购物狂欢日，不分地域、不限场地，充分享受跨网比价带来的刺激。

2. 传统差别定价与弹性定价

（1）差别定价的定义。差别定价，也叫价格歧视，就是企业按照两种或两种以上不同反映成本费用的比例差异的价格销售某种产品或劳务。差别定价主要包括以下四种形式（见图8-3）。

顾客差别定价——企业按照不同的价格把同一种产品或劳务卖给不同的顾客，如会员享受折扣，而普通顾客只能原价购买。

产品形式差别定价——企业对不同型号或形式的产品分别制定不同的价格，如对同一款手机的不同颜色制定不同的价格。

产品位置差别定价——企业对于处在不同位置的产品或服务分别制定不同的价格，如对于演唱会门票，针对内外场所制定的变动幅度略大的价格。

图 8-3　差别定价的四种形式

销售时间差别定价——企业对于不同季节、不同时期甚至不同钟点的产品或服务也分别制定不同的价格，如机票、酒店在淡旺季制定的不同价格，如电影院下午场、晚上场以及周末场制定的不同价格。

（2）差别定价的消费心理——折中效应。为什么许多网店里虽然陈列了价格从高到低的众多商品，但往往销售冠军或者爆款既不是那些价格最低者，也不会是高价者，而是居于中间价位的？

这个现象就是"折中效应"，是指人们在偏好不确定的情况下做选择时，往往更喜欢中间的选项，因为中间的选项看起来更安全，不至于犯下严重的决策错误。也就是说，消费者的决策具有非理性倾向，会随着情境的变化而变化，当一个选项集合里新增加一个极端选项后，会使原来的选择方案成为折中选项，那么即使折中选项在选项集合中不存在绝对占优关系，它也会更具吸引力，被选择的概率增大。

传统经济学原理告诉我们，在封闭的市场里，有 A 产品和 B 产品在竞争，A 产品和 B 产品都有一定的市场份额，这时，加入任何一个 C 产品，A 产品和 B 产品的市场份额都会因为新的竞争对手 C 产品的加入而下降。然而，"折中效应"却违背传统的经济学原理告诉我们，即使新加入的 C 产品并没有被占优（C 产品并不是任何产品的"托"），也可以导致 B 产品被选择的概率大大增加，因为 C 产品的加入使得 B 产品成为"折中"的选项，从而选择 B 产品显得更加安全。

"折中效应"还体现在餐馆的菜单上。我们发现很多饭店往往前几页的东西非常贵，常常是几百甚至几千的奢侈菜品，但是你继续往下翻，看到中间几页时，心里的石头稍稍落地了。因为你看到不少虽然价格很高但是仍然可以接受的菜，例如 98 元的羊排、80 多元的烧鹅等，你再往后翻翻往往会发现二三十元的家常菜。其实这也是折中效应，如果请客吃饭，大多数顾客都会选择点八九十元的菜，不太贵又不失面子。

（3）差别定价的互联网进化。随着互联网技术的飞速发展，新时代的差别定价是什么样的呢？我们来看下面的案例。

| 案例直通车 |

卖多少才合适？动态定价的崛起

为了预订那趟航班你等了 24 小时，结果却发现票价一下子涨了 100 英镑。你一直等到黑色星期五才买那件皮夹克，果然那衣服降价了。今天的消费者对网上的价格有起伏已经习以为常，不仅仅只是在销售的时候，而且一天之中变动几次都已经没有不适感。这就是所谓的动态定价：无论是早上新鲜出炉的牛角面包、一台便宜的电视，还是深夜"高峰"期的 Uber，供求关系的最轻微变动都可能会引发商品或者服务的成本起伏时的动作。全球最大的在线零售商 Amazon 每天都会对无数价格进行调整。

美国领先的动态售票公司 Digonex 的 CEO 格雷格·洛温（Greg Loewen）说："5 年之内，动态定价将成为旅游胜地的常见做法。电影、公园旅行社等很多其他行业也一样。"

财经和个人财务作家西蒙·里德（Simon Read）说："如果你迫切想要购买一件商品但是只剩下最后一件了，那么当动态定价机制发挥作用时，你很可能要花大价钱。"但是动态定价也可以对消费者有好处，他解释道："事实上，零售商希望可以以他们能够得到的任何价格来做买卖。如果你想利用好动态定价，那就得找出什么时候零售商急着想卖掉东西。在实体店里，这意味着没人逛的时候——在早上，或者等到日杂百货商店关门需要清理货架的时候"。里德说，如果你在网上购物，那就要在购买前先研究一下商品的正常价格是多少，这样才不会成为冤大头。"逛大部分网店的时候先把东西放进购物车而不是马上就买也是一个好主意。过了一两天之后，你经常会收到一封邮件告诉你东西的价格又降了不少。"

资料来源："凤凰网科技.卖多少才合适？动态定价与个性化定价的崛起"，2017 年 12 月 5 日。

从理论上说，产品价格是由价值决定，并受市场上供求关系影响的，而差别定价模式采用这种实时差别的动态定价就很好地拓展了这一定价模式，是一种能实时反映和控制市场供需变化的智能调价机制，突破了因为信息不对称导致的供需关系上的时间滞后。传统的差别定价给人一种"墨守成规"的感觉，而这种新的弹性定价让供需双方摒弃中间渠道直接议价，用我们看不见的那双手给了消费者和商家最大的议价权利与最灵活的变价机制。

（二）互联网定价策略之"有利"

定价策略之"有利"

传统的招徕定价以"低价甩卖、清仓"等字眼刺激消费者的眼球，等消费者进店，本以为会节省一笔钱，却常常花出了更多的钱。而互联网环境下竞争白热化，因此产品的增值性远超实体店产品，价格优惠更具落定性，而不是单纯地做字面功夫，即"有利"。

其实，无论是传统的招徕定价，还是互联网时代下诞生的"免费＋增值"模式，其核心思想都借鉴了《三十六计》中的第十七计——"抛砖引玉"。公元前700年，屈瑕曾在楚王攻打绞国时提议诱敌之法："攻城不下，不如利而诱之。"而"抛砖引玉"就是这样一种诱敌的计谋，"砖"就是诱饵，是吸引敌人的手段，"玉"就是想要达到的目的。

招徕定价是利用消费者心理活动规律，促进商品销售的方法，它遵循"抛砖引玉"的逻辑，通过部分商品的低价，在消费者心中进行感觉迁移，形成所有商品都不贵的错觉，吸引消费者购买其他商品，达到"声东击西"的目的，给标志性商品贴上低价就是价格暗示。研究显示，顾客通过参照标志性商品的价格，形成对企业价格水平的整体印象，并在这种印象的指导下购买他们不太熟悉价格的其他商品。招徕定价通过部分商品的价格变化影响其他商品销售量的变化。

招徕定价以低价商品或对比产品为"砖"，引来更多消费者购买正常商品之"玉"。同理，"免费＋增值模式"也是如出一辙，以免费产品或服务为"砖"，吸引更多用户来购买增值产品或服务为"玉"，为企业实现更大的盈利。先用"低价""免费"把消费者吸引过来，然后再"一网打尽"。

传统的招徕定价一般包括高价招徕与低价招徕两种常规方式。

1. 高价招徕法的消费心理——对比效应

什么是高价招徕？就是在目标商品的旁边放上一个价格更高、质量更差的商品来对目标商品进行"衬托"，为目标商品增加销量。因为相比之下，它显得物美价廉。这就是高价招徕法，其背后的心理学原理是对比效应。常言道："不怕不识货，就怕货比货"，适当地为原产品找一个靠谱的"托"，就能够有效增加消费者对原产品的购买。

在传统经济学原理中，在封闭的市场里，有A产品和B产品在竞争，A产品质量更高，但是B产品的价格更低，这时，A产品和B产品都可以占据一定的市场份额。这时，如果增加一种新产品C，经济学原理认为A产品和B产品的市场份额都会因为新产品的进入而下降。

但是，从心理学视角的"对比效应"来看，情况却并非如此。如果新加入的C产品在各方面都不如B产品，这时，C产品就成了烘托B产品的一个"托"，B产品的市场份额不仅不会下降，反而会上升。这就是"对比效应"。

消费者的选择并不是像传统的经济学原理分析的那样，只是单纯客观地分析各个产品的价格和质量属性来进行独立的判断，真实情况是，消费者的决策常常受到决策情景的影响，"对比效应"就是典型的一种。

2. 低价招徕法的消费心理——框架效应

| 案例直通车 |

框架效应

在美国一个繁华的街道岔路口有两家加油站，离得不远，但是生意差很多。

第一家在自己家的广告牌上写着：付现打折。刷卡——6元/升；现金——5元/升。

另一家在加油泵上贴了一张很小的告示，注明：刷卡需要额外收费。现金——5

元/升；刷卡——6元/升。告示很小，因为店主知道人们不喜欢附加费。

我们可以看到除了表达方式上的差异，两家加油站其实没任何不同。但是人们看到这两种不同的表达后却会产生不同的主观反映，你会倾向于哪个？

大多数人和你一样，都选择了前者。

著名心理学家丹尼尔·卡尼曼把上述案例中的这种现象称为框架效应：同一个问题的两种逻辑意义相似的说法会导致不同的决策判断，当消费者认为某一价格带来的是"收益"而非"损失"时，他们就会降低对价格的敏感度。因此，企业在进行招徕定价时，将个别产品的价格降低以增强消费者对"收益"的感知，从而增加对其他正常价格商品的购买率。

"低价"总是最有效的诱惑手段，看到这样的信息大多数消费者可能都会走进门店逛一逛。虽然低价出售的商品减少了商家的利润，但是由于店内人流量的大幅增加，带动了其他商品的销售，让消费者心甘情愿掏了更多的钱。典型例子就是沃尔玛奉行的"天天低价"策略，用几款降价商品来带动其他商品的销量。由于成本的存在，实体商品无法做到每天都使用低价招徕策略。

3. 互联网"免费+增值"

而在互联网时代，有的企业却可以把招徕定价做到了"天天都是免费日"。

免费增值模式是由"免费"和"额外收费"这两个词组合而成的，其核心就是在免费提供一个产品或服务的基础版本的同时，通过追加费用来获得产品或服务的高级版本。在这个模式下，发布免费版本的目的是让企业建立起一个庞大的初始客户群，并希望以此为基础，在将来吸引更多的初始客户愿意跳转到付费的高级版本，而转化率（即付费用户和非付费用户的比例）就是衡量企业绩效的关键指标。鉴于绝大多数人都使用产品的免费版本，因此需要有付费客户来进行交叉补贴，它遵循的原则是，提供基础产品的成本要足够低，理想的状况是成本为0。在许多情况下，这是确保"免费"用户能得到支持且商业模式有可能为公司带来盈利的唯一途径。

比较典型的像各种云端储存如百度云，会给你免费提供有限的储存空间，而如果你觉得不够用的话，那么你就需要支付一定的费用来扩展储存容量。再如腾讯，也深谙免费之外的收费之道。以前QQ盛行的时候，多少人为了一身漂亮的QQ秀开通红钻，多少人为了更快升级开通QQ会员，又有多少人为了把QQ空间打扮得更好看而成为尊贵的黄钻贵族？我们可以看到，虽然使用 QQ 是免费的，但它推出了五花八门的增值服务，如果你想提高使用体验，那你就充钱；如果你想进一步感受更多快乐，那你就充更多的钱。

还有一个典型案例就是游戏平台，你可以免费玩游戏，可以体验基本功能，但你要是想要有更高阶的体验，那你就得乖乖充钱。除了游戏外，在互联网时代还出现了新的变种玩法，比如建立免费的阅读创作平台，像现在活跃在几亿人眼前的比较火的七猫免费小说、番茄免费小说等，这些小说平台就像雨后春笋一样冒了出来，其套路无外乎就是：一部精彩的小说前 N 章免费，当你看到欲罢不能、百爪挠心并且一定要继续看下去的时候，不好意思，此时就要开始收费了。

免费模式的成功就在于它是二段收费，赚钱并不是凭借免费的软件，而是通过某个功能集聚大量有黏性的人群。在互联网时代，流量就是价值，它可以创造新的需求，比如广告植入和产品推荐，也能够成为它的盈利手段。

"免费＋增值"定价模式利用"免费"价格吸引消费者，在使用的过程中企业不断优化免费产品或服务的质量和性能，从而留住消费者，提高留存率和转化率。消费者使用得越久，在这个"店铺"中逗留的时间也就越长，使用增值服务的可能性也会提高。

从传统零售企业到互联网企业，招徕定价的思想一直都在被实践，而互联网企业的招徕定价策略胜在：招徕产品价格更低，更能吸引消费者；持续时间更久，不限于某个促销期间，消费者更易留存，具有增值性。当然，免费增值像是一把武士刀："除非你是一名使它的高手，否则你就可能砍断自己的手臂"。

（三）互联网定价策略之"有趣"

定价策略之"有趣"

1. 传统尾数定价的消费心理

如果你去商场、超市购物时注意一下，就会发现一个有趣的现象，商品定价牌经常出现 9.99 元、3.98 元、12.99 元等这样的价格；另外，在同一个商场内，商品价格会每隔一段时间上下浮动，上调价格或下调价格，例如，商品原价 7.15 元，下调价格到 5.98元，消费者一看，感觉好像七块多减到五块多，减价了两块钱，而仔细计算发现只下调了一块多钱。这些价格究竟隐藏着什么"小秘密"？

9.99 元和 10 元有什么区别？客观地讲，区别不大。

现在这个时代，一分钱是买不到什么东西的。但是研究数据表明，大多数消费者在购买商品时，尤其购买一般日用消费品时，更乐于接受尾数定价策略，而且用尾数"9"

来标价会更让消费者觉得便宜。它们给消费者的感觉是虽然差了几元，但是似乎看起来更划算一些。为什么尾数定价让人觉得更便宜？

（1）实惠性：归类效应。尾数定价符合消费者心理，即从左边开始读取信息，先入为主。这是"归类效应"在起作用。我们倾向于对事物进行分类，从而简化这个世界。价格定位399元容易让我们把商品分类到"300多元钱的东西"，而定价400元容易让我们把价格分类到"400多元钱的东西"。我们大脑容量有限，导致我们不得不通过大量的分类来简化事情。299元和300元虽然差了1元，但是让我们将其自动归到了不同的类别中，从而引起不同。对人们来说，简单归类可以造成巨大差异。

（2）精确性：锚定效应。尾数为9的价格给我们一种这种产品已经被打过折的感觉，消费者会觉得这样的价格经过了精确计算，更容易产生信任感，这是一种隐性的锚定效应。

传统的尾数定价策略是指在确定零售价格时，利用消费者求廉的心理，制定非整数价格，以零头数结尾，使用户在心理上有一种便宜的感觉，或者是价格尾数取吉利数，从而激起消费者的购买欲望，促进商品销售。而在互联网环境下，互联网传播效应大，参与人数多，娱乐性更强，所谓"人多更热闹"，尾数定价等定价策略变得"有趣"。

2. 尾数定价的互联网进化

（1）表现形式：限购、秒杀。

实体店中的尾数定价无时无刻地"化整为零"，逐渐让消费者产生了视觉疲劳并"无感""无力"，而且消费者越来越精明，比价能力越来越厉害，随时都能拿起手机看看是不是网上更便宜。而互联网上的"限时一元秒杀"活动则将"尾数"真正做到极致，没有多余的数字，消费者一目了然，逐渐演变成了一场全员竞赛，比手速、网速，参与感强、刺激性大还公平公开，娱乐性大大增加，迎合了互联网消费环境下消费者的偏好，消费者自然是"买并快乐着"。

| 案例直通车 |

一元限时秒杀

消费者每次参加网上的准点一元秒杀活动都很心累，但为什么还是乐此不疲？

"秒杀"这个原本是指网络游戏中瞬间杀死敌人的词语，变成了炙手可热的互联网营销关键词。实际上，这是互联网时代所催生的一种新型尾数定价方式，简单地说就是商家的限时大甩卖。它与线下商场超市的促销有两个不同之处：一是限时精确，而且这个"时间"是以秒来计算的，这是基于互联网和移动终端的实时随地等特殊性质；二是低价极致，如一元钱的葡萄酒、一元钱的笔记本电脑，甚至是一元钱的汽车，噱头大，参与者数量众多，不受时间、地域的限制。2009年淘宝网开创"秒杀"活动后经久不衰，始终保持着热度，淘友并没有因为抢到概率很低而放弃。

淘宝根据各个整数段的时间设置参加"一元限时秒杀"活动的商品，通常情况下，商品一秒内就会被抢完。由于所有参与秒杀的产品都是以不可思议的低价呈现，因此全国各地数百万计的顾客一到"秒杀"时段就会守在电脑、手机前，不断点击和刷新，进行抢拍，时间稍纵即逝，参与"秒杀"的商品就会被拍完下架。消费者之所以热衷于"秒杀"，除了产品超值，最重要的是游戏的乐趣。想想看，20多个产品，可能有几十万人在"秒"，自己"秒"到了是很有成就感的，在论坛里甚至有这样"秒杀"成瘾的买家：换了台1万多元的电脑，花钱加了带宽，把支付密码改短，天天在键盘上练指法，以保证瞬间输完密码。

资料来源：根据现有公开资料整理。

（2）消费心理。

1）一元秒杀：付出感。

一元秒杀与免费哪个效果更好？比如："1元吃大餐、1元看电影、1元买水果"。其实1元，基本就等于免费了。那它和真的免费送，对用户的心理会有什么不同影响吗？

①剔除无价值用户。一件明明不需要的东西，在免费的情况下，消费者就会想反正是送的，自己不会有什么经济上的损失，一般会选择买。如果不买，会让人觉得失去了一次占便宜的机会，反而成了一种"损失"。所以即使你不需要这种商品，但它是免费的，你一定会选择"买"。但是，如果收费一元，那个东西对自己来说一无是处。大多数人，会选择远观和思考。如果思索后发现自己还是有用到的可能，就会选择付费购买，并感觉自己买到了真正的便宜东西。如果发现东西没有实用性，还不如花一元钱买个馒头来得实在。

通过一元付费，可以过滤掉一大部分仅仅想占便宜而获得产品的人。

②促进用户体验。花一元钱买了张电影票或者抵用券，有事了，可能会想办法协调时间，送给朋友，总之价值会得以体现。免费的东西，可能放在那儿，慢慢地就淡忘了，去不了就浪费了。用户付出一元的代价试用产品，企业就获得了一个稳定可靠的渠道，效率比传统营销方式要高得多。而免费的话，可能导致一大批人涌入，次序混乱、声音嘈杂，甚至造成不必要的纷争。真实用户参与这个活动时，会让人感觉体验差，让品牌口碑、资金都受到损失，从而导致品牌营销的失败。

2）限购：稀缺感。

为什么很多商品明明货源充足，却让你抢购并且标明倒计时——"距离优惠结束还剩4小时"？即使4小时后又重置时间，变成距离优惠结束还剩24小时。

这是因为比起收益带来的快乐，消费者更在意损失带来的不快乐。通过抢购和限时优惠营造的"稀缺感"，让消费者觉得如果不参与这个促销，就失去了一次机会。而这种"失去感"激励他们想尽办法迅速下单购买。

消费者在感知某个机会是稀缺的时候，就会增加购买。比如，"双十一"本身就是营造稀缺的节日（限时＋限量的折扣抢购），大家聚集一天，也是在消费"稀缺感"。这个时候，消费者会对任何稀缺的、稍纵即逝的信息更加敏感，如果能够营造这种感觉，就会比平时更能瞬间抓住他们的注意力。

总结来看，互联网定价策略在传统定价策略下的更新迭代如表8-4所示。

表 8-4 传统定价策略与互联网定价策略

定价策略	传统定价	互联网定价策略	互联网思维
"有权"	促销定价	团购，预付	空间性
	差别定价	弹性定价	实时性
"有利"	招徕定价	免费+增值模式	增值性
"有趣"	尾数定价	一元秒杀	娱乐性

【思政课堂】

在中华上下五千年的历史长河中，从商品交换出现伊始，古代经济思想就开始萌芽、发展，其中就少不了对价格及价格策略的论述。早在几千年前，古人已玩转价格游戏。

古代商圣范蠡就是其中一个传奇人物。

第一，他强调要坚持买卖中"贵出贱取"的原则。他认为，商品价格涨到最高点时，一定要果断出手，否则便会从最贵的极点反转，由贵而贱，就不值钱了；商品价格跌落到最低点时，就变成了珠玉，很值得买进，因为价格上升的机会就来了。所以他说："贵取如粪土，贱取如珠玉。"

第二，他提出了"逐十一之利"的经营要略，即强调要薄利多销，强调经商不能只求暴利而不顾公平原则。商人能坚持"义"字当头，便能长久发展，如果一味追求暴利，那么，经营是不可能长久的。

第三，他提出"三八价格，农末俱利"的经管原则。他认为："夫粜，二十病农，九十病末，末病则财不出，农病则草不辟矣。上不过八十，下不减三十，则农末俱利。"这说的是，如果商人利益受损，他们就不会去经营粮食；如果农民利益受损，他们就不会去种田，如果二者利益同时受损，便会影响国家财政收入。所以，最好的办法就是由政府将粮食价格控制在三十和八十之间，让农民和商人同时能获利，避免"谷贱伤民、谷贵伤末"。他很重视商品价格调整对于生产与流通的作用，强调要处理好谷价与其他商品价格的关系，只有调整好价格，才能使商品市场健康发展。

思考题

一、名词解释

1. 需求的价格弹性
2. 寡头垄断市场
3. 盈亏平衡点
4. 招徕定价

二、选择题

1. 随行就市法是（ ）市场的惯用定价方法。
   A. 完全竞争　　　B. 完全垄断
   C. 垄断竞争　　　D. 异质产品
2. 某服装店售货员把相同的服装以 800 元卖给顾客 A，以 600 元卖给顾客 B，该服装店的定价属于（ ）。
   A. 顾客差别定价
   B. 产品形式差别定价
   C. 产品部位差别定价

D. 销售时间差别定价

3. 企业利用消费者具有仰慕名牌商品或名店声望所产生的某种心理，对质量不易鉴别的商品的定价最适宜用（　）法。

A. 尾数定价　　　　B. 招徕定价

C. 声望定价　　　　D. 反向定价

4. 按照单位成本加上一定百分比的加成来制定产品销售价格的定价方法称之为（　）定价法。

A. 成本加成　　　　B. 目标

C. 认知价值　　　　D. 诊断

5. 招徕定价是指（　）利用部分顾客求廉的心理，特意将某几种商品的价格定得较低以吸引顾客。

A. 生产者　　　　　B. 竞争者

C. 批发商　　　　　D. 零售商

三、简答题

1. 影响企业定价的主要因素有哪些？

2. 企业的定价目标有哪些？

3. 什么叫差别定价法？差别定价法有哪些形式？

4. 认知价值定价法是指什么？运用时应注意什么？

四、案例题

网约车大战：各大打车软件的"烧钱"游戏

第九章　宾主尽欢，欲罢不能：渠道控制

其途之所出，四通而八达，游士之所凑也。

——《子华子·晏子问党》

∷ 学习目标

1. 了解渠道的概念。
2. 了解渠道的几种类型。
3. 了解营销渠道的发展历程。
4. 掌握营销渠道的五种模式。

∷ 重难点

1. 了解渠道的变迁历程。
2. 区分五种不同的营销渠道模式。

∷ 关键词

渠道；直接分销渠道；间接分销渠道；单渠道模式；多渠道模式；跨渠道模式；全渠道；新零售。

∷ 框架图

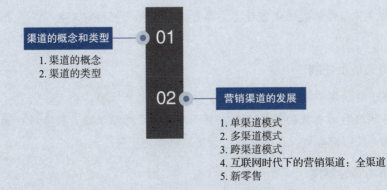

● 案例导入

解读娃哈哈营销渠道的"非常"之处

娃哈哈的渠道管理能力和创新能力一直为业界推崇，在备受关注的背后，又有怎样的奥秘呢？

娃哈哈产品遍布中国大部分省市，占据了饮料市场较大的市场份额。其营销渠道结构以"总部－各省区分公司－特约一级批发商－特约二级批发商－二级批发商－三级批发商－零售终端"为模式。其中，与集团直接发展业务关系的为一级经销商，目前便有 2 000 多个。

对于这么多的经销商，要如何管理呢？娃哈哈的创新之处就在于建立了联销体模式。

1996 年前后，保健品、饮料市场竞争开始激烈，许多企业开始仿效娃哈哈的模式进行渠道重心下沉，向农贸市场、专业市场、区县级市场进军。由于当时市场秩序的混乱，导致了多头经销、冲货严重、市场甚至暂时滞销的情况。娃哈哈为了有效把控商家，推出了非常有名的联销体模式，即以逐级保障利润空间，让经销商为企业织网，这便是联销体模式的核心内容。如此庞大的商业模式，该如何操作？

1. 制定保证金制度，捆绑利益

经销商必须向娃哈哈按年度缴纳一定金额保证金，在经营过程中采取一进一结的方式，作为回报娃哈哈给予更多优惠政策和高于同期银行的利息。

2. 销售区域责任制

娃哈哈根据商家的能力，明确经销商销售区域，对区域内的铺货率、价格控制、促销活动等细节进行明确规定，对于无法达成目标的商家实行动态淘汰。

3. 价差体系设计

企业有效控制市场的一个主要因素就在于各级经销商、批发商、终端点之间的利润控制。娃哈哈对每一级的经销商限定了价格，保障体系内的全部成员利益。越是配合企业制度的经销商，在新品供货、广告费用上越会获得更多的支持。

4. 3 月退换货体制

娃哈哈对于新品推广在合同中有明确规定：新品推出后，3 个月内，如果经销商已经尽力开拓市场了，但没有取得预定的销售目标，那么娃哈哈负责收回或者换货，并补偿经销商开拓市场的损失。

5. 内部销售人员责任制

娃哈哈给每个经销商委派一名销售人员，帮助管理销售网络，并与经销商一起研究分析市场，制定本区域内行之有效的促销方式。销售人员必须对经销商开拓市场的业绩负责；经销商必须对销售人员进行监督，每个月向总部反馈销售人员的情况。

6. 专业的市场督导制度

娃哈哈设立独立的督导部门，专门负责对市场商家和分公司进行市场督导与维护，从而确保了联销体制度的正常运转。

娃哈哈独特的联销体渠道管理模式是其得以维持行业领先地位的重要原因之一。

资料来源："搜狐网．直接经销商超2000家：解读娃哈哈营销渠道的'非常'之处"，2017年8月3日。

我们通过娃哈哈的例子可以看到，渠道策略对企业的发展具有重要作用。渠道策略的制定对于产品相关信息能否准确及时地扩散到目标市场，价格能否被目标市场的顾客接受等方面都具有重要的影响作用，有时甚至是关键因素。因此，渠道策略与产品策略、价格策略、促销策略一样关乎企业能否成功地将产品打入市场，扩大销售，使企业顺利实现经济目标，获得发展。本章着重阐述和分析渠道的概念与类型，以及我国营销渠道的发展历程。

第一节　渠道的概念和类型

一、渠道的概念

渠道的含义与构成

渠道这个概念其实很有意思，做一个比较粗浅的解释吧，其实就是"消费者在哪里能够看到和买到你的商品"。

用书面话来说，它是指产品或服务转移所经过的路径，由参与产品或服务转移活动以使产品或服务便于使用或消费的所有组织构成。换言之，它是指产品或服务从生产者向消费者转移过程中所经过的、由中间环节所联结而成的路径。所有产品或服务在到达消费者之前，都要经过它自己的营销渠道。一般来说，渠道所涉及的主要参与者有生产制造商、批发商、零售商、其他中间商、消费者或用户等成员性参与者，以及运输公司、仓储公司、物流公司、银行、广告代理机构等非成员性参与者。

营销渠道是一个制造商的产品流向消费者的渠道，其目标就是使企业生产经营的产品或服务顺利地被使用或消费，其具体的任务是把商品从生产者那里转移到消费者或用户手里，使消费者或用户能在适当的时间、适当的地点买到能满足自己需求的商品。

制造商是销售渠道的起点，最终消费者是其终点，其间便是职能不同的中间机构。在此组合中各方的关系稳定，各自的权利、责任和义务都由相应的协议规定。制造商对其管理水平的高低和控制力度的大小，对该产品的市场占有率的提高有至关重要的作用，为此，企业就要建立自己渠道营销的战略思维。企业有没有合理的、完善的营销渠道战略将直接关系到企业的兴衰成败。

二、渠道的类型

渠道的类型

渠道最基本的分类是以生产企业是否自己销售商品为标准划分，可分为直接分销渠道和间接分销渠道。直接分销渠道是指生产企业自己直接将商品销售给消费者，不经过中间环节。如果生产企业的商品是经过中间环节，利用中间商销售给消费者的，则为间接分销渠道，具体如图9-1所示。

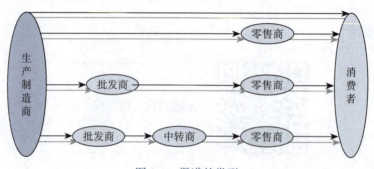

图9-1　渠道的类型

（一）直接分销渠道

| 案例直通车 |

戴尔的直接分销渠道策略

尽管迈克·戴尔被誉为华尔街的赚钱机器，但他从来不被认为是一名技术先锋，其成功大半被归结为给计算机业带来翻天覆地变化的销售方式：越过零售商，将产品直接销售给终端用户。正如戴尔所言："远离顾客无异于自取灭亡。还有许多这样的人——他们以为他们的顾客就是经销商！"

戴尔最爱说的一句话就是："两点之间，直线最短。"戴尔公司为何能独领风骚？其经验可归纳为五点：①为客户提供"量体裁衣"式服务；②采用零库存运行模式；③速度最快，应用最新的零件技术，快速组装；④销售渠道最短，消费者通过免费直拨电话定制；⑤网络销售，80%的新客户都通过这一渠道。

资料来源："百度文库.DELL的渠道策略"。

戴尔这种直销形式就是企业直接将产品提供给消费者，省去了中间商的中介作用，能够保证销售及时、回款快，有利于提高资金使用效率；不经过中间商，费用支出较易控制，有利于降低销售成本，提高产品竞争力；还有利于提供售后服务，在用户中建立良好声誉，稳定目标市场占有率；直接同消费者见面，信息反馈迅速，真实可靠，便于企业及时改进产品，提高服务质量。

1. 直接分销渠道的主要形式

直接分销渠道是生产者把商品直接出售给最终消费者的渠道，也就是说生产与流通两种职能都由生产者承担，其具体形式如下。

（1）接受用户订货。企业和重点用户签订合同或协议书，按合同生产和销售商品。

（2）设店零售。有的企业专门设立零售商店或分销机构销售商品，有的企业在生产现场设立门市部销售商品。

（3）上门推销。企业派推销员对消费者或用户个别访问，推销商品。

（4）利用通信、电子手段销售。办理邮购业务，接受电视、电话购买，实行网上购物。

2. 直接分销渠道的优缺点

（1）直接分销渠道的优点。

1）有利于产、需双方沟通信息，可以按需生产，更好地满足目标顾客的需要。由于是面对面的销售，用户可更好地掌握商品的性能、特点和使用方法；生产者能直接了解用户的需求、购买等特点及其变化趋势，进而了解竞争对手的优势和劣势及其营销环境的变化，为按需生产创造了条件。

2）可以降低产品在流通过程中的损耗。由于去掉了商品流转的中间环节，减少了销售损失，有时也能加快商品的流转。

3）可以使购销双方在营销上相对稳定。一般来说，直销渠道进行商品交换，在数量、时间、价格、质量、服务等方面都按合同规定履行，购销双方的关系以法律的形式于一定时期内固定下来，使双方把精力用于其他方面的战略性谋划。

4）可以在销售过程中直接进行促销。例如，企业派员直销，不仅促进了用户订货，同时也扩大了企业和产品在市场中的影响，还促进了新用户的订货。

（2）直接分销渠道的缺点。

1）在产品和目标顾客方面。对于绝大多数生活资料商品，其购买呈小型化、多样化和重复性。生产者若凭自己的力量去广设销售网点，往往力不从心，甚至事与愿违，很难使产品在短期内广泛分销，很难迅速占领或巩固市场。

2）在商业协作伙伴方面。商业企业在销售方面比生产企业的经验丰富，这些中间商最了解顾客的需求和购买习性，在商业流转中起着不可缺少的桥梁作用。而生产企业自销产品拆除了这一桥梁，需要自己去进行市场调查，包揽了中间商所承担的人、财、物等费用，自己铺陈渠道会大大增加企业的成本，也会加重生产者的工作负荷，分散生产者的精力。更重要的是，生产者将失去中间商在销售方面的协作，给产品价值的实现增加了新的困难，难以及时满足目标顾客的需求。

3）在生产者与生产者之间。当生产者仅以直接分销渠道销售商品，致使目标顾客的需求得不到及时满足时，同行生产者就可能趁势进入目标市场，夺走目标顾客和商品协作伙伴。

（二）间接分销渠道

| 案例直通车 |

中间商的重要性

日本大阪的谷寿糖果公司制造西点、蛋糕、饼干，它在关西是最大的糖果公司，在日本也是属于第一流的。很多食品糖果店曾经对该公司表示，有意购买其产品，然而董事长细谷清向来是不随便应允的。他不随便订约，这是尽量避免和业绩欠佳的商店扯上关系的缘故。他的经营理念是：产品绝对不给业绩不佳的商店销售。他只给各条街上生意最鼎盛、信誉最佳、名气最大的商店销售他的糖果，因此他成功了。

最好的产品给最好的商店销售，它的反应当然是极佳的了。

美国连锁百货店大王贝尼伊在国内拥有 1 600 多家连锁商店，曾经有人问他："你成功的秘诀是什么？"贝尼伊回答说："商品价廉物美，店员服务精神良好等，固然都是重要的因素，但最重要的是，必须与信誉最好、销量最多的店铺合作。"

资料来源："百度文库.分销渠道策略系列案例之二"。

所谓间接分销渠道就是指生产者利用中间商将商品供应给消费者或用户，中间商介入交换活动。由以上两个案例，我们可以看出中间商是多么的重要。中间商的合法经营资格、目标市场、地理位置、销售策略、销售能力、销售服务水平、储运能力、财务状况、企业形象和管理水平等，都会给生产者带来影响。产品的形象与中间商的形象息息相关，如果中间商的形象不佳、服务不佳，那么企业的产品也会受到牵及；如果中间商的业绩不佳、信誉不高，也会使企业受到拖累。所以，企业在选择中间商时应慎重。

1. 间接分销渠道的主要形式

间接分销渠道的中间环节可能只有一个，也可能有若干个。一个中间环节有时不只一个中间商，因此，参与商品销售的中间商的数量在某些情况下会大于中间环节的数量。大多数商品在从生产领域向消费领域的转移过程中都要经过中间环节，间接渠道是商品流通特别是消费品流通的主要渠道。承担流通职能的中间商主要有零售商、批发商和代理商。由于生产企业选用中间商的类型不同，选用的数量不同，形成了多种形式的间接渠道，主要形式有 4 种。

（1）生产者→零售商→消费者。由生产者把商品出售给零售商，再由零售商转卖给消费者，中间经过一道中间环节。

（2）生产者→代理商→零售商→消费者。生产者通过代理商行和经纪人等代理商把商品卖给零售商，零售商再销售给消费者。

（3）生产者→批发商→零售商→消费者。生产者把商品出售给批发商，再转卖给零售商，再由零售商转卖给消费者，中间经过两道以上的中间环节。

（4）生产者→代理商→批发商→零售商→消费者。这是在第三种形式的生产者和批发商之间加入了代理商，生产者经由代理商将商品销售给批发商。

2. 间接分销渠道的优缺点

（1）间接分销渠道的优点。

1）助于产品广泛分销。中间商在商品流转的始点同生产者相连，在其终点与消费者相连，从而有利于调节生产与消费在品种、数量、时间与空间等方面的矛盾。这既有利于满足生产厂家目标顾客的需求，也有利于生产企业产品价值的实现，更能使产品广泛地分销，巩固已有的目标市场，扩大新的市场。

2）缓解生产者人、财、物等力量的不足。中间商购走了生产者的产品并交付了款项，就使生产者提前实现了产品的价值，开始新的资金循环和生产过程。此外，中间商还承担销售过程中的仓储、运输等费用，也承担着其他方面的人力和物力，这就弥补了生产者在营销中的力量不足。

3）间接促销。消费者往往是货比数家后才购买产品，而一位中间商通常经销众多厂家的同类产品，中间商对同类产品的不同介绍和宣传，对产品的销售影响甚大。此外，实力较强的中间商还能支付一定的宣传广告费用，具有一定的售后服务能力。所以，生产者若能取得与中间商的良好协作，就可以促进产品的销售，并从中间商那里及时获取市场信息。

4）利于企业之间的专业化协作。现代机器大工业生产的日益社会化和科学技术的突飞猛进，使专业化分工日益精细，企业只有广泛地进行专业化协作，才能更好地迎接新技术、新材料的挑战，才能经受住市场的严峻考验，才能大批量、高效率地进行生产。中间商是专业化协作发展的产物，生产者产销合一，既难以有效地组织商品的流通，又使生产精力分散。有了中间商的协作，生产者可以从烦琐的销售业务中解脱出来，集中力量进行生产，专心致志地从事技术研究和技术革新，促进生产企业之间的专业化协作，以提高生产经营的效率。

（2）间接分销渠道的缺点。

1）可能形成"需求滞后差"。中间商购走了产品，并不意味着产品就从中间商手中销售出去了，有可能销售受阻。对于某一生产者而言，一旦其多数中间商的销售受阻，就会形成"需求滞后差"，即需求在时间或空间上滞后于供给。但生产规模既定，人员、机器、资金等照常运转，生产难以剧减。当需求继续减少，就会导致产品的供给更加大于需求。若多数商品出现类似情况，便造成所谓的市场疲软现象。

2）可能加重消费者的负担，导致抵触情绪。流通环节增大储存或运输中的商品损耗，如果企业将此都转嫁到价格中，就会增加消费者的负担。此外，中间商服务工作欠佳，可能导致顾客对商品的抵触情绪，甚至引起购买的转移。

3）不便于直接沟通信息。如果与中间商协作不好，生产企业就难以从中间商的销售中了解和掌握消费者对产品的意见、竞争者产品的情况、企业与竞争对手的优势和劣势、目标市场状况的变化趋势等。在当今风云变幻、信息爆炸的市场中，企业信息不灵，生产经营必然会迷失方向，也难以保持较高的营销效益。

第二节 营销渠道的发展

经销商管理

营销渠道中最具代表性的就属零售渠道了。随着消费行为的变化，消费者不再仅仅局限于单一渠道，而是根据自身消费的需要交替使用多种渠道。那么我国的零售行业这些年经历了怎样的转变？面对新的市场环境又创新出了怎样新的模式？我们来看看渠道发展的五个阶段（见图9-2）。

渠道发展路径图

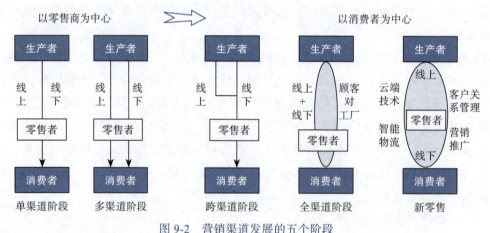

图9-2 营销渠道发展的五个阶段

一、单渠道模式

| 案例直通车 |

星巴克聚焦线下实体店

星巴克咖啡公司成立于1971年，是世界领先的特种咖啡的零售商和品牌拥有者。

目前公司已在北美、拉丁美洲、欧洲、中东和太平洋沿岸等地区拥有超过16 000多家咖啡店，拥有员工超过 150 000 人。长期以来，星巴克一直致力于向顾客提供最优质的咖啡和服务，营造独特的"星巴克体验"，让全球各地的星巴克店成为人们除了工作场所和生活居所之外温馨舒适的"第三生活空间"。

"宁直不弯"——坚持直营路线。30 多年来，星巴克对外宣称其整个政策都是坚持走公司直营店，在全世界都不要加盟店。星巴克合资或授权的公司在当地发展星巴克咖啡店的时候，"顽固"地拒绝个人加盟，当地的所有星巴克咖啡店一定是星巴克合资或授权的当地公司的直营店。星巴克为自己的直营路子给出的理由是：品牌背后是人在经营，星巴克严格要求自己的经营者认同公司的理念，认同品牌，强调动作、纪律、品质的一致性，而加盟者都是投资客，他们只把加盟品牌看作赚钱的途径，可以说，他们唯一的目的就是赚钱而非经营品牌。

"溯本追源"——分店是最好的广告。据了解，星巴克从未在大众媒体上花过一分钱的广告费。但是，它仍然非常善于营销。星巴克认为，在服务业，最重要的行销渠道是分店本身，而不是广告。如果店里的产品与服务不够好，做再多的广告吸引客人来，也只是让他们看到负面的形象。

"闹中取静"——科学的选址。仅仅几年时间，星巴克在中国从一个"无名小卒"成长为一位耀眼的"明星"，并迅速演变为一种标榜流行时尚的符号。在都市的地铁沿线、闹市区、写字楼大堂、大商场或饭店的一隅，在人潮汹涌的地方，那墨绿色商标上的神秘女子总是静静地对你展开笑颜。星巴克全球市场计划经理帕特里克·欧·汉根说，星巴克使用了一个叫作 Atlas 的内部绘图和商务智能平台，来决定在哪开设新门店。

资料来源："认识经济. 从无名小店到世界连锁，星巴克做对了什么？"，2020 年 4 月 8 日。

星巴克在短短几十年的时间里创造了世界上最具价值的品牌之一，为什么星巴克的产品品质一直是受人尊重的？从渠道角度来说，是因为星巴克始终坚持单一渠道发展，注重产品品质和直营门店的服务标准。

单一渠道策略就是指通过一条渠道（零售店、网店、社交商店等）完成销售的全部功能（见图 9-3）。

从学术角度看，单渠道零售是渠道宽度问题，它是指选择一条渠道，将产品和服务从某一销售者手中转移到顾客或者消费者手中的行为。单渠道策略通常被认为是窄渠道策略，而不管这一条渠道是实体店、邮购，还是网店。

上面案例中的星巴克聚焦于线下实体店的单渠道发展，而单渠道策略并不只局限于线下，韩都衣舍——一个单纯基于线上渠道的品牌，可以让我们更好地理解移动互联网时代的单渠道策略。

图 9-3　单一渠道策略

| 案例直通车 |

韩都衣舍专心做线上

韩都衣舍是从韩国代购起家的，目标为　　做一个渠道品牌。在发展的过程中，由于发现了代购的致命弱点——等待时间过长、经常容易断货缺货、无法退换货、性价比不高等，团队就将选中的款交给代工厂，转型为互联网自有品牌，开始新商业模式的探索。团队选择了淘宝平台，这是因为中国的互联网拥有广阔的发展空间，并且电子商务企业可以利用社交媒体创造的信任度来吸引潜在顾客，对不稳定的顾客增加黏性，还能有效改善并提高自己的品牌形象。

近年来，O2O 已经成了企业转型常态。在线下厂商纷纷转战线上，而线上电商也开始线下布局时，韩都衣舍的 CEO 赵迎光坚决地说："韩都衣舍始终专注于线上，不会涉足线下开实体店。"因为每天互联网上百万的访问量和实体店的人流量是无法相比的，韩都衣舍的流量稳居天猫商城第一位，被称为"流量之王"。

面对越来越多的电商竞争者，如何提升自己的价值和品牌？

目前服装行业最突出的库存问题是服装行业难以解决的问题之一，直接干扰资金周转、新品设计供应、宣传拓展等方面的工作。所以韩都衣舍独创地提出了以产品小组制为核心的单品全程运营体系和快速反应的柔性供应链体系两大前卫的理念。

所谓"单品全程运营体系"，是指每一款产品，从设计、生产、销售都以"产品小组"为核心，企划、摄影、生产、营销、客服、物流等相关业务环节配合，使用全程数据化、精细化的运营管理系统，"多款少量，以销定产"，最大程度地发挥互联网的优势，建立"款式多，更新快，性价比高"的竞争优势。"这样还有效地解决了服装行业最为头痛的库存问题，保证以极高的性价比给顾客提供更多的商品选择。"

柔性供应链，则是营销企划、产品企划和生产企划相互配合，给产品小组提供全方位的决策依据，解决互联网品牌"款式更多，更新更快，性价比更高"的要求与生产供应链的"流水线计划生产"之间的矛盾，在保证产品品质和生产成本可控的前提下，实现"多款、多批次、小批量生产"的供应体系。

资料来源："电商报.只做线上，衣服卖得比优衣库还贵，这家本土夫妻店要上市了！"，2020 年 8 月 13 日。

实际上，韩都衣舍打造的就是一种垂直化电商的渠道模式。垂直化电商就是将产品细分到某一特定商品品类，然后遵循"自创品牌—自主设计—自己生产（或外包）—网上直销"的渠道流程。这种商业模式借助互联网跳过多个中间商环节，以实现最高性价比，将优化流程获取的额外利润与顾客分享，并通过社交媒体的密集宣传和沟通，不断加强顾客忠诚度，在线上打造独有的品牌形象。

从定义上讲，单渠道模式就是用一条渠道将产品和服务从某一销售者手中转移到顾客或者消费者手中的行为。从技术上说，单渠道时代就是"实体店铺"时代或是"网店"时代，为少数的客户提供服务。不管是星巴克坚持实体店直营，还是韩都衣舍始终坚持线上销售都是成功的。

和任何事物一样，单渠道也是有利有弊的。单渠道策略的优势是能够低成本、方便快捷地进行部署，易于检测，让有竞争优势的品牌垄断市场，利润最大化。谈及劣势，单渠道策略严重地限制了潜在消费者的规模和多样性。除非是少数专业性比较强的产品，或者贵重耐用消费品，不然单一渠道并不是一个可行的战略。此外，由于只有一个合作伙伴，合作关系一旦恶化，生产者将蒙受较大的损失。因此我们来认识渠道发展的下一阶段——多渠道模式。

二、多渠道模式

| 案例直通车 |

亚马逊的地面实体书店

在当当高调宣布未来要开1 000家实体书店，在淘宝于广州开了首家淘宝体验厅，在京东的首家综合服务中心正式投入运营之后，电商巨头亚马逊也宣布未来它将在美国开设300～400家实体书店。各大电商开始纷纷布局线下，实现多渠道运营，完成线上线下的相互整合。那么，亚马逊的地面实体书店是如何发展起来的呢？

1. 选址恰当

（1）锁定目标顾客。亚马逊书店地处已有60多年历史的大学村购物中心内，毗邻世界著名学府华盛顿大学（以下简称"华大"），该地也是4万多名华大学子日常购物、课后休闲最便利的去处。数据显示，18～29岁是全美阅读率最高的人群，达到80%，所以亚马逊这家以数据分析见长的电子商务公司选择在此地开书店可以说是经过严格论证、细心挑选的。

（2）构造文化情境。大学村购物中心不是高耸的现代化商城，而是由星罗棋布的欧洲风格建筑群所组成的生活体验式购物中心。这里每一座建筑、每一条街道、每一处花坛摆设都透出了一股精致、文雅之气，与美国其他购物中心在建筑、布设透出的那种单调、乏味截然不同。此种感觉在美国少有体会，顾客仿佛置身于欧洲的某历史小镇一般。

2. 产品体验好

（1）同质同价。进门的过廊边立着一块巨大的黄底黑字的提示牌，注明"店内价格与amamzon.com完全相同"，这让每一位即将入店的读书客顿感轻松亲切。作为图书零售巨头，亚马逊网站的价格一向是最划算的，而在这里既能体会到实体书店的购物体验，又能享受到网络低价，简直就是每一位爱书人的理想之所。

（2）同步线上。每本书下方固定着一块黑色小牌，上面写着该书的获奖信息和网友评价，以及在amazon.com上的好评星级与关注者的数量。小牌上还有条形码，通过它可获知该书的最新网上价格。如果顾客要买的书太多或由于其他原因不想自己提回家，扫码后网上下单快递送到家，也是非常不错的选择。

（3）及时更新。亚马逊线上商店的图书约有5 500万种，而线下实体店只能放置约6 000多种，那么这6 000多种图书是如何从书海中遴选出来的呢？按照amazon.com中读者点评和网站预订书单，并借助亚马逊强大的大数据分析系统综合得出每一本书的热度排名，只有评分在4星及以上的图书才有资格上架书店，并且书架上的书每周三次部分替换，保证读者每次造访都有新发现。这可真是亚马逊做事处处皆数据的典型表现。

（4）全线产品。书店最中间的区域是电子产品展示与服务区，这里展示着各类由亚马逊生产的电子产品，包括Kindle阅读器、Kindle fire平板电脑、Kindle fire手机、Kindle fire TV、亚马逊echo音箱以及相关附属产品。

资料来源："搜狐网.亚马逊布局实体书店的意图、现状与局限"，2019年5月23日。

电商的崛起无疑对实体经济产生了冲击，而以线上图书销售起家的电商大亨却开起了实体书店，为什么？

美国有报告显示，94%的零售业销售是在实体店内产生的，仅6%是来自网购。78%的消费者更喜欢在实体店内购物，而且他们花在实体店的时间是网上购物时间的6倍。亚马逊开实体店说明，消费者依然渴望能够触摸、感知到产品的购物体验，尤其是那些高科技以及高价产品。随着未来多渠道模式的发展，单纯依靠线上的低价竞争或者同质化强调功能性的实体店将越来越没有竞争力，而唯有通过线上提供性价比高的产品，线下打造一流体验的双线发展才能脱颖而出。

多渠道策略是指通过两条及以上独立完整的零售渠道完成销售的全部功能，每条渠道完成渠道的全部而非部分功能，一般把实体店加网店的分销视为多渠道（见图9-4）。从技术的层面来看，多渠道是多个单渠道的组合，每条渠道相互之间并没有统一的操作标准和规范，同时，每条渠道战略通常面对不同类型的客户。例如，汽车厂商对于团购的出租汽车公司采取直销渠道的方式，对于零散顾客采取4S店铺的渠道的方式，每条渠道都完成销售的所有功能，其间不进行交叉。

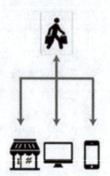

图9-4　多渠道策略

| 案例直通车 |

三只松鼠实体店

说到三只松鼠，很多人都很熟悉。2012年6月，三只松鼠在天猫上线，100天不到，成为中国网络坚果销售第一；5年不到的时间，三只松鼠从默默无闻变为了如今世人皆知的淘品牌，稳居休闲零食行业的龙头地位。

三只松鼠股份有限公司，是中国第一家定位为纯互联网食品品牌的企业，也是目前中国销售规模最大的食品电商企业。三只松鼠最初是由5名创始团队成员组建，以坚果、干果、茶叶等森林食品的研发、分装及B2C品牌销售为业务的现代化新型企业。

渠道是三只松鼠发展迅速的关键。三只松鼠从三线城市、一线城市白领区、大学城、人口密集度高的地方进行尝试，基于无店铺O2O模式进行探索，既要满足顾客场景化、实时性购物的需求，又要把成本降到最低。目前公司全国雇员超过1 700人，三只松鼠网络渠道全面覆盖天猫、淘宝、京东、1号店、QQ网购、美团、唯品会、聚美优品等各类渠道，并已建成全国华南区、华北、华东、西南四大物流中心，可实现日处理订单量10万单，并实现全国60%区域消费者次日送达的物流服务。

如今，在线上风生水起的三只松鼠又开始了线下征程，进一步开拓新的线下营销渠道。其首家实体店店名为"三只松鼠Feeding Store投食店"，于2016年9月正式开业，地点位于芜湖市弋江区金鹰新城市广场内，营业面积300多平方米。用户可到店内品尝"水+轻食"，店内的坚果零食将与线上店铺同款同价。此外，实体店还将贩售松鼠玩偶、抱枕等门店特供限量周边。除芜湖外，三只松鼠还将在苏州市、南通市落地实体店，具体时间尚未公布。

三只松鼠创始人章燎原称将在未来不断调整模式，铺满中国的三四线城市，目前三只松鼠的直营店已达近200家，而联盟小店已突破1 000家。

资料来源："搜狐网．'三只松鼠'首家实体店月底开业"，2016年9月6日。

现在你是否对亚马逊和三只松鼠开网店的行为有了自己的理解？从范围和规模的层面来看，多渠道是单渠道质的提升，它帮助品牌开放市场，使其在营销活动中能够触达更广泛、更多样化的受众，并可以在不同渠道利用不同的营销活动策略抓取潜在的消费者需求。多渠道模式销售地区广，销售量大，且中间商数量较多，更有利于生产者进行选择。但是由于销售点数量较多且销售点间关系复杂，渠道情况变化较大，存在产销关系难以协调的弱点。如果这些多样的渠道不能流通以及实现连接，必然会导致运营效果低下，效果分析不清晰。为此，我们来了解渠道发展的第三个阶段——跨渠道模式。

三、跨渠道模式

| 案例直通车 |

"双十一"的线上线下店铺融合

2017年天猫"双十一"期间，线上线下打通的店铺超过100万家，涉及苏宁、银泰、TCL、优衣库、索菲亚、GAP、Bestseller、B&Q等国内外数千商家，近10万家门店将全面实现电子化。其中，苏宁所有门店将打通与"双十一"的售后服务，提供以旧换新等服务。银泰也将承接网上订单，提供店内取货，并开设"淘品牌"专柜，为消费者创造触摸和尝试线上品牌的机会。

同时，不仅传统商业主动触网，线上品牌也开始尝试走到线下。据统计，目前入驻银泰的淘品牌已达近40个。2018年年初，银泰百货下沙工厂店开业，吸引淘品牌不断入驻，4天内就吸引了20万顾客。而另一家近500平方米的淘品牌集合店也将正式亮相，该集合店与天猫自动同价，货品、价格、仓储、物流、结算实现线上

线下完全融合。该淘品牌集合店负责人金萃介绍，包括茵曼、七格格、鹿与飞鸟、日着、迷阵等十几个淘品牌已经入驻该集合店，涉及服饰、家具、家居生活用品等多个领域。2018年"双十一"期间，服装品牌伊芙丽首次打通全渠道，有500多家门店参与线上下单线下发货，仅在武林银泰店门店就有50%左右的货品参与线上下同款同价。国际服饰品牌GAP在中国的经营模式采取实体与电商并重的方式，将电商与实体店放在同等重要位置。继2018年6月GAP在天猫推出了门店发货服务后，"双十一"期间，GAP将会继续门店发货和线下扫码购。而在"双十一"当天，优衣库商品也已经售罄，并试图将流量导向线下。

资料来源："搜狐网.国内国际品牌'双十一'发力全渠道，新零售大门开启"，2016年11月4日。

在移动互联网时代，你似乎已经对每年"双十一"天猫的各式店铺促销视而不见，更未曾细想过它们的渠道策略。事实上，接下来我们要讲到的"跨渠道策略"在我们的身边已经很常见，但相信通过下面内容的学习，你可以对这个案例中提到的渠道策略有更深的理解。

多渠道已经把我们引向了一个新阶段，而为了解决由于其渠道的相互独立性所带来

的问题，跨渠道营销应运而生。跨渠道策略是在多种渠道环境下的一种整合战略，是指通过多条零售渠道组合完成销售的全部功能，每条渠道仅完成渠道的部分而非全部功能。一般来说，是实体店铺＋虚拟店铺＋移动商店的结合。消费者可以在多个不同的渠道上完成同一购物过程的不同阶段。

企业实施跨渠道整合战略后，顾客可以通过其门户网站了解产品信息，到实体店进行有形商品的体验以确定产品的选择，然后在虚拟店付款，使用后在网络平台给出产品评价，如出现问题则可以拿到实体店铺进行维修或退换。企业通过对不同渠道和各个顾客接触点的充分整合，使顾客能在成本最优的情况下得到无缝连接的购物体验。

你是不是觉得跨渠道策略与多渠道策略有点相似？这里必须提到多渠道和跨渠道的区别：多渠道零售表现为多渠道零售的组合，每条渠道完成渠道的全部而非部分功能；跨渠道则表现为多渠道零售整合，整合意味着每条渠道完成渠道的部分而非全部功能。例如，利用电话与顾客进行商品介绍，通过实体店完成交易，通过呼叫中心进行售后服务，等等。

在跨渠道阶段，最具代表性的模式即时下很热门的O2O。O2O是online to offline的缩写，又称离线商务模式，是指线上营销和线上购买带动线下经营和线下消费。O2O通过打折、提供信息、服务预订等方式，把线下商店的消息推送给互联网用户，从而将他们转换为自己的线下客户，这就特别适合必须到店消费的商品和服务，比如餐饮、健身、看电影和演出、美容美发等。

在O2O来临之前，大家都在热捧纯电商模式，但是随着天猫、京东的崛起，以及一大批跟随者的失去，人们逐渐又闻到了时代变革的气息。当BAT纷纷布局线下，O2O也被提上了日程。加上互联网媒体以及广大自媒体人的摇旗呐喊，许多在传统电商时代受挫的互联网人也纷纷加入了O2O创业潮流。

你认为O2O是为线上渠道增加一个线下实体店，还是为实体店开设一个线上购买渠道？实际上，O2O不是渠道替代，而是整合。我们来看看零食品牌良品铺子是如何拥抱互联网的。

| 案例直通车 |

良品铺子的O2O模式

作为一个两周"吸粉"百万，客单价提升50%，会员消费频次翻番的营销奇迹，良品铺子不是通过拉新实现，而是通过深入挖掘现有消费群实现的。

1."吸粉"

2014年，良品铺子在全国1 300家门店开展了"中秋扫码满立减"活动后，8月下旬至9月上旬，良品铺子微信号达成百万粉丝量，最高峰时一天增粉20万——当时，整个微信平台超过百万粉丝的服务号不过20多个，而且大部分是招行、宝洁这样的巨头企业。

2."留粉"

以优惠换粉丝只是第一步，如何留住粉丝则是第二步。

良品铺子的系统设置完备，不仅有会

员中心（绑定会员信息、查看会员积分、兑换会员礼物）、微购物平台（实现手机下单支付、微社区），还有各种让人欲罢不能的红包游戏，旨在让粉丝留下来。

3．"维粉"

良品铺子充分利用线上、线下优势，提高用户体验，维护粉丝。

（1）线下为线上提供"配送"服务。

良品铺子借助线下门店的地理位置优势，为线上提供快捷配送服务，让消费者有更好、更快的物流体验。

（2）线上为线下提供"数据"服务。

1）门店数字化。

借助线上大数据分析的优势，对线下门店进行数字化体验升级，让消费者在到店购物过程中拥有线下的触感体验和情感体验，同时也能享受方便搜索、易于比较、查阅评论的数字体验；通过线上数据的分析，获知消费者的行为特征、商品喜好，更有针对性地为消费者提供服务，提升消费者的愉悦感。

2）顾客标签化。

通过标签化管理，良品铺子对这一百万用户粉丝做了精准营销。首先，每个良品铺子的门店都有一个独立二维码，进店消费者扫描该二维码关注服务号，即带有该门店标签。门店推出新促销活动、更换店内海报时（店铺二维码就在海报上），即用邮件通知系统运营方海报主题的更换，店铺二维码的品类标签也会随之更改。打个比方，昨天 A 门店促销海报上是肉类零食，"扫码买满 100 元肉类零食即减 10 元"，这样当天进店扫码关注的粉丝就会被打上"肉类零食"偏好标签；今天 A 店促销海报更换为"坚果类"，系统收到通知后就会将该店铺的二维码改为"坚果类"偏好标签。

其次，每个门店店员还有属于自己的二维码，可以点对点地维护客户，以客户为中心，记录客户的所有数据、标识客户的所有身份，研究分析客户的行为习惯、消费心理、消费需求，在和客户接触的每个触点上都为其提供个性化的服务，甚至单独根据客户需求为他制订促销方案，比如某熟客长期不来，为唤醒消费，就给他推送偏好品类的优惠。有了二维码的订单追踪，导购的工作热情被极大激发。

资料来源："搜狐网．良品铺子是如何把传统零售企业做成了 O2O 标杆的？"，2016 年 10 月 9 日。

从这个案例中可以看出，良品铺子的 O2O 闭环不仅切实提高了销售额，还实现了对线下店铺的系统管理。换句话说，反向 O2O 回归了零售的本质，将重点放在消费者研究身上，其实质就是用 O2O 的手段优化了消费者数据的采集、分类和应用。不管是实体零售还是电子商务，都要致力于为客户提供良好的用户体验，并努力提升运营效率，真正做到"优质低价"。实体零售需要借助互联网等工具手段去提升供应链的效率，提升营销和渠道的效率，电子商务企业也需要通过设立线下体验店去优化用户体验。

如果说多渠道的出现是一次质的飞跃，那么跨渠道的诞生使得企业对受众的有效触达不再遥不可及。飞速发展的数据链接技术为跨设备、跨渠道营销提供了基础，帮助品牌通过最适合的渠道与客户进行沟通。而且，跨渠道战略最深远的影响是它可以帮助品牌在不同的渠道同时和消费者进行沟通，这些技术和技巧开创了市场营销活动和渠道效果评估的新时代。

四、互联网时代下的营销渠道：全渠道

由于信息技术进入社交网络和移动网络时代，"全渠道"这个词成为新的热词，成熟

的电商早已经不满足单一的线上销售，他们拥有强大的流量，相对于普通的实体店来说，他们已经不缺乏前期的品牌宣传。如图 9-5 所示，全渠道是指企业采取尽可能多的零售渠道类型进行组合和整合销售的行为，以满足顾客在任何时间任何地点所产生的购物娱乐和社交的综合体验需求，这些渠道类型包括有形店铺（实体店铺服务网点）和无形店铺（上门直销、直邮和目录、电话购物、电视商场、网店、手机商店），以及信息媒体（网站、呼叫中心、社交媒体、E-mail、微博、微信）等。今天，几乎一种媒体就是一种零售渠道。

图 9-5　全渠道模式图

（一）全渠道形成的原因：SoLoMo 消费群成消费主力

| 案例直通车 |

江小白——抓住 SoLoMo[⊖]消费群体特征

（1）社交化——对于利用互动性很强的社交媒体，江小白的微博营销显示出几个鲜明的特点。首先，长于文案植入，将有意思的话题与江小白的产品联系在一起。例如，利用最近在微博上流传甚广的《来自星星的你》里"都叫兽"与张律师和植物大战僵尸比拼的 PS 图，植入江小白语录。

其次，对应自己的品牌形象，将微博的运营完全拟人化。江小白在出现热点事件时发声，表明自己的态度。最后，利用微博互动作为线上工具，组织线下活动，并与线上形成互动，以增强粉丝黏性。例如，在"寻找江小白"活动中，要求粉丝将在生活中遇到的江小白拍下来，回传至互联网。

（2）个性化——卖萌包装，定制语录瓶。江小白开始卖各种"萌"："我是江小白，生活很简单""每个吃货都有一个勤奋的胃和一张劳模的嘴"等。很多带点文艺范儿的年轻人表示，对于江小白"致青春"的做法，确实没有抵抗能力。这也让它顺利地在行业内获得了青年人市场的青睐。下一个 20 年将是现在的青年人的主场。

资料来源："营创实验室.漩涡.江小白品牌为何能运作成功，背后有哪些不为人知的秘密？"，2017 年 9 月 6 日。

随着时代的不断变迁，"80 后""90 后"已经成为主流消费群体，他们追求个性、自由，上述案例中的江小白也正是抓住了 SoLoMo 消费群体这些特征进行营销。那么，SoLoMo 消费群的行为具体有哪些独特之处呢？

首先，每个消费者是社交化的消费者。消费者开始自发组织起来，关注、分享、参与甚至主导整个购物过程。社交化彻底打破了过去买家和卖家的信息不对称，消费者开始更多倾向于听取各种社交圈子好友的意见，而不是商家提供的产品广告与信息，市场主权真正回归消费者。

⊖　SoLoMo 由 "social"（社交的）、"local"（本地的）、"mobile"（移动的）三个单词的开头两个字母组合而成的，连起来说就是 "社交本地移动"，即社交加本地化加移动。它代表着未来互联网发展的趋势。

其次，每个消费者是基于本地化产品和服务的消费者。LBS[○]可以将线上消费者带到线下，线下消费者带到线上，并提供大量基于本地的产品与服务。基于 LBS 这样的技术，消费者能够准确找到本地位置附近的商家，商家也能够找到周围的消费者，并及时发布最新动态与优惠信息，做到精准营销。

再次，每个消费者开始成为移动消费者。日益增长的移动消费者对于零售商来说无疑是一个巨大的机会，零售商开始进入 O2M 时代。

最后，消费者成为个性化消费者。消费需求和零售渠道的完美契合是零售企业成功的关键。

在全渠道模式中，消费者成为主体，供应商、零售商、生产商都以顾客体验为重中之重。当消费者变得全天候、全渠道以及个性化时，只有全渠道零售才能契合 SoLoMo 消费群变化的这三大特征。

（二）全渠道的三大特征：全程、全面、全线

| 案例直通车 |

爱林至善的全渠道策略

爱林至善瞄准高端时尚奢侈品市场，在线下实体门店已有 160 多家的情况下，它仍选择开设高端体验店，面向全国销售国内外高端服饰、饰品等原装进口商品及服务。它还计划打通 ERP、App 以及跨境电商平台，为顾客提供优质方便的购物通道，实现线上线下 O2O 商业闭环。

在成都爱林至善的市场扩张中，实现 O2O 便是最重要的一环。尽管定价普遍高于市场价，但为了实现全渠道销售，2016 年 5 月特别新开了升级版的跨境保税仁恒体验店，经过一年的运营，其业绩在所有门店当中竟然是榜首。而近期刚刚开业的另一家升级版体验店——苏宁店的业绩增速也很可观。

那么，在爱林至善这家拥有 20 多年历史的品牌商的众多门店中，这 2 家升级版体验店是如何靠全渠道脱颖而出的？

1. 高档品牌门面，颜值即生产

爱林至善体验店的高端、高颜值设计是提高消费者进店率的一大原因。门店装潢极为重视视觉效果，在风格上呈现简洁大气、精致高端，符合其只卖精品的定位。线上商城风格与门店统一，简约直观，此外，为了方便消费者的不同搜索习惯，支持以地区、产品类别为划分标准的不同筛选法。

2. PC+App+ 门店，实现全渠道销售

消费者白天可通过 PC 商城查看高清大图下单，在碎片时间可通过手机 App、微商城随时下单。App 商城不仅具有售货功能，还是一个信息发布的窗口，导购可依托 App 与消费者进行互动，建立门店与消费者的强关系。

爱林至善的仁恒店与苏宁店拥有 PC 商城、App 和门店三大销售渠道，并且三

○ LBS（基于位置服务）是通过电信移动运营商的无线电通信网络（如 GSM 网、CDMA 网）或外部定位方式（如 GPS）获取移动终端用户的位置信息（地理坐标，或大地坐标），在地理信息系统（外语缩写：GIS，外语全称：Geographic Information System）平台的支持下，为用户提供相应服务的一种增值业务。

者数据相互打通，大大提升了门店的经验效率。

3. O2O线上线下一体化，玩转会员营销

爱林至善的顾客营销方法非常创新。仁恒店与苏宁店拥有自己的门店App，支持如积分兑换、满额换购、满额赠送等营销法。消费者不论是在门店还是在线购买，都能获取积分，进行累计。

体验店的导购都是专业买手出身，国内外精品产品信息了然于胸，针对顾客问题进行专业解析。导购通过App标记自己的顾客行为，借助App的会员数据统计和运营的功能，对消费者进行更为精细化的标签管理，识别顾客购物喜好，进行精准、贴合的产品和活动推荐，给予消费者更为

新颖的交互方式，增强其购物时的愉悦感和参与度，加深消费者对品牌的印象，提高其复购的可能。

4. 发展线下导购，让市场无处不在

为了拓展市场，让市场不受门店位置的限制，爱林至善的做法是大力发展兼职导购拓展品牌市场，以每单赚取佣金的方式招募兼职导购。爱林至善与又一城合作推出的门店App，拥有顾客端、导购端、商家端、PC管理端，导购或者兼职导购通过导购端与顾客联系，将数据汇总至PC管理端，这样不管导购是否离职，顾客数据都掌握在门店手里。

资料来源："搜狐网.奢侈品新零售是如何靠全渠道，一年内干掉资历十几年的兄弟门店？"，2017年9月6日。

爱林至善的全渠道营销方式告诉我们，随着互联网时代的到来，线下的"场"都在逐渐转移到线上，淘宝、天猫已经成为线下"百货商场"的缩影。在当下以消费者为中心的零售时代，品牌商需要掌握更为前瞻的技术手段，运用创新科技实现全渠道销售，让品牌以更完美的姿态触达消费者，赢得市场。

为了契合当代SoLoMo消费群行为特征，全渠道应该满足全程、全面、全线的特点。

全程是指一个消费者从接触一个品牌到最后购买的过程中，包括五个关键环节：搜寻、比较、下单、体验、分享。企业必须在这些关键节点保持与消费者的全程、零距离接触。

全面是指企业可以跟踪和积累消费者的购物全过程的数据，在这个过程中与消费者及时互动，掌握消费者在购买过程中的决策变化，给消费者个性化建议，提升购物体验。

全线是指渠道的发展经历了单一渠道时代即单渠道、分散渠道时代即多渠道的发展阶段，到达了渠道全线覆盖即线上线下全渠道阶段。这个全渠道覆盖就包括了实体渠道、电子商务渠道、移动商务渠道的线上与线下的融合。

五、新零售

（一）"新零售"概念的提出

随着实体零售企业纷纷开拓线上渠道，电商企业则纷纷开拓线下渠道，一个非常明显的趋势是，零售活动不断超越和打破原有边界，向线上线下及物流融合发展。进入2016年，O2O的概念渐渐失去了光环，很多学者及业内人士深深地意识到，原有的一些

零售概念已经无法准确描述当下的零售，其内涵应该更丰富，外延也更宽广。

于是，"新零售"概念在国内兴起了。它起源于阿里巴巴在 2016 年 10 月提出的："纯电商时代很快会结束，未来的 10 年、20 年……只有'新零售'这一说，线上线下和物流必须结合在一起，才能诞生真正的'新零售'。"

一石激起千层浪，"新零售"很快成为一个业界新词被广为传播，很多企业家、学者和媒体对之热议不断。与此相对应的是，国家相关管理层也早就在酝酿与零售业转型相关的政策。2017 年 3 月"两会"期间，一些代表和委员也提出不少零售业转型的提案和议案，李克强总理也在政府工作报告中提到了"推动实体店销售和网购融合发展"。在此背景下，"新零售"相关企业应结合线上线下，用互联网的新思维来推动实体零售转型升级，强化用户体验，改善消费环境和物流现状，提高零售业的运营效率。

虽然目前对"新零售"的概念尚无统一的、标准的规范性概念，但被业界广泛认可的一点是，"新零售"区别于传统零售，旨在推动线上线下以及多方跨界的融合，其基础和前提是供应链的重构与物流方案的不断升级。因此可以说，"新零售"既包括全渠道但又超越全渠道，它打破所有边界而无所不在。

（二）"新零售"的含义

自"新零售"概念出现后，相关人士都在解析、布局。然而，什么是新零售？新零售相比传统零售有什么不同？新零售能带来哪些产业机会？一时间众说纷纭。阿里巴巴说新零售是人货场的重构，京东则认为零售的改变其实是背后零售基础设施的改变。

抛开这些花哨的定义不说，我们可以肯定的是，零售业走到了时代的新阶段，正在经历着一场巨大的变革。"新零售"是应用互联网新技术、新思维，对传统零售方式加以改良和创新，将产品或服务出售给最终消费者的所有活动，它不仅仅是线上线下联动和物流的简单融合，同时还融入云计算[⊖]、大数据等创新技术，打破了过去所有的边界，以一种全新的面貌与消费者接触，使消费者随时都可以在最短时间内买到自己所需要的商品。

"新零售"的核心是提升用户体验，主要模式有三种：一是线上线下与物流结合的同时，实现商品与物流渠道整合；二是提供更广范围内的体验式消费服务，实现消费场景化；三是营造包括零售企业内部员工及上下游合作伙伴的"新零售"平台，即打造全渠道产业生态链。"新零售"只有与新制造、新金融、新技术和新资源等相结合，才能实现良性发展。

⊖ 云计算（cloud computing）是基于互联网的相关服务的增加、使用和交付模式，通常涉及通过互联网来提供动态易扩展且经常是虚拟化的资源。

（三）"新零售"的特点

1. 供应链更优化

| 案例直通车 |

菜鸟裹裹——大数据驱动的智能物流系统

2017年9月，天猫聚划算率先开启了阳澄湖大闸蟹抢购活动，短短1分钟内卖出了14万只鲜活大闸蟹，拿下全国销量冠军。大量订单的背后，离不开阿里巴巴大数据驱动的智能物流系统的支撑运转，天猫的高效物流成为中国生鲜新零售行业的新航标。

资料来源："搜狐网. 新零售解读：重构实体经济"，2017年12月5日。

数据化的物流信息整合能力、立体式智能化的仓储条件、标准化的品控管理，我们可以看到，这正是菜鸟裹裹在阿里巴巴新零售布局中发挥作用的原因。

在新零售的时代下，供应链管理的本质其实并未发生改变，还是要集成和协同链条上的各个环节，如供应商、各个销售渠道、仓库、门店，使消费者需要的商品以准确的数量，在最短的时间之内被送到消费者手中，从而实现在满足服务水平的同时使整个系统的成本最小化。

2. 实体零售的终端场景革命

| 案例直通车 |

盒马鲜生——新零售场景化销售

着重打造新零售场景化销售的创始人——盒马鲜生的侯毅曾指出，盒马模式的核心就是依据新消费环境，重构新消费价值观。基于当前消费的需求特点，它重新设计了一套包含"新鲜一刻""所想即所得""一站式购物模式""让吃变得快乐，让做饭变成一种娱乐"四个组成部分的消费价值观，并贯彻进店。通过构造价值观，盒马鲜生让对这份价值感认同的消费者更加依赖自己提供的服务，增强了留客能力。

资料来源："搜狐网. 新零售解读：重构实体经济"，2017年12月5日。

对于零售综合体来说，盒马鲜生所选中的餐饮业是新零售的一个重要突破点，因为新零售业态下的餐饮不单是最直接的体验中心，更是最直接的流量中心。除了专注于"吃"场景的盒马鲜生，永辉"超级物种"、世纪联华"鲸选未来店"、上品折扣"上品＋"……这些新销售空间也都集中了多元场景，餐饮、科技、家居、书店等无一缺席。

对传统实体零售而言，建设漂亮时尚的商场、购物中心，以丰富的商品、礼貌的服务，加之以环境空间、灯光、美陈布置等，给予顾客良好的体验。但是，这样的场景几十年来已经过度"商业化"，体验雷同，对消费者来说日渐缺乏吸引力。

新零售下的场景革命，应该以"娱乐、互动、体验"为主诉求，将商业环境极大地融入娱乐、艺术、人文等主题，将商业嫁接更多跨界的元素，给予消费者人性化的关怀、丰富多元化的体验，形成新的商业空间和氛围。

3. 重构商家与消费者关系

| 案例直通车 |

掌贝——新零售行业帮助商家重构消费者关系的领先代表

店铺营销专家掌贝是新零售行业帮助商家重构消费者关系的领先代表，它致力于为中国线下 6 000 万商户提供智能化的店铺营销服务，通过建立店铺顾客大数据，现已打造了新客营销和老客营销两大智能营销平台。前者帮助商户连接陌生潜在顾客，通过本地消费大数据精准营销完成新客引流；后者则帮助商户汇集和运营店铺自有顾客数据，自动化营销店铺顾客，实现老客回流。

资料来源："搜狐网.新零售解读：重构实体经济"，2017 年 12 月 5 日。

我们可以看到，像味千拉面、广州酒家、庆丰包子铺、炳胜这些借由掌贝重构消费者关系的品牌，在竞争激烈的线下零售市场里，都有着新颖的表现。

零售最本真的定位是一切行为都以消费者需求为导向，打破技术和渠道等壁垒，创造最好的品牌体验。不管零售业的生态怎么变，这一根本出发点不会变，所以在新零售时代，当每个消费者都和自己的智能手机深深绑定在一起时，我们面临着商家和消费者关系重构的重大考验。

如何重构这种商家与消费者之间的关系呢？核心就在于数据。谁能将顾客的所有支付偏好、消费路径、消费习惯、会员信息、储值信息等数据全部收集起来，并利用大数据整合能力，将数据进一步分析、整理，谁就能做到运营、营销、服务体验等方面的优化升级。

从零售到新零售，不仅是多一个"新"字，而是多了新的销售场景、新的商家与消费者关系、新的供应链流程，产业带来变革的同时，消费者也将从新零售中获益，享受更高效的服务、更优质的产品，关注效率和消费者体验的商家，才能真正乘着新零售的东风尽情翱翔。

我们以一张表来总结上述营销渠道的变迁过程，如表 9-1 所示。

表 9-1　营销渠道的变迁

模式	特　点	例子
单渠道模式	通过一条渠道（零售店、网店、社交商店等）完成销售的全部功能，属于窄渠道策略	星巴克、韩都衣舍
多渠道模式	通过两条及以上独立完整的零售渠道完成销售的全部功能，每条渠道完成渠道的全部而非部分功能，其间不进行交叉，多渠道即多个单渠道的组合	亚马逊、三只松鼠
跨渠道模式	通过多条零售渠道组合完成销售的全部功能，每条渠道仅完成渠道的部分而非全部功能。实体店铺＋虚拟店铺＋移动商店。消费者可以在多个不同的渠道上完成同一购物过程的不同阶段	良品铺子

（续）

模式	特　　点	例子
全渠道	企业采取尽可能多的零售渠道类型进行组合和整合销售的行为，以满足顾客在任何时间任何地点所产生的购物娱乐和社交的综合体验需求，包括实体店铺＋无形店铺＋信息媒体	江小白、爱林至善
新零售	旨在推动线上线下以及多方跨界的融合，融入云计算、大数据等技术，包括全渠道但又超越全渠道，以一种全新的面貌与消费者接触，使消费者随时在最短时间内买到自己所需要的商品	菜鸟裹裹、盒马鲜生、掌贝

【思政课堂】

"农村包围城市"这一具有中国特色的发展道路和总战略，曾在革命时期带领我们走向胜利。而在改革开放后，中国一代又一代的企业家，在政治军事之外的商业领域，也学习借鉴"农村包围城市"的思路，并将其深入贯彻到企业的渠道选择中。

华为的任正非早期靠下乡打破外企垄断，打造了属于中国企业的渠道，从影响农村开始，慢慢辐射到城市，逐渐完善自身的渠道建设。

纵观当前很多成功企业的发展历程，不少在本质上都是"农村包围城市"战略选择的胜利。而"道路决定命运"，可见企业的渠道策略最终会对企业的发展产生决定性的影响，关乎企业的前途和命运。商界有云"得渠道者得天下"，只有出色的渠道策略才能使企业在激烈的市场竞争中脱颖而出，因为渠道不仅是产品流动的通路，更是一种营销策略、一种"赢销"的技巧，无论在过去、现在还是未来，它都是市场竞争的焦点。

"前途是光明的，道路是曲折的"，在企业的经营中也是一样，渠道的选择、渠道的建设从来都不是一件易事，但只要顺应时代，顺应潮流，找到了正确的方向，选择了对的道路，企业的未来一定会是光明的。

思考题

一、名词解释

1. 营销渠道
2. 间接分销渠道
3. 单渠道模式
4. 全渠道
5. 新零售

二、选择题

1. 邮购销售、上门推销、前店后厂等形式，都是企业采取（　　）进行销售的具体表现。
   A. 间接渠道　　B. 双重渠道
   C. 直接渠道　　D. 宽渠道
2. 企业不通过流通领域的中间环节，采用产销合一的经营方式，直接将商品卖给消费者的就是（　　）。
   A. 直接渠道　　B. 间接渠道
   C. 宽渠道　　　D. 窄渠道
3. 如果消费者规模巨大，但分布分散、购买量小、购买频率高、介入度不高的产品，一般采取（　　）。

A. 直接渠道　　　　B. 一级渠道

C. 多级渠道　　　　D. 窄渠道

4. 新零售的本质是（　　）。

A. 渠道一体化

B. 对人、货、场三者关系的重构

C. 经营数字化

D. 以消费者体验为中心

三、简答题

1. 渠道的类型有哪些？其各自的具体形式包含哪些？

2. 论述中间商的基本类型以及作用。

3. 新零售的三个特点是什么？

四、案例题

 东风商用车的营销渠道模式变革

案例思考题：

1. 通过对渠道模式相关理论的理解，分析东风商用车渠道模式存在怎样的问题与不足。

2. 结合东风商用车渠道发展背景，分析东风商用车渠道模式在变革中可能会遇到怎样的困难与挑战？

3. 如你作为东风商用车公司的 CEO，面临公司渠道模式的变革，下一步你将会怎样实施东风商用车渠道模式的变革，请给出你的实施方案。

4. 东风商用车公司为更好地应对竞争者和市场带来的冲击，还应该做哪方面的工作？

第十章　法有定论，兵无常形：促销策略

凡战者，以正合，以奇胜。故善出奇者，无穷如天地，不竭如江海。

——《孙子兵法·兵势篇》

::学习目标

1. 掌握促销的概念及其作用。
2. 了解基本的促销策略。
3. 了解新时代下的促销模式即新媒体营销。

::重难点

1. 掌握不同促销策略的使用。
2. 掌握新媒体营销的不同促销手段。

::关键词

促销；促销策略；广告；销售促进；人员推销；公关；新媒体营销；体验营销；社群营销；大数据营销。

::框架图

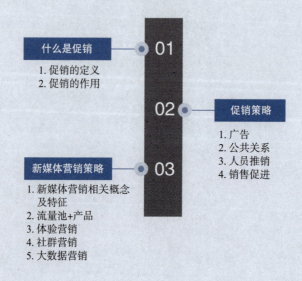

🔳 案例导入

OPPO 三招打造现象级营销

不得不承认，现在已经是个不折不扣的"酒香也怕巷子深"的年代。好产品发不出声音，劣币驱逐良币，这样的案例并不少见。当然，专注做产品，依旧是重中之重，但不会营销，不重视营销，就极可能遭遇好产品无人问津的风险，于用户、于企业都是极大的损失。

表面上，OPPO 的营销无外乎借助明星、综艺等娱乐手段，其实它真正在做的，是寻求与用户的有效沟通。为此，它甚至会自己创建途径，令用户与之产生共鸣。

有人说，OPPO 的营销是铺天盖地的。但有时，这不是因为它营销多，而是它营销的属性让它获得了更多的流量以及曝光机会。毕竟，占据互联网主流的是年轻人，而他们正是 OPPO 所定位的消费者群体。

为了吸引年轻人，OPPO 的营销大体上"兵分三路"。

1. 强大的明星家族

与其他品牌简单地请明星做代言人不同，OPPO 的营销重新定义了"代言人"这个概念：请多位当红明星，如杨洋、迪丽热巴、杨幂、王俊凯、陈伟霆、周杰伦等组成 OPPO 明星家族。无一例外，这些人不仅仅是明星，而且都是当下最受年轻人喜爱的当红明星。这种做法在手机行业内还属首次。

2. 冠名现象级综艺

OPPO 冠名或赞助的综艺节目，无不是各卫视的王牌综艺，《演员的诞生》《中国新歌声第二季》《亲爱的客栈》概莫如是。不难发现，OPPO 冠名的这些综艺有个共同点——青少年是其主要的收视群体。这几年，我们见证了很多款现象级综艺，也见证了它们对品牌知名度、品牌形象会有很大的提升。例如，抖音就借了《中国有嘻哈》的东风，彻底在短视频领域爆发，并在今天形成了与快手分庭抗礼的局面。

在这个时代，娱乐是最容易爆的热点。一旦引爆，品牌得到的就是全国性、高频次的曝光，届时将吸引更多潜在用户。

3. 新品发布会

与一般枯燥无味的发布会不同，OPPO 曾联合浙江卫视举办了一场年中盛典暨新品发布会，以科技跨界娱乐的形式，吸引众多重量级明星助阵。这样的跨界营销，使原本普通的手机新品发布会，自带了全民性营销性质，成为随时能引爆热搜的超级话题，同时使粉丝与潜在用户都能不同程度地得到回馈，产生共鸣、认同。

同时，OPPO 很会玩跨界，而且不仅仅是娱乐跨界。它不是要借潮流的光，它要变成潮流。于是，它的手机发布会成了最潮流的发布会；甚至，它还和法国娇兰跨界合作，成为业内首家跨界美妆的品牌；接着，它又与独立设计师跨界合作设计潮 T 恤、卫衣……

有时，OPPO 的营销令人感觉纷繁复杂，甚至不合逻辑。实际上，它的一切营销都在围绕着目标用户，着陆点永远是用户目光所汇聚的地方。它的本质是要与用户有效沟通，使营销资源最大化。

资料来源："金错刀. OPPO 的营销，为什么能爆？其实它只是做好了这一点"，2018 年 3 月 21 日。

OPPO 的营销简单、专注，而且高效，因为它只做用户乐于见到的营销。OPPO 手机的消费者群体以年轻人为主，所以它的营销也就紧紧围绕着年轻人的喜好展开。特别是它请的当红明星的粉丝群，与品牌目标用户产生了极大的重合。而明星粉丝的自主传播，常常能深入到传统营销无能为力的亲密型社交媒体和线下社交关系，从而放大产品影响。当明星传播品牌优质内容时，很容易引发粉丝共鸣、转发，令明星和品牌都获得积极且有效的曝光。这种模式也使得 OPPO 的品牌形象愈加丰满、亲切，拉近了与年轻人的距离。并且在线上，微博是 OPPO 营销的主战场，因为那里是明星、KOL、综艺的聚集地，也意味着是年轻人的所在地。

OPPO 的成功大家是有目共睹的，OPPO R9s 曾占据 3% 的市场份额，超越 iPhone 7 Plus 成为年度最畅销机型。这其中，有几分归功于手机质量，又有几分得益于营销，我们自然无从得知。但其以用户为核心的营销方式，甚至把营销当"产品"来做，以满足用户的心理和精神需求，由此引发的用户对其品牌的好感度、认同感，相比传统的营销手段，势必会更自然，也更长久。

在本章，我们来学习市场营销组合的最后一个工具——促销。公司的市场营销活动远不止创造顾客价值，还必须运用促销策略去清晰地、有说服力地向消费者传播这种价值。让我们来了解什么是促销，以及常见的促销策略，还有当下的促销新趋势——新媒体营销，了解企业如何能够成功向消费者输出价值，俘获消费者的心。

第一节　什么是促销

一、促销的定义

很多人可能会把促销当成打折、降价那类狭义的促销活动，其实 4P 理论中的 Promotion 更贴近的含义应该为"推广"，将促销单纯理解成促销活动过于片面和偏颇。

促销的内涵十分丰富，它包括品牌宣传（广告）、推销、销售促进、公共关系或其他沟通传播方式等一系列的营销行为。而在广告中，又能划分出各种各样的广告创意方式、广告投放方式等；在公关中，还能划分出各种事件传播、社会化媒体传播等的方式来。由此可见，促销很大很全很复杂，可能许多对市场营销概念不那么清晰的人，就会把促销当成营销的全部。虽然事实并没有那么夸张，但促销其实也占据了企业营销活动的半壁江山。

促销的形式有多种多样，传播效果也有大有小，可能一个很小的点子就能够引爆市场，同样可能一次精心策划的营销方案却掀不起一丝波澜，促销的变数是很大的，市场反应也是难以做到准确预测的。这其实也是促销的魅力所在，它在激励着企业去探索、去实践，去发掘什么样的推广活动能够撬动消费者心中的那杆秤，从而实现销量的飞跃。

促销的主要任务是传递有关组织（如企业）的行为、理念、形象以及组织提供的产品和服务的信息。企业的产品或服务要顺利地进入市场，被目标消费者接受，企业必须主动及时向消费者提供有关信息，在产品或服务投向市场的前后，广泛开展宣传活动，使更多的消费者能认知产品或服务。同时，企业必须倾听消费者的声音，与消费者进行双向沟通，以更好地满足和实现消费者的需要。

促销的目的是引起消费者的注意与兴趣，激发其购买欲望，促成其购买行为。企业促销的目的要服从市场营销的目的，为了获得较好的盈利必须争取更多的顾客，因此企业要通过促销活动促成大量顾客购买行为的实现，以实现企业的销售任务。我们可以从下面的案例中更进一步地理解促销的概念。

二、促销的作用

企业在开展促销的时候，从生产商、批发商到零售商，从产品设计到生产、销售的一系列环节上，各个部门都对这些促销活动倾注了很多心血。为什么每个企业对促销有很大的热情并且长此以往，乐此不疲呢？为什么有很多企业甘愿冒着经营风险也要在重要的节假日开展大型促销活动并且耗费大量人力、物力、财力呢？促销真的可以实现企业的经营目标，创造更大的价值吗？我们消费者在大型促销活动中真的对企业的产品有更高的认可度吗？

接下来就让我们来探讨一下，促销究竟有什么作用可以让这一营销模式在市场上如此受企业和消费者欢迎。

1. 传递信息，刺激需求

促销帮助传递产品销售信息。在产品正式进入市场以前，企业必须及时向中间商和消费者传递有关的产品销售情报。通过信息的传递，使社会各方了解产品销售的情况，建立起企业的良好声誉，引起他们的注意和好感，从而为企业产品销售的成功创造前提条件。抓住市场时机，通过专供产品来打击对手，在热销旺季到达前，先一步进入消费者视线。

2. 创造需求，扩大销售

促销能够创造需求，扩大销售。企业只有针对消费者的心理动机，通过灵活有效的促销活动，诱导或激发消费者某一方面的需求，才能扩大产品的销售力。并且，企业通过促销活动来创造需求，发现新的销售市场，从而使市场需求朝着有利于企业销售的方向发展。

3. 突出特色，有利竞争

促销可以突出产品特色，增强市场竞争力。企业通过促销活动，宣传本企业的产品较竞争对手产品的不同特点，以及给消费者带来的特殊利益，使消费者充分了解本企业产品的特色，引起他们的注意和欲望，进而扩大产品的销售，提高企业的市场竞争能力。

4. 有效反馈，及时调整

促销有助于反馈信息，提高经济效益。通过有效的促销活动，使更多的消费者或用户了解、熟悉和信任本企业的产品，并通过消费者对促销活动的反馈，及时调整促销决策，使企业生产经营的产品适销对路，扩大企业的市场份额，巩固企业的市场地位，从而提高企业营销的经济效益。

促销可以传递信息，强化认知，突出特点，诱导需求，指导消费，扩大销售，形成偏爱，稳定销售，是企业与消费者双赢的价值传递。那么，我们该怎么开展促销呢？接下来我们一起学习促销策略的类型。

第二节　促销策略

促销是在消费者与组织之间传递信息，是为了能够唤起消费者需求并激发需求。促销本质上是一种沟通活动，即营销者（信息提供者或发送者）发出刺激消费的各种信息，把信息传递到一个或更多的目标对象（即信息接受者，如听众、观众、读者、消费者或用户等），以影响其态度和行为。

促销策略主要是指企业以利用各种信息传播手段刺激消费者购买欲望，促进产品销售的方式来实现其营销目标，其中包括对与促销有关的广告、人员推销、营业推广、公共关系等可控因素的组合和运用。

在促销方面，企业需要思考如何通过广告、公关、营业推广和人员推销等手段将产品信息传递给消费者以促成消费行为的达成。

当然，我们也不能盲目地去制定促销组合策略，有基本的九大方针需要遵循：

（1）供其所需，即千方百计地满足消费者的需要，做到"雪中送炭""雨中送伞"，这是最根本的促销策略。

（2）激其所欲，即激发消费者的潜在需要，以打开商品的销路。

（3）投其所好，即了解并针对消费者的兴趣和爱好组织生产与销售活动。

（4）适其所向，即努力适应消费市场的消费动向。

（5）补其所缺，即瞄准市场商品脱销的"空档"，积极组织销售活动。

（6）释其所疑，即采取有效措施排除消费者对新商品的怀疑心理，努力树立商品信誉。

（7）解其所难，即大商场采取导购措施以方便顾客。

（8）出其不意，即以出其不意的宣传策略推销商品，以达到惊人的效果。

（9）振其所欲，即利用消费者在生活中不断产生的消费欲望来促进销售。

所有促销策略的制定与实施都需要建立在这九大方针的基础上，才能达到理想的效果。

　　基于促销手段的不同，我们可以将促销策略分为推式策略和拉式策略两种。

　　推式策略，即以直接方式，运用人员推销手段，把产品推向销售渠道。其作用过程为：企业的推销员把产品或服务推荐给批发商，再由批发商推荐给零售商，最后由零售商推荐给最终消费者。

　　拉式策略，采取间接方式，通过广告和公共宣传等措施吸引最终消费者，使消费者对企业的产品或劳务产生兴趣，从而引起需求，主动去购买商品。其作用路线为：企业将消费者引向零售商，将零售商引向批发商，将批发商引向生产企业。

　　促销是 4P 里最容易受到互联网影响的营销元素，也是最自由、最多变的，因此促销的形式一直在不断地更新升级中，从事件营销到体验营销再到情感营销、互动营销、整合营销传播等，促销的形式在变，企业的观念也需要与时俱进，把握好当下的浪潮，选择能取得最大传播效果的促销组合策略。

一、广告

　　广告是一种最重要的非人际沟通工具之一。广告方案是根据企业确定的目标市场和产品的市场定位来制定的。在广告管理活动中，企业营销人员首先要根据营销目标和营销战略确定广告目标，然后确定实现这一目标需要的费用，接下来是进行广告信息的设计和信息传播媒体的选择，最后要对广告效果进行衡量。我们先来看一场优秀的广告沟通活动。

| 案例直通车 |

"我们不生产水，我们只是大自然的搬运工"

　　2008 年 7 月，天涯社区一个关于某品牌饮用水的帖子《你的优质水源在哪里？》，引爆了某品牌饮用水的"水源门"事件，此后媒体纷纷报道"某矿物质水水源竟是自来水"，让定位为矿物质水的该品牌的形象一落千丈。

　　面对瓶装水巨头的"水源门"事件，农夫山泉顺势提出了"我们不生产水，我们只做大自然的搬运工"的诉求，对竞争者使用劣质水源的行为进行反讽。

　　农夫山泉的诉求准确地切中了消费者的"痛点"——随着健康意识的提高，人们的消费理念也开始"回归"，越来越多的人青睐自然界里天然的、有机的水和食物，而且在经过多年的消费者教育后，人们已

基本形成了矿泉水、天然水、矿物质水到纯净水品质依次递减的认知。在抢占了"不生产水"的高地之后，农夫山泉在瓶装水行业长期占领着不可撼动的龙头地位。

　　相信我们应该都看过农夫山泉推出的在长白山拍摄的广告，它用写实镜头记录天然故事，造就了农夫广告的"封神之作"。

　　2016 年，受 BBC 纪录片《地球脉动》的启发，农夫山泉的创意人员便萌生了把长白山的生态环境也拍成纪录片的念头。这样就能够更好地传递"什么样的水源，孕育什么样的生命"这一品牌理念。2016 年年中，农夫山泉飞赴英国布里斯托，和 BBC 野外纪录片御用团队 Silver Back 接触，在

最短时间内组建了顶级拍摄团队，邀请到了包括加文·瑟斯顿（Gavin Thurston）和约翰·艾奇逊（John Aitchison）在内的多位野生动物摄影师。经过 2016～2017 年隆冬的拍摄，第一支冬季篇广告片于 2018 年春季面市。广告片一经上市，就引起了巨大轰动，让广大网友惊呼原来广告还可以这么拍！冬雪，落在人潮汹涌的地方，是热气腾腾的浪漫；落在静谧无声的长白山，就成了萌宠们的冬季玩具。萌萌憨憨的动物在长白山穿梭，农夫山泉的水，也正在此处奔腾。在农夫山泉的广告镜头下，长白山的春夏秋冬，美不胜收。

之后每年，农夫山泉都会推出新一季广告片，无一不收获好评无数。在大众心中，农夫山泉的广告，已经成了高品质的代名词。

资料来源：

1. 杜鸣皓. 无公关不品牌：公关 36 计思维训练与实战进阶 [M]. 北京：团结出版社。

2. "文案君. 被卖水耽误的农夫山泉又出新广告了，让看广告成为享受"。

产品和广告的背后，是一个企业的价值观和世界观。品牌心智必须建立在核心品牌价值观的传递上，天然和水源正是农夫山泉品牌价值的核心。可以说，当竞争品牌还在强调产品本身的时候，农夫山泉已经在生态文明的宏大叙事层面建立了自己的品牌心智，始终如一地坚持水源地的传播与打造。如此一来，既能让原有的消费者对品牌愈加忠诚，也能使新的消费者了解到品牌所要传达的价值核心，广告的传播力、影响力都在不断累加，因而达到了事半功倍的营销效果。

仅靠高品质的产品、实惠的价格以及便利的渠道，还不足以建立良好的客户关系。公司还必须与顾客沟通其价值主张，而且必须有明确的目的和周详的计划。所有沟通努力必须相互协调，组合成整合营销沟通方案，优秀的沟通对建立和维持各种关系都非常重要。在公司努力建立有利可图的客户关系的过程中，有效的沟通尤其重要，广告就是一种有效的沟通手段，下面我们就对广告进行学习。

1. 广告的含义与作用

广告对经济、社会具有广泛的影响和作用。广告是由明确的发起者，以付费的方式，通过各种媒体对观念、产品或服务进行的非人员形式的促销。广告的英文原义为"注意""诱导"，即"广而告知"的意思。

广告不同于一般大众传播和宣传活动，作为一种传播工具，它将某一项商品的信息，由这项商品的生产或经营机构（广告主）传送给一群用户和消费者，它所进行的传播活动是有目的、有计划、带有说服性的。此外，广告活动往往需要付费，它不仅对广告主有利，而且对目标对象也有好处，可使用户和消费者得到有用的信息。

从企业市场营销的角度看，广告具有下述重要作用。

（1）介绍产品。传递信息，刺激需求是广告最基本的职能。企业通过实事求是的广告宣传，能增进消费者对有关产品的存在、优点、用途及使用方法等多种信息的了解，协助消费者通过所接受的信息，去选择适合自己需要的产品并产生购买欲望，采取购买行为。

（2）扩大销售。广告是进行市场渗透的有力武器。企业要发展壮大，就需要努力扩大市场，拓展产品销路。由于广告能广泛、经常地接近消费者，因而能在扩大销售方面起到开路先锋的作用。广告是沟通产销联系的纽带。由广告促进需求的扩大，由需求带动生产的发展。

（3）树立形象。广告是树立企业与品牌形象的重要途径。企业品牌和产品品牌是消费者购买产品时进行选择的重要依据，企业和品牌形象的好坏直接关系企业产品的销售，对企业市场竞争地位会产生重要影响。通过精心设计的广告，宣传企业的产品、企业的价值观与企业文化，能使企业形象深入消费者心中，有利于提高企业及企业产品的社会知名度，保持企业在市场竞争中的优势地位。

2. 广告的类型

企业可以选择单独给产品打广告，可以选择给企业自身打广告，也可以选择给企业的品牌打广告。

（1）产品广告。产品广告是指向消费者介绍产品的特征，直接推销产品，目的是打开销路、提高市场占有率。产品广告的目标在于推销产品，其核心是要采用各种方式介绍、宣传产品的特点和优点，利用各种劝说内容和形式，诱导人们购买。

（2）企业广告。企业广告是指以广告主（企业）的名义，并由其支付一定费用，通过大众传播媒体向公众传递商品（劳务）和购买者所能得到的利益的信息，以期达到促进企业商品（劳务）销售目的的信息传播活动。广告是有目的的信息传递，表述广告必须以市场调研为基础，准确地找准目标消费者，真实正确地传播信息。在企业广告中，广告处在商品（劳务）销售服务的从属地位。能帮助企业产生销售业绩的广告，才是真正的好广告。

（3）品牌广告。品牌广告是以树立产品品牌形象，提高品牌的市场占有率为直接目的，突出传播品牌在消费者心目中确定的位置的一种方法。广告就是要力图使品牌具有并且维持一个高知名度的品牌形象。从长远的观点看，广告必须力求去维护一个好的品牌形象，而不惜牺牲追求短期效益的诉求重点。

随着同类产品的差异性减小，品牌之间的同质性增大，消费者选择品牌时所运用的理性就越小，因此，描绘品牌的形象要比强调产品的具体功能特征要重要得多。

消费者购买时所追求的是"实质利益＋心理利益"，对某些消费群来说，广告尤其应该重视运用形象来满足其心理的需求。品牌形象是介于产品与企业之间的一种概念，它既包括商品特点的许诺，也包括企业形象的渗透。既然品牌形象包含这两方面的内容，因此采用品牌形象策略就必须以对商品和企业形象的分析为基础，并且品牌形象的延伸和推广也必须与企业形象相符。只有这样，品牌形象才能包含许诺，体现威望，产生信赖，实现特定的广告目的。

（4）观念广告。观念广告是通过提倡或灌输某种观念和意见，试图引导或转变公众的看法，影响公众的态度和行为的一种公关广告。它可以宣传组织的宗旨、信念、文化或某项政策，也可以传播社会潮流的某个倾向或热点。例如，钻石把"一颗恒久远，价值永流传"的观念植入人心，将原本实用价值非常低的钻石直接抬到了奢侈品行列，其经济价值翻了几千番。

观念广告是以建立观念为目的的广告，不直接介绍产品，也不直接宣传企业信誉，旨在建立或改变一种消费观念的广告。观念广告有助于企业获得长远利益。这类广告不仅不直接宣传商品，甚至不直接宣传组织本身，有时仅用来对某个问题表明看法，也被称为意见广告。它常用暗示的方法去触发公众的联想，在潜移默化中影响公众的观念和态度。

3. 广告媒体的选择

广告媒体一般有报纸、杂志、电视、广播以及互联网。目前互联网已经成为最重要的广告媒体，企业可以选择在网站和搜索引擎上打广告，在微博、微信等社交软件上打广告，在豆瓣、知乎等知识社区上打广告，以及在抖音、快手等视频软件上打广告，等等。在互联网时代下，企业的传播工具发生了很大的变化，并且无论是到达率还是覆盖率，都相对传统传播工具有了质的提升。

由于不同的广告媒体有不同的特点，因此企业在选择广告媒体时需考虑以下因素。

（1）产品特点。不同性质的产品应选择不同的广告媒体做宣传。例如，具有广泛需求的日用消费品可选择报纸、电视、广播等媒体做广告；一些需求面很窄的生产资料则不宜在电视等媒体上做宣传。视觉、色彩对心理影响较大的产品，电视广告效果最佳；技术复杂，而且广告中必须包含大量详细信息的产品，以印刷媒体为宜等。

（2）媒体习惯。在选择媒体时要考虑广告信息传播的目标受众的媒体消费习惯。不同群体的媒体消费习惯是有差别的，应针对目标顾客的媒体习惯选择广告媒体，以保证广告信息的接收效率。年轻人的"战场"在微博、微信，在抖音、小红书，而老年人的"战场"则在社区、在商场。

（3）费用。不同媒体的广告成本是不同的，企业要根据产品特点、目标受众的特点计算达到一定广告效果在不同媒体上的成本。例如，你想请一位当红明星来为你的产品做代言，你手里只有50万元的广告费，而该明星的出场费却高达百万元，显而易见，除非你能砍价，否则你只能望而却步，寻找另一位代言人。

二、公共关系

营销公共关系是促销组合的重要因素之一。公关的任务是通过在媒体上获得免费报道，以促进企业产品形象的建立，同时间接地促进产品的销售。

公共关系是指组织机构与公众环境之间的沟通与传播关系，本质上是一个双向传播与沟通的过程。"双向传播与沟通"是贯穿整个公共关系的一条主线，是现代公共关系理论的精髓，也是公共关系的本质属性。它渗透到公共关系原理和实务的各个方面，是准确理解公共关系的关键。

公共关系传播是开展公共关系的重要手段，离开了传播，公众无从了解组织，组织也无从了解公众。如果我们把组织看作公关工作的主体，把公众看作公关工作的客体，传播就是二者之间相互联系的纽带和桥梁。组织与公众的沟通，在很大程度上依靠信息传播，组织与公众之间的误解，也往往是由于信息不畅造成的。公共关系传播是组织通过报纸、广播、电视等大众传播媒介，辅之以人际传播的手段，向其内部及外部公众传递有关组织各方面信息的过程，其 5B 原则如表 10-1 所示。

作为促销组合的组成要素之一，公关的作用有很多，包括树立企业形象、建立和维持消费兴趣、处理品牌或企业危机，以及帮助新产品的市场开拓，等等。

表 10-1　公共关系传播的 5B 原则

结合点（binding point）	公关传播是为品牌的长期打造服务的。公关传播的方向是否正确，最根本的是取决于其是否符合品牌的个性；公关传播是否有效和有力，则取决于有没有挖掘出品牌的核心内涵，有没有找到与品牌之间最牢固的结合点。否则，就会南辕北辙，达不到传播的目标并造成对品牌的伤害
支撑点（back stop）	品牌建设不是空中楼阁，做公关传播不是空穴来风，一切传播都必须有落地的措施予以支撑
亮点（bright point）	如何才能事半功倍，四两拨千斤？必须要有能引起公众关注、媒体兴奋的亮点
沸点（boiling point）	水即使烧到 99 摄氏度，如果没有加最后一把火让水烧到 100 摄氏度，也不是沸水。公关传播同理，一定要保证足够的传播量，才能达到预期的传播效果
保护点（body guard）	在媒体多元化和"草根媒体"时代，在公关传播的过程中引起关注的同时，势必引发一定的质疑。如何才能处变不惊，化危为机？要真正使舆论始终按照预定的方向发展，就必须在事前找到各个层面及各个环节的保护点，做好危机管理

1. 常用的工具

（1）新闻。新闻就是最好的广告，它比一般的广告更令人信服，影响也更大。

有一种贴在汽车里面的车膜，叫福瑞德车膜，据说用子弹都打不破。为了宣传这种效果，生产福瑞德车膜的公司弄来两辆车，把车膜贴好，然后悬赏百万：谁能够用锤子把这个贴了车膜的玻璃打碎，谁就可以拿走一百万。很多人想，打碎玻璃太简单了，于是都来试，结果怎么打都打不碎。为什么打不碎？在场的人都发出疑问，该公司这才宣布，因为贴了福瑞德车膜。媒体当然不会放过这样的新闻。有的媒体全程报道，给福瑞德车膜做了一个免费的宣传，福瑞德车膜也就出名了。这就是新闻的力量。

（2）演说。美国政治人物的口才往往非常好，因为他们要吸引选民；直销公司也是通过演说来吸引大家参与的。这是因为演说能感染别人，所以演说也是一个营销的好方法。现在有很多人跑到各个小区里，说是要举办一个免费的健康讲座，实际上是为了推销新产品，于是很多老人都上当了，花了很多钱买回根本没用的东西。

（3）事件。制造事件也是一种促销的方法。农夫山泉公司有一个产品叫农夫汽茶，先不说它的产品如何，只说它的广告——农夫汽茶的广告被停播了。为什么被停播了呢？

它的广告是这么做的：有三个人拿着棒子去打劫一家食品店，结果食品店的老板借助农夫汽茶的威力，吓跑了打劫的人。有人说这个广告的内容不好，用打劫来做广告是很不健康的，所以这个广告就被停播了。一般的公司如果广告被停播了，就会重新去拍一个新的广告。但是农夫山泉公司没这样做，而是将坏事变成好事。农夫山泉公开向全国征集广告创意，如果你的广告创意被采用了，你还可以有机会担任农夫山泉的广告编导。这个事件一经传出，农夫汽茶的知名度也随之提升了。

（4）公益活动。参加公益活动是进行公关营销最常见的方法，而且这个方法不会有副作用，产生影响的时间也比较长。比如，可口可乐公司就曾捐了很多钱，成立了一所可口可乐希望小学，一来体现它的社会责任感，二来培育未来的消费者市场。

可口可乐公司的公关营销做得很好，它们的营销从小孩子开始，这样小孩子长大以后，就会变成可口可乐的忠诚顾客。它经常到小学去，用车接一些小学生去参观可口可乐的工厂。到了可口可乐的工厂以后，先让所有的小学生参观，之后在一个很漂亮的会议室里面播放幻灯片，讲可口可乐的百年历史，讲可口可乐在美国的发展历程，讲可口可乐对中国做出的贡献、为中国解决了多少就业问题，等等。最后，可口可乐公司送给小学生一些纪念品，还让他们免费喝可口可乐。它是在培养小孩子消费群，让小孩子从小就将可口可乐根植在心中。

（5）出版刊物。企业可以通过各种宣传资料与目标市场的消费者以及其他公众进行沟通。这些资料包括企业的宣传册子、企业报纸、年度报告、商业信件、期刊等。

（6）企业识别媒介。企业识别媒介就是 CI 系统，可以很直观地让消费者记住企业形象。比如把可口可乐和百事可乐放在一起，人们从几十米外就能分辨，一看就知道红色的是可口可乐，蓝色的是百事可乐。不过，企业不能只把 CI 系统当时髦，有的企业花几十万元建了套 CI 系统，却把它当摆设，没有专门的部门负责管理这套系统，于是出现了企业识别媒介不协调的问题。有的企业的标准色是红色，员工制服却是蓝色的，递出去的名片又是白色的，这样混乱的企业识别媒介就是没有将 CI 系统真正落到实处的表现。

2. 公关营销的方法

（1）营销广告与公益活动相结合。公益营销是以关心人类的生存发展、社会进步为出发点，利用公益活动与消费者沟通，将品牌的营销活动凭借公益事业进行一系列的传播和扩散，在产生公益效益的同时，使消费者对企业的产品或服务产生偏好，在做购买决策时优先选择该企业产品的一种营销行为。作为一种颇具亲和力的感性营销方式，公益营销抛开单纯为销售而销售的行为，从消费者的心智出发，搭建了一个能让消费者认同并且具有"为善"性质的社会公信背景的平台，实施人性化的营销活动。

一般认为，美国运通公司（American Express）是公益营销的开创者。1981 年，运通公司向"艾丽斯岛基金会"捐赠，用于翻新"自由女神像"。顾客每使用一次运通卡，运通公司就捐赠一美分，或每增加一位运通卡开户客户就捐赠 1 美元。运通公司在活动期间共捐赠款项达 170 万美元。自此，公益营销不仅引起了北美、欧洲的其他公司纷纷效仿，学术界也开始了对这一营销模式的研究和探讨。

（2）利用典型事件开展公关活动。所谓典型事件，就是生活中发生的那些对社会公众影响较大的事件。企业如果能用心地去挖掘，巧妙地加以利用，完全可以使其成为一种有效的广告宣传活动。需要注意的是，如何开发和利用这些典型事件的商业价值很有讲究，把握的分寸要得当。

（3）热点公关。全社会广泛关注的热点问题常常被企业用来宣传、提升自身形象，尤其是那些涉及众多消费者关注焦点的事件更是被企业看成是百年难遇的炒作题材。要想成功进行"热点公关"，不只要抓住概念，还要找准卖点、选好时机，并充分利用事件的不确定性因素来提升公关行为的效果。

（4）媒体关系。提到媒体关系，有人感叹"成也萧何，败也萧何"。媒体在大挣广告费的同时，也会经常刊登一些不利于企业的消息。对于这些，最好的办法就是不违规。因此，在自律的前提下，企业还要知道如何处理与媒体的关系。在有计划地"管理"媒体方面，企业应该和各种媒体保持良好关系，尽量不要因为任何事件而导致媒体对企业或产品产生成见，这对于良好企业形象与品牌形象的树立都很不利。

（5）赞助活动。企业可以进行各种体育赞助、健康赞助活动，这在争取特定目标消费者的理解与支持方面，往往非常有效。

| 案例直通车 |

加多宝公关化险为夷

三、人员推销

人员推销是企业通过推销人员直接向顾客进行推销，说服顾客购买产品的一种促销方式。这种方式尽管古老但十分有效，在现代市场上仍有其他促销方式无法取代的优点，发挥着重大作用，始终是现代企业开拓市场不可缺少的重要手段。

1. 人员推销的任务

作为企业和消费者之间相互联系的纽带，企业推销人员并非只负责推销商品，而是肩负着多方面的责任，其主要任务有如下几项。

（1）寻找客户。与现有顾客保持密切联系，这仅仅是推销人员所承担任务的一个方面。推销人员最重要的任务是寻找潜在顾客，开拓新市场。

（2）传递信息。通过与现实的和潜在的顾客的交往，推销人员将有关产品的特点、性能、价格等信息传递给顾客，以促进产品销售，同时收集和反馈有关竞争产品和消费行为的信息。

（3）销售产品。推销人员通过与顾客直接联系，运用推销艺术，解答顾客的疑虑，说服顾客购买，促成交易的实现。

（4）提供服务。销售产品不是人员推销的终点。推销人员在推销过程中，不仅要把产品销售给顾客，而且要在销售产品的同时，为顾客提供咨询、技术、信息、维修等多种售前、售中、售后服务，帮助顾客解决困难，满足顾客需求。

2. 人员推销的作用

（1）招徕顾客，开拓市场。推销人员不仅能促成原有消费者购买本企业的产品，而且能巩固老消费者，吸引新消费者，不断开拓新市场。

（2）保持联系，传播信息。推销人员能与消费者保持经常的直接联系。由于人员推销为面对面的、人与人之间的直接接触，因而往往会使这种商业往来演化为朋友间的往来。推销人员可以利用这种朋友间的往来，使联系保持下去，并在联系中传播企业产品的信息。

（3）提供服务，扩大销售。推销人员与消费者直接接触，灵活运用销售艺术，面对面地为顾客解答问题，诱发消费者的购买欲望，为消费者服务，当好消费者的参谋，为扩大产品销售提供了更有效的途径。

（4）调查研究，反馈信息。推销人员处在产品竞争的第一线，能及时收集消费者对本企业及产品或劳务的意见，能了解竞争者同类产品的质量、价格等情况以及市场上出现的各种动向，及时将市场信息反馈给企业，促进企业改进经营管理工作。因而，推销人员从此意义上说又起到"侦察兵"的作用。

3. 人员推销的特点

人员推销是一种销售人员和消费者双向直接沟通的活动，它是一种异常有效的推销方法。与广告宣传、公共关系等其他促销方式相比较，人员推销具有以下几个主要特点。

（1）人员推销注重人际关系。推销人员既代表着企业的利益，同时也代表着消费者的利益。满足消费者需要是保证销售实现的关键，因此，销售人员总愿意在许多方面为消费者提供服务，帮助他们解决问题。同时，在面对面的交谈过程中，双方极有可能建立起友谊关系。

（2）人员推销具有较大的灵活性。推销人员在访问推销过程中可以亲眼观察到消费者对推销陈述和推销方法的反应，并揣摩其购买心理变化过程，因而能立即根据消费者的情绪及心理的变化酌情改进推销陈述和推销方法，以适应各个顾客的行为和需要，最终促成交易的完成。

（3）人员推销针对性强。与广告相比，人员推销具有针对性强、无效劳动少的特点。广告具有重复性强、覆盖面大的特点，也正是因为广告所面对的公众十分广泛，其中一部分公众又根本不可能成为企业的消费对象，这样企业做广告的钱，难免有一部分是白花的。而人员推销则不同，因为推销人员总是带有一定的倾向性去访问有关人员，目的较为明确，往往可以直达消费者，因而耗费的无效劳动较少。

（4）人员推销的潜在替换。人员推销在大多数情况下能实现潜在交换，使得实际销售人员推销时可以占"见面三分情"的情面便利，消费者感到有必要倾听，注意销售人员的宣传并做出反应。一般地，如果消费者确实存在对所推销商品的需要，那么销售人员运用推销技巧肯定能使交易达成。

（5）销售人员充当双重角色。由于人员推销是一个销售人员与消费者双方直接沟通的过程，所以销售人员充当双重角色有利于企业经营决策。一方面，销售人员在向消费者提供服务和信息时，充当企业的"信息员"，为企业收集可靠的市场信息；另一方面，销售人员处于第一线，经常直接和消费者打交道，他们最了解市场状况和消费者的反应，因而，他们可以充当企业的"顾客"，为企业的经营决策提供建议和意见。

四、销售促进

1.销售促进的定义

科特勒认为："销售促进包括各种多数属于短期性的刺激工具，用以刺激消费者和贸易商迅速大量地购买某一种特定的产品或服务。"反正，用一句通俗易懂的话来说，销售促进就是企业采用各种它所能想到的刺激性手段来鼓励你购买它的产品，增加产品的销量。

销售促进也称营业推广，有时会被商家简单地称为促销活动。销售促进是指在特定的时间内，商家以某种实惠、利益或机会作为短期诱因，诱导和鼓励消费者达成购买行为的促销活动。销售促进作为一种企业竞争性工具，在我国其投入费用总额已超过了广告投入费用总额。销售促进的例子几乎随处可见，比如超市里、商场里醒目的"买一送一"的大字，比如一箱特仑苏上缠着一个精致的杯子，比如淘宝经常做的跨店满减活动，等等。

有资料显示，销售促进是企业运用得最为广泛的市场开拓工具。促销力度增大、促销费用的快速攀升是近年来商场营销的一个重要特点，如我国企业的促销费用与广告费用的比例由以前的 4:6 逐渐变为 6:4。

2.销售促进的作用

随着企业竞争的加剧和产品的增多，消费者收入的增加和生活水平的提高，在买方市场上的广大消费者对商品要求更高，挑选余地更大，因此企业与消费者之间的沟通更为重要，企业更需加强促销，利用各种促销方式使广大消费者和用户加深对其产品的认识，以使消费者愿意多花钱来购买其产品。简言之，销售促进最大的作用就是达到企业扩大销售的目的。

销售促进是市场竞争过程中的一把利剑。市场锋线的促销，作用在于对产品施加推力，使产品能够更快地进入市场和扩大市场。我们看到，在市场上并非每一个公司都做广告，但是每一个公司都无一例外地开展促销。所以，在我们执行开拓市场的任务时，一定要好好使用这一有力武器。

3.销售促进活动

当企业试图获得使用产品的潜在顾客、刺激分销渠道、让下滑的季度销售额重新增长或重新唤起顾客对一个衰退品牌的兴趣时，销售促进可以成为促销预算投入的一个合适的部分。表 10-2 总结了十种流行的对消费者进行销售促进的方法。

表 10-2　消费者市场的销售促进方法

销售促进方法	描述	评价	示例
产品小样	将产品的实体小样分发给消费者	对导入试用效果极好。样品可以在店中分发，也可以邮寄	吉列送出免费的剃须刀以诱导消费者放弃更老的款式
优惠券	在售点使用，立刻降低价格，可以通过印刷媒体、网络或在门店获取	优惠券的使用率一般较低，但仍是一种刺激"马上购买"的不错的诱因	在吉列发放的免费剃须刀中附有一张购买一盒刀片减1美元的优惠券
返利	在特定期间购买一项特定的产品而获得价格上的优惠	可能可以在售点立刻兑现，但更多情况下需要递交申请并等待处理	夏普通过百思买向购买该品牌平板电视的顾客提供100美元的返利
比赛与抽奖	借助消费者对娱乐和运气的追求吸引消费者	比赛除了运气，还需要一些技巧性元素。抽奖则是纯粹看运气	麦当劳著名的大富翁游戏——吃得越多，玩的就越多（反之亦然）
赠品	购买进行促销的某品牌产品，免费赠送另一样产品	给予顾客购买奖励。赠品可能是该产品的互补品，可能并无关联	汉堡王向购买套餐的顾客赠送最新的超级英雄电影周边玩具
多重购买优惠	购买多件该品牌产品即能获得优惠价——这是一种激励	一般是"买二赠一"或类似的形式	善存维生素的优惠——购买一瓶100片大瓶装，即赠送一瓶20片小瓶装
售点广告材料	在零售店设置的展示材料，以辅助广告活动并提醒顾客购买	对驱动顾客购买商店走廊内的某个产品分类下的特色品牌效果极佳	爽健在沃尔格林药房中间设立展厅，内有足底图
产品植入	使产品图像出现在电影、电视或者印刷媒体的照片上	与节目或电影故事以及相关名人的强力关联	在2012年上映的34部票房超高的大片中，有8部均出现了苹果产品
忠诚计划	与企业交易可以累积积分，目的是巩固长期的顾客关系，减少顾客流失	在航空业与酒店业特别流行。信用卡发行商通常在忠诚计划中起到辅助作用	美国航空公司的AA高级旅客计划，由花旗与万事达共同推进
直邮促销	直接通过邮件的方式发送通知、广告等信息，用户群体既定	定位准确、成本低、见效快，让营销可以面向特定的市场和人群	Supreme为消费者发送新品的限量邮件，只有收到邮件的才能购买

第三节　新媒体营销策略

随着互联网的发展，传统媒体营销体系对于消费者已经不再具有太大的吸引力。新媒体营销逐步成为主流，出现移动占据主流、从"硬广"转向"软广"、从单向沟通到互动的趋势。另外，新生态也在崛起，新媒体时代下的促销策略也在发生着变化，包括具有连接功能的流量池和产品，具备体验意味的游戏化营销和内容营销，社群方面的社交裂变和社群运营，以及作为工具的大数据。

一、新媒体营销相关概念及特征

既然新媒体营销已经成为主流，那么了解新媒体和新媒体营销就成了必然，无论是企业还是营销人员，都应当知道什么是新媒体、什么是新媒体营销及其相关特征。

1. 新媒体概述

新媒体的形态是不断发展变化的，就现阶段而言，新媒体更多是指基于计算机信息处理技术，通过无线宽带、有线宽带、卫星网络等现代传播手段，传播数字化文字、声音、图像信息的媒体。新媒体时代以数字化、网络化为媒体的主要特征。随着新媒体技术的发展，传播载体日新月异，传播方式日益多元，内容更为丰富，受众选择更为主动。

在这里，我们围绕其核心路径，即"内容生产—传播—受众消费"这条主线来探讨何谓新媒体，因为媒体从旧到新的发展就是沿着这条主线进行的。接下来，让我们来看看这条主线中的内容生产者、传播媒介和传播结构的变化。

（1）内容生产者：大众生产内容。在传统媒体时代，内容的生产者一般是机构，具体生产者是机构从业人员或者外请专家。刚进入互联网时代时，BBS 这类论坛媒体兴起，有写作功底的个人也可以直接在媒体上发声，成为媒体内容的生产者。完全进入互联网时代后，内容生产者更加多样，每个人都可以成为媒体人。从微信公众号主打的理念——"再小的个体，也有自己的品牌"，到抖音"记录美好生活"，这些社交媒体都在鼓励普通大众生产内容。在媒体环境的驱使下，"网红经济"出现了，越来越多的人成为"网红"，同时越来越多的人成为内容生产者。

（2）传播媒介：万物皆"媒"。媒体传播需要载体，这个载体被称为"媒介"。简单来说，媒介就是媒体进行传播所使用的工具。在传统媒体时代，传播媒介以文字和图片、视频和音频为主流。进入 21 世纪之后，计算机技术不断进步，互联网渐渐走入大众视野，从刚开始 PC 端的门户网站发展到现在的移动端互联软件，QQ、微信、抖音等软件层出不穷，标志着我们已进入了一个万物皆"媒"的时代。所有个体、各种软件都为媒体传播提供了极其便利的条件。

（3）传播结构：不断更新。传统媒体的传播结构是树形结构，层级是从上往下的。整个传播结构中有很多传播节点，如传统的报纸，其传播节点是报刊亭和关键性的购买者，然后才到达各个家庭成员手中进行传阅观看。然而在新媒体时代，这种传统的传播层级被打破了。中心点逐渐消失，每个人都可能成为传播源，同时也是传播受众，在这种情况下，就形成了错综复杂的传播网络。

2. 新媒体营销的概念

新媒体营销立足于现代营销活动，以服务消费者为导向，借助新媒介传播，宣传企业形象和文化，强化产品诉求，达到销售产品、宣传品牌、创造收益的营销效果。由于新媒体营销在营销活动中具有较强的互动性，所以消费者既是企业产品信息的接收者，又是企业产品信息的制造者和传播者，对企业品牌宣传起到促进作用。同时新媒体营销有着独特的覆盖优势，在营销活动中通过信息的全面发布，让受众更方便快捷地获取营销信息，形成立体覆盖模式。新媒体营销还有着制作成本低的优势，可以为企业节约成本、为企业高效率运作提供保障。此外，新媒体营销的精准度较高，能促使企业及时捕捉热点新闻话题，根据关键词、关注度准确地调整营销策略。

新媒体营销（new media marketing）是一个相对的概念，是指利用新媒体平台进行营销的模式，其中包括一系列的营销策略，如内容营销、游戏化营销、裂变营销和大数据分析等。孙岩在《新媒体背景下的营销变革》一文中指出，新媒体营销相较于传统媒体营销更加强调体验性、沟通性、差异性等方面。新媒体营销的盈利模式具有3点共性：①广告向深度和广度发展，一是植入式广告在新媒体营销中的地位更为突出；二是从一对多的广告转变为一对一定位的"窄告"。②用户订阅（增值服务）成为最终目标。③电子商务的新发展使新媒体的互动性更强，进而使用户与传播者或经销商线上线下的互动交易行为更加频繁。

新媒体营销是相对于传统媒体营销而言的，它与传统媒体营销之间是互补的而不是对立的，两者在时空上互补、在服务商上互补。新媒体营销的出现对于企业来说无疑是增加了一个接近用户的工具，利用互联网充分发挥营销活动的体验性、沟通性、差异性、创造性、关联性（见图10-1、图10-2）。

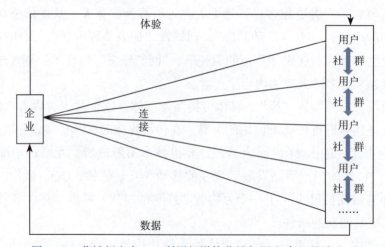

图 10-1　营销新生态——利用新媒体营销与用户建立联系（一）

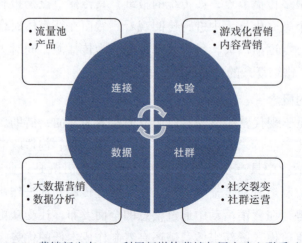

图 10-2　营销新生态——利用新媒体营销与用户建立联系（二）

3. 新媒体营销的特征

相较于传统媒体营销，新媒体营销具有以下特征。

（1）应用载体广泛。新媒体营销是以互联网技术为依托的，所有的互联网产品都可以成为新媒体营销的应用载体。新媒体营销的应用载体主要分为 PC 端媒体和移动端媒体两大类。

PC 端媒体是网络媒体的早期形式，大部分的早期新媒体都出现在 PC 端，为后来的移动端的新媒体营销奠定了坚实的用户基础。

移动端媒体是以智能手机、平板电脑等移动终端为传播载体的新兴的媒体形态。移动媒体的最大特点就是具有移动性，可随身携带。正是这一特点让网络媒体得到了更大程度的发展和普及，同时各种手机 App 层出不穷，遍布各个领域。

（2）准确定位用户。新媒体已经遍布生活的方方面面，如生活娱乐软件美团、打车软件高德、即时通信软件微信、生活记录软件抖音等，用户的生活轨迹几乎都会在新媒体上有所体现。新媒体营销可以通过数据抓取工具来获得用户的消费记录，再通过大数据分析工具来总结用户的特征，为其绘制画像。通过这种方式，企业就可以轻松地找到目标用户，从而通过精准投放广告以获取消费者。这种方式已经十分常见，如你在百度上搜索过手表，那么当你打开淘宝时就会出现关于手表的推荐信息。但这种方式其实是一把双刃剑，利在于这种方式能够帮助企业迅速锁定目标用户从而实现精准营销，同时也能够在一定程度上节约搜索成本；弊在于这种方式会让一些用户感觉自己的隐私受到了侵犯，从而对企业或者平台产生排斥感，给品牌造成不利影响。

（3）拉近用户距离。相较于传统媒体被动、单一的传播方式，企业在新媒体传播中可以通过网络技术与用户进行密切互动，跨越时空距离，使营销效率大幅度提升，同时可以借助市场反馈及时改进产品。比如，很多企业都会设立自己的官方微博账户，这个官方微博账户是企业专门用来和用户进行对话的，企业利用官方微博开展抽奖等一系列活动来增强和用户之间的互动，加强企业和用户之间的双向沟通，打破了以往的单向沟通模式。并且很多企业会在自己的官方微博或者论坛上优先发布新产品信息，有时还会抽取一些新产品的体验者，并根据体验者提出的反馈和意见进行产品的完善，这些举措都在无形之中拉近了企业和用户之间的距离。

（4）营销成本较低。企业利用新媒体营销所花费的成本，一般情况下比利用传统媒体营销所花费的成本低，虽然有些新媒体平台的广告投放价格很高，但是广告产生的效益也很高，所以性价比依然高于传统媒体。企业也可以自己利用新媒体进行营销，不依靠第三方，如创建企业的官方微信公众号，推送与企业相关的新闻等，还可以利用官方微信公众号来优化企业提供给用户的服务。此外，企业还可以运营官方抖音号。这些都是成本较为低廉的新媒体营销模式，却能够产生很高的收益。

二、连接：流量池 + 产品

（一）什么是流量池 + 产品

1. 流量池
随着互联网时代的到来，流量变得无比重要，流量池的概念应运而生。其实流量池的打造就相当于企业品牌形象的创建，一个有口碑、有辨识度的品牌会吸引巨大的流量，从而形成企业的流量池。当今时代，企业如何打造属于自己的流量池是一个十分重要的问题，各个企业都在不遗余力地打造流量池。企业要获取流量，最有效的两种方式包括事件营销和跨界营销，企业通过这两种方式可以增加流量并提高关注度。打造流量池的本质是一个企业或产品进行定位的过程，产品的定位决定了有哪些流量会进入流量池，会形成一个什么样的流量池。比如，作为当前较为流行的 App，抖音就是一个典型的碎片化娱乐分享平台，这样一个清晰明确的定位吸引了那些喜欢分享的用户入驻成为原创内容创作者，而那些喜欢在碎片化时间娱乐放松的用户便成为观看者，所以抖音打造的流量池是一个泛娱乐化的流量池。再比如，打车软件吸引的流量是司机和有打车需求的人群，它其实是一个交通出行的流量池。企业有了流量池，也就相当于拥有了商业机会，这些流量都可以转化成为企业的客户（如司机和乘客），或者为企业带来大客户（如广告商）。

2. 产品

产品是连接企业和用户的纽带，产品越好，纽带连接得就越紧密。好的产品可以让消费者追捧，使其成为忠实粉丝，甚至为之疯狂。比如，苹果公司以优质的产品吸引了全球众多消费者成为"果粉"，每次的新品发布都会引发谈论，很多人甚至熬夜排队购买苹果手机。苹果公司的手机能够让消费者如此疯狂，必然存在着其他公司的手机所不及的地方。

过去的企业依靠大规模批量化生产某一单品、以渠道作为企业的核心竞争力之一就能在市场上立于不败之地。但是在互联网时代，只有掌握了用户价值取向才能拥有流量，拥有了流量才能建立自己的商业模式。在这样的背景下，爆品、口碑、用户成为企业的制胜法宝。

何为爆品？爆品就是"引爆"市场的口碑产品。如何打造"爆品"？打造爆品主要有 3 个战略：痛点战略、尖叫点战略、爆点战略，三者相互组合、层层递进，是企业打造爆品、获取流量的可行战略。

痛点多是指尚未被满足，而又被广泛渴望的需求。通俗地讲，痛点就是在沙漠里渴了却没有水，在大海里航行却没有指南针……痛点是一切产品研发的基础，也是一切产品创新的基础，找不准用户的痛点，也许就是产品失败的源头。而尖叫点就是用户的口碑指数。一个产品要想成为爆品，找到用户的痛点是油门，找到产品的尖叫点是发动机，而爆点就是引爆用户口碑，打造爆品的放大器。爆点是引爆用户口碑的最直接的触发机制，若说"万事俱备，只欠东风"，那么爆点就是东风。爆点战略的核心是通过互联网引爆用户传播的能量，而爆点的核心就是精准。

（二）事件营销

在现今的流量时代，事件的发酵速度非常快，所以事件营销可以说是一种可以快速获取流量的方式。事件营销主要有两种模式：借势模式和造势模式。

1. 借势模式

借势模式是指企业借助已经发生并受到目标消费者关注的事件，寻找、创造企业与事件的某个关联点并嵌入其中，以媒介的传播作为桥梁来进行产品的宣传，从而使公众对热点话题的关注转变为对企业的关注。

借势模式具有投入成本低、操作便利等优势，是目前企业进行事件营销时最常采用的模式。该模式又可以根据载体事件的不同，细分为借用重大突发事件型、借用社会重大事件型、借用社会问题型、借用热门影视娱乐作品型等。

（1）借用重大突发事件型。重大突发事件是指突然发生的、不在公众预料之中的事件，通常这类事件都是会引起社会恐慌、牵动每个人心弦的负面事件，如2003年暴发的"非典"、2008年发生的汶川地震以及2019年年末暴发的新型冠状病毒肺炎疫情等。利用这类事件进行事件营销时，企业通常会将经济利益放在后面，而将企业社会责任和形象作为营销的重点。

（2）借用社会重大事件型。与第一类事件相比，这类事件多是积极正面的，有利于国家发展和社会稳定，公众对其普遍重视、关注和了解，如北京申奥成功、北京奥运会、上海世博会、G20杭州峰会等。

（3）借用社会问题型。社会发展的过程就是一个利益重新分配的过程，在这个过程中会产生许多新的矛盾，许多陈旧的观念会得到革新，许多新的问题也将会被放大，这些社会问题都是公众所关注的。

（4）借用热门影视娱乐作品型。借用热门影视娱乐作品型通常是指企业利用当下热播的电视剧、电影，明星的音乐作品、综艺作品等对企业的产品进行宣传，主要形式包括提供赞助、明星代言、影视冠名等。

2. 造势模式

造势模式是指企业为了进行产品宣传，主动制造一些符合企业、品牌和产品特色，满足自身发展需求的话题和事件，通过传播，使之成为公众所关注的热点话题和事件。

造势模式下的事件营销必须要满足创新性、公共性和互惠性原则。创新性是指企业制造的话题、事件必须有亮点，要么能取悦消费者，要么能与消费者产生共鸣，只有这样才能获得公众的关注。公共性是指企业制造的话题必须有一定的受众基础，避免缺少双向互动。互惠性是指此次事件营销不仅要为企业自身带来利益，还要站在消费者的角度，实现消费者的某种诉求。这种诉求不仅应包括企业产品给消费者带来的好处，还应包括企业产品带给消费者心理上的抚慰等，从而实现企业和消费者双赢，这样企业才会获得公众的持续关注。

（三）跨界营销

如今跨界营销已成为众多企业青睐的一种营销模式。跨界营销就是在市场调研的基础上根据不同行业、不同产品、不同偏好的消费者之间所拥有的共性和联系，使一些原本毫不相干的元素互相融合、互相渗透，在为消费者提供产品原有价值的同时给其带来新的附加价值，彰显出一种新锐的生活态度与审美方式，并赢得目标消费者的好感的营销模式。企业通过这种营销模式与同行业或者其他行业的企业合作，为共同的消费群体创造更多的价值，实现流量共享，最终达到共赢的目的。

跨界营销的类型有以下几种。

（1）促销跨界。跨界营销最常见的类型就是促销跨界。促销跨界是指企业通过与其他不同行业的企业的短期合作，对共同的消费群体进行重新定位，以共同提高销量为目标的一种营销模式。而在促销跨界中，最受企业青睐也是最有效的方式就是联合创意，即品牌双方共同想一些创意、做一些活动，对产品进行促销宣传。在很多情况下，如果品牌之间的合作契合点巧妙、合作内容有创意，就能带来一些流量及关注，效果往往也会比普通的投放广告好。

（2）产品跨界。产品跨界是指借助不同行业的概念、功能、技术来创造新的产品或者对现有产品进行升级，又或是研发有别于本品牌主流产品所在行业的其他行业的产品。产品跨界主要有以下两种方式。

1）改变产品的价值属性。改变产品的价值属性主要是指在原有产品的基础上附加属性或者强化产品的其他属性，使产品焕发新生，树立全新的产品形象，在不同的领域拓展市场。

2）不同品牌共同合作研发新产品。企业可以和同行业或者其他行业的企业进行合作，优势互补，借鉴不同的产品理念，为用户带来全新的体验和感受，在这一产品跨界的过程中往往也伴随着技术跨界。

（3）渠道跨界。渠道跨界是指两个或多个不同行业的企业或品牌基于渠道共享进行的合作。随着"互联网＋"时代的到来，线下渠道不断与线上渠道进行跨界融合，原有的常规渠道向新的移动互联网渠道进行拓展开发，逐步形成全方位、立体化的渠道体系。渠道跨界主要有两种方式：第一种方式是渠道和平台共享，即具有相似目标的消费群体的不同品牌相互交换并共享渠道和平台，让目标用户能够广泛接收品牌信息。第二种方式是线下渠道与线上渠道融合。线下渠道的价值在于能够为用户提供切实的体验和服务；

线上渠道则能够为用户提供足不出户的便捷服务，既能节约用户的时间又能缩短距离。二者相得益彰，共同打造全新的渠道生态圈。

| 案例直通车 |

跨界营销成功案例

三、体验：游戏化营销 + 内容营销

（一）游戏化营销

企业打造了自己的流量池之后不能放任不管，接下来就要盘活流量，使其为企业创造价值和收益。企业要为用户提供优质的体验，将用户留在流量池内，游戏化营销正是由此兴起。

古往今来，人们总是在尝试用各种方法让生活变得有趣，如举办各种比赛，或者给自己定一个小目标并设置相应的奖励等，这些将游戏融入现实生活的行为就是游戏化营销的体现。

游戏化营销是指将游戏思维和机制融入企业营销活动，使用户产生类游戏体验，进而提高为用户提供的服务价值。其中类游戏体验是游戏化营销的重点。很多时候，人们并不是沉迷游戏本身，而是喜爱游戏带来的体验。各种各样的游戏会带给用户多种体验，同时用户为了能够获得更好的体验也会集中注意力，快速熟悉游戏规则和游戏技巧，从而驱动心流体验的产生。心流体验能够让用户沉浸其中，全身心地投入游戏，享受其中的乐趣。

所以企业在进行游戏化营销的时候应该运用各种游戏元素，让用户获得类游戏体验，从而更加积极地参与营销活动。支付宝的蚂蚁森林就是典型的游戏化营销案例，蚂蚁森林意在促使人们进行绿色消费，收集绿色能量、积攒绿色能量，达成种树的成就，每种一棵树都会获得一张环保证书。这些都是游戏化的元素，通过这种"目标—奖励—成就"的机制来提高用户对支付宝产品的打开率和使用率，同时这种营销模式也给企业塑造了一个绿色环保、有社会责任感的形象，提高了用户的好感度。目前，游戏化营销的应用已经十分广泛，如微信红包、蚂蚁庄园等。

除了十分典型的游戏化方式，用讲故事的方式也能够在一定程度上起到游戏化的作用，这种方式往往能让用户更迅速地进入情境，将自己代入人物角色。

| 案例直通车 |

2016 年，淘宝推出了一个美食分享活动，叫"淘宝二楼"。这个活动的开启时间主要集中在每天晚上 6 点到次日早上 7 点。在这个时间段内，用户可以打开淘宝首页，下滑页面就可以进入"淘宝二楼"。在"淘宝二楼"这个活动中，淘宝用精心制作的文字、图片以及短视频，为用户呈现了名为"一千零一夜"的系列故事。

在第一季第一期的"一千零一夜"里，"淘宝二楼"通过一个青岛姑娘的故事向用户介绍了鲅鱼水饺。这个姑娘生日那天的晚上下起了小雨，下雨的时候总是很难打到出租车，刚刚下班的她同样也没有打到

出租车。虽然是过生日，但是她并不像小时候那样快乐，大概是因为她长大了吧。这时姑娘看到了一个小帐篷，帐篷的主人说："今晚有鲅鱼水饺。"这句话让姑娘放下防备接受了帐篷主人的邀请，因为来自青岛的她已经很久没吃到过鲅鱼水饺了。

在帐篷里，姑娘吃到了跟家乡鲅鱼水饺味道一模一样的鲅鱼水饺，也收到了来自帐篷主人的生日祝福。在故事的结尾，姑娘说，虽然再也没见到过帐篷主人，但是那天鲅鱼水饺的家乡味道让她无法忘却。

资料来源："搜狐网．IP 案例分享：鲅鱼水饺"，2018 年 8 月 21 日。

家对于我们来说是情感的寄托、心灵的港湾，是一种无可替代的存在。故事中的青岛姑娘是千千万万离家奋斗的青岛人的缩影，她因为鲅鱼水饺而感受到的家乡味道也是大部分人在追求的。这样一个故事让用户产生了想获得家乡味道的需求，进而产生了购买鲅鱼水饺的欲望，视频最后提到"正宗鲅鱼水饺，淘宝有售"。"淘宝二楼"活动开始之后，鲅鱼水饺的销量大幅提升，一反淡季销量低迷的状态。

将游戏化元素加入营销活动可以增加人们对这种活动的喜爱。具体而言，游戏化营销的优势是增强企业对用户的吸引力，提升用户参与度，增强用户黏性，培养用户的使用习惯。游戏化方式可以提高用户的参与程度。人的大脑本身就渴望解决问题、得到反馈，所以也会渴望获得游戏提供的愉快体验。这种渴望促使游戏的吸引力的形成，也促使人们产生参与游戏的行为。当在营销中使用游戏化方式时，用户不再是被动地接收各种关于产品的枯燥信息，而是主动参与游戏，在轻松愉快的氛围中完成对产品或服务的认知和消费。例如，乐事为了向用户传达"天然""健康"的信息，在"开心农场"游戏中植入自己的产品。在"开心农场"里，用户可以选择种植天然的土豆，然后把成熟的土豆通过"薯片加工机"制作成薯片，并以出售或赠送的方式把薯片分享给好友。用户通过这个游戏增加了对乐事的了解，同时对乐事的喜爱度和购买意愿都得到了提升。

对于企业而言，游戏化营销最主要的目的是增强用户黏性、增加用户存量。

蚂蚁森林是支付宝为首期"碳账户"设计的一款公益活动。首先，用户可以在蚂蚁森林中选择自己想要种植的树苗，如梭梭树、沙柳或樟子松等。之后，用户每天可以通过行走、线上线下支付、使用共享单车、收取好友能量等行为获得能量，能量收集和积累可以帮助游戏中的虚拟小树成长。小树长大（能量积累到一定程度）后，平台就会在内蒙古阿拉善、鄂尔多斯、巴彦淖尔和甘肃武威等地区种植一棵真树。现在，蚂蚁森林中平均每天可以种植 5 万～6 万棵虚拟树苗。因为能量每天都会形成，所以用户很容易养

成登录支付宝的习惯。同时，因为蚂蚁森林与支付宝的其他功能（如交水费、网络购票、订外卖等）相互关联，这在一定程度上也增加了用户对其他功能的使用频次。这样的关联不仅增加了游戏的价值，也使用户可以在一个平台解决自己的其他问题，从而增加用户在该平台停留的时间。

（二）内容营销

内容营销是创造良好用户体验的另一种方式，并且已经广泛应用于各种新媒体营销活动中，反响良好。

内容营销是指以图片、文字、动画等介质将企业的相关信息传达给用户、促进销售的过程，也就是通过合理的内容创建、发布及传播，向用户传递有价值的信息，从而实现网络营销的目的。内容所依附的载体可以是企业的 Logo、宣传图册、官方网站、广告，也可以是企业自制的 T 恤、纸杯、手提袋等。

21 世纪是信息大爆炸的时代，我们每个人每时每刻都在接收着不同的信息，平面广告、电视广告、网络广告或手机中的微博、微信公众号、新闻推送，甚至一首全新的单曲，在传统的意义上来说都是内容，但并不是真正的内容营销。内容营销在本质上是一种思维方式、一种战略性的指导思想，它并不仅仅是内容的发布，更重要的是发布的内容有没有吸引特定受众主动关注。也就是说，内容是否自带吸引力，让用户主动关注，而不是单纯地运用媒介进行曝光。这也是内容营销在新的时代背景下最重要的变化：从将关注点放在如何找到用户上转变为开始吸引用户主动关注上。

内容营销是新媒体时代提高用户转化率的重要手段，它颠覆了过去那种信息传播、交流的方式，无须做广告、推销，就能将信息传达给目标用户，从而盘活流量。内容营销的价值逻辑是通过内容来重构企业品牌的核心优势。所有的企业都要学会利用自己的官方网站、广告、线上社区等媒介开展营销活动，利用自身的媒体渠道来制作优质的内容，从而引导用户参与，生成销售成果。

同时，对于内容营销来说，最核心的工作是创造独属于企业自己的品牌故事，如百岁山的品牌爱情故事，一提到那位老人与公主的爱情故事，人们就会想到百岁山。网易的内容营销一直以来都可圈可点，它会不时地推出一些打动人心的内容，风靡网络。比如，轰动一时的 H5 作品——"睡姿大比拼"，每个人都可以勾画出自己独特的睡姿，表现自己生活中最不为人知的一面。这个 H5 作品"刷爆"了整个微信朋友圈，成为当时的新型社交方式，也为网易吸引了不少用户并使其成为网易的忠实粉丝。

内容营销的内容类型有以下几种。

（1）企业生产的内容。这类内容以企业为主体，是依据企业的核心文化而产生的，可为受众提供与产品、品牌相关的信息，目的是让企业成为用户心中的权威。比如，企业运用自己的官方网站或自媒体、线下门店等媒介开展的内容营销活动。

（2）专业生产的内容。企业借助代理或专业的第三方内容机构生产的外部内容，可为更广泛的消费群体提供品牌信息。比如，企业借助广告公司制作广告，或者通过冠名某一档综艺节目或广播节目进行内容的生产和传播。

（3）用户生产的内容。这类内容以品牌粉丝为核心，是来自他们的原生的口碑内容。比如，用户在拥有了一次良好的消费体验后，通过微信朋友圈或微博等平台来描述这次体验，帮助企业进行内容的生产和传播。

也就是说，内容营销就是要求企业不断创造高品质的自我生产内容和专业生产内容，同时激发用户自觉地为企业生产内容，从而达到运用内容营销策略来助力更多营销活动开展的目的。

| 案例直通车 |

《奇葩说》的内容营销策略

四、社群：社交裂变 + 社群运营

社会化营销

（一）什么是社群

"社群"这一概念出现在 20 世纪 80 年代，一般社会学家与地理学家所指的社群，在广义上是指在某些边界线、地区或领域内发生作用的一切社会关系。它可以指实际的地理区域以及在某区域内实际发生的社会关系，或指较抽象的、思想上的关系。简单来说，社群是社会关系的连接体。沃斯利（Worsley）于 1987 年曾对社群的含义进行了解释：社群即地区性的社区，用来表示一个承载用户相互关系的网络。他认为社群可以是一种特殊的社会关系，包含社群精神或社群情感。

今天，我们可以简单地认为社群就是一个群体，一个基于共同需求、共同爱好而聚集到一起的群体。但是社群要有一些它专属的表现形式，如社群要建立它的社交关系链，不只是拉一个群而是基于共同需求和爱好将大家聚集在一起。社群要有稳定的群体结构和较一致的群体意识，成员要有一致的行为规范、持续的互动关系；成员间分工协作，具有行动一致的能力，这样的群体才是社群。社群的作用就是通过线上线下的高频互动把那些本来跟企业没有任何关系的用户转化成弱关系用户，把本来是弱关系的用户转化成强关系、强链接的超级用户。

而互联网强大的高连接性和承载力，致使社群更容易形成和扩大，社群的构成限制也在逐步缩小。最明显的体现就是，现在打开你的手机，你会发现你几乎在每一个平台都有各式各样的社群。比如，微信中的家族群、微博中的超话社区、QQ 中的班级群、钉钉中的工作群，各式各样的社群给我们身上的每一个标签都找到了归宿，也让每一种行为都有了相应的抒发空间。

至此，我们已经了解了什么是社群，而社群营销就是企业通过组建该社群，创建与目标用户群体长期沟通的渠道的社会化过程。简单来说，社群营销需要透过一种能够聚集用户的网络服务来进行。这种网络服务早期可能是论坛，近期是博客、微博以及微信。这些网络服务具有互动性，能够让用户在一个平台上彼此沟通与交流。而群体（当然包括企业）也可以运用这种网络服务，与目标用户沟通、交流。

社群营销有以下 3 种模式。第一种是个人构建的兴趣社群，企业会筛选出兴趣与自己的产品卖点相匹配的社群，也就是利用社群进行精细化营销。简单来说，就是在相应的兴趣社群里，企业结合产品卖点与社群中用户的共性开展有针对性的营销活动，这也是早期社群营销的模式。

第二种是用户自发建立的社群，用来一起讨论某一产品的效果，用户在社群中交换产品的使用心得。这类社群往往是忠实粉丝自发建立和交流的基地，它们有着很强的能动性，在这里企业不用营销产品，就能收获很好的营销效果。这里也是粉丝文化和口碑营销的重要发源地。

第三种是由企业主导建立的社群。企业会在日常运营中将自己的用户纳入社群中，并在社群中对用户进行更直接的维护，包括更频繁地交流、更直接地回答问题、提供更优惠的销售价格等。通过在社群内的交流，企业可给予用户更多被重视的感觉，从而更高效地完成营销行为。

社群营销看中的不是一次性交易，而是持续复购。社群看中的不是一件产品而是一站式解决方案。以前在企业眼里用户是让自己赚钱的，所以很多企业与用户之间的关系是一次性的交易关系，后来企业发现只有跟用户交朋友，才有可能实现复购和口碑裂变。以前企业认为一个用户就只是一个用户，后来发现在人以群分的时代，一个用户背后完全有可能是一群用户。以前企业认为用户就是用户，后来发现用户完全可能转化为粉丝，转化为员工，甚至转化为股东、投资人、合伙人。因此，企业必须重新思考自己与用户之间到底是什么关系：是对立博弈的一次性交易关系还是共建共享的一体化社群关系？而这也正是决定企业能否飞速发展的重要因素。

（二）社交裂变

病毒营销

裂变营销的增长方式使用越来越广泛，利用裂变营销成功实现用户增长、建立社群的案例比比皆是。

社交裂变即裂变方式在社交领域的延伸和运用。裂变首先需要以一个（或几个）点为基础，成功突破了一个（或几个）点后，再进行严格的复制，由一个成功的点复制出另一个点，再由 2 个点裂变为 4 个点……依此类推，先慢后快、逐步推进，最终快速高效地全面启动整个区域市场。

趣头条是靠社交裂变成长起来的现象级产品，其裂变方式是将链接分享给朋友，朋友点击达到一定数量后，分享该链接的用户就会获得现金奖励或购物补贴。这种软件以这种方式迅速裂变，从而使自身的下载量和使用率暴增。社交裂变抓住了用户的心理和需求，同时也利用了用户的社交资源，以杠杆的形式撬动用户的整个社交圈。目前已经有很多企业依靠社交裂变的方式迅速成长为行业"独角兽"，如教育行业的 VIPKID，其采取"产品化拉新"的方式，通过口碑营销在微信、QQ 等社交媒体上实现快速传播，通过微信公众号、微信朋友圈等社交圈扩散运营，这种方式所带来的学员超过了 VIPKID 新学员总数的 70%。

接下来，我们将介绍一个裂变营销模型——AARRR 模型（见图 10-3）。

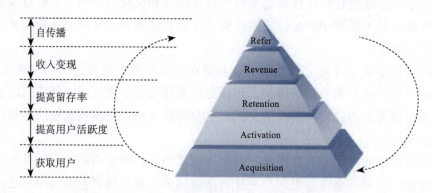

图 10-3　裂变营销模型——AARRR 模型

① Acquisition（获取用户），即如何让用户从不同渠道了解你的产品。

② Activation（提高用户活跃度），即让用户在你的产品上完成了一次参与行为。

③ Retention（提高留存率），即让用户继续使用你的产品。

④ Revenue（收入变现），即让用户在你的产品上完成了可使你获得收益的行为。

⑤ Refer（自传播），即用户主动引导他人来使用你的产品。

AARRR 模型其实并不仅仅是一个"漏斗"，漏斗只能表示营销活动的各个阶段所包含的用户容量，实际上这个模型是产品闭环的一个过程，从用户增长、获取收入到传播裂变，即可完成闭环。归根结底，这个模型其实还是在研究用户的需求，使每一层用户的价值增加，把潜在用户转变为自己产品的新用户，把新用户留住，变成忠诚用户，让忠诚用户去拉动新用户，从而形成闭环，实现销量的增长。

那么这个模型在实际的运营过程中该怎么应用呢？应用过程中又应该注意些什么问

题呢？接下来，我们就用王者荣耀这个大家熟知的游戏来详细讲解一下，看看王者荣耀如何运用裂变营销收获上千万的用户，开创竞技手游新时代，成功地将大型手游的客户转移到了手机端，并且收获了从"80后"到"00后"的年轻用户。

| 案例直通车 |

王者荣耀的裂变营销

（三）社群运营

社群指的是一群具有相同目标或者相同特质的人聚集在一起，与传统的社区不同，社群强调的是人与人在虚拟空间里的关系。社群包括同好、结构、输出、运营和复制5个要素，好的社群具有强有力的连接纽带，能够促进企业的收益转化。

社群营销能够帮助用户感知品牌的温度，社群的形态便于企业产品直接展示自身鲜明的个性和情感特征，可以让用户更直观地感受到品牌的温度。社群包括同好这一要素，也就是为企业提供了精准的目标人群，在社群内开展营销活动以及发布产品信息更能刺激用户购买。社群打破了传统的"售后即走"的形式，社群中的用户可以深度参与产品的设计以及升级换代等一系列活动，甚至会为品牌进行推广，无形之中增强了用户黏性。在互联网时代，社群的数量日益增加，如何做好社群营销与运营也成为企业的一个重要课题。

简单地说，社群运营需要透过一个能够群聚网友的网络服务来进行经营。由于网络服务具有互动性，因此，能够让网友在一个平台上，彼此沟通与交流。而个人或群体（当然包括企业）可以运用这样的网络服务，与目标用户来往、沟通、认识彼此。

随着互联网的迅速发展、社群经济的兴起，社群运营开始被诸多企业所重视，企业开始意识到社群对于维系企业与用户之间的关系，促进用户重复购买的重要性。社群所能带给企业的不是一个用户而是一群可以自发宣传、重复购买的忠实用户，而社群看中的不是一件产品而是一站式解决方案。因此，对于企业来说，社群运营的重要性可见一斑。

一般而言，社群运营有三个重要原则。

1. 以用户为中心

社群运营有两个目的：一是自然构建更多和用户的接触点，将企业和用户之间的连接时间变得更长、连接次数变得更多；二是让用户之间互相服务、实现黏着。这两个目的都有一个共性，就是提高用户在企业关系中的自主性。对于社群运营来说，最重要的一个原则就是要以用户为中心，社群要为用户服务。社群的主人是用户，社群是用户自发建立的，企业扮演的是帮助用户在社群中更好地行使他们的权利的角色。

2. 以价值为导向

以价值为导向即在社群运营的过程中，企业要不断地为用户创造价值，创造价值的方式可以是给出简单而清晰的目标，促使用户在社群中逐渐实现这些目标。实现目标的过程既可以帮助社群维持用户的活跃度，又可以使用户在社群运营中找到自身的价值。通过不断实现目标，完成价值的升华，用户可以更好地强调自身在社群中的核心地位。

3. 以可持续发展为目标

社群运营的最终目的是帮助企业维系用户关系、培养忠实用户，为用户提供一站式解决方案。基于这样的目的，社群运营最重要的原则就是以可持续发展为目标。社群的搭建和解散都是一件很容易的事情，但是好的社群一定是长时间存在、可持续发展的。

| 案例直通车 |

小米——中国的社群
营销之"王"

五、数据：大数据营销 + 数据分析

大数据已经被应用于现代社会的各个方面，利用大数据进行营销也将逐步成为主流趋势。在信息化时代，大数据负责捕捉用户行为留下的痕迹，形成具有一定规律和特点的数据图谱，每个人的行为都是由各种数据和标签组成的图谱。

数据不仅仅是一般意义上的由简单的数字组成的数值，事实上，图片、文本、视频以及实物信息等都是数据，如各种档案以及信息资源、博物馆内的文物等。

在信息化时代到来之前，数据的内涵和范畴是相对狭隘的，很多文字信息都不算作数据。随着时代的发展和变迁，文字信息愈发重要，特别是在社交媒体迅猛发展的当下，用户生成的内容成为最主要的信息和数据来源。可以预见，随着未来科技的不断发展，数据的内涵会不断丰富，数据对于世界的发展会变得越来越重要。通过海量数据的积累，并且结合信息处理技术，企业可以做出更精准的决策。在信息和智能时代，事物的不确定性越来越强，许多现象无法运用机械思维即可预测性和因果关系进行解释，因而，大数据思维应运而生。借助大数据思维，可以厘清数据之间的相关性以及整个世界的不确定性。

随着营销技术的发展，出现了能实时采集用户在线行为的数字数据的手段，同时还能够通过设备信息或者 IP 地址等信息进行用户识别。完成大数据的采集和识别后，企业需要对这些用户行为数据进行分析，得出用户的当前需求以进行之后的精确化营销。在确认用户需求之后，企业最终要对用户进行营销接触。基于大数据的营销接触形式主要包括合作营销、跨界合作、跨屏营销、实时营销等。合作营销，如大多数汽车企业都会找"汽车之家"进行合作；跨界合作，如你通过搜索引擎查找了某品牌手表的信息，淘宝就会给你推荐手表；跨屏营销，如你在智能手机上通过搜索引擎查询了某手表的价格，回到家打开电视看到的开机广告可能就是这款手表的促销信息；实时营销，如你到了某一城市之后，当地旅游局会给你发信息展示当地的特色景点；等等。

可以看出，大数据应当是一种抽象的信息资产，其规模之大导致人们无法仅靠人脑或者简单的操作软件加以收集和处理，而是需要通过更加高级的技术加以控制和开发，从而帮助人们获得更强的洞察能力和决策能力。在新的大数据时代风口，我们需要新的思维模式和方法论来理解世界，而大数据正是能够帮助我们的工具。

| 案例直通车 |

大数据营销的魅力

【思政课堂】

社群经济既强调社群的集体力量，又强调这种集体力量的生产性及其经济方面的效用。社群经济的核心是具有生产力效力的集体行动力。而集体主义，作为全党和全国各族人民建设中国特色社会主义的精神纽带和行为准则，为汇集各方智慧和力量实现我们共同的理想发挥了不可替代的作用。在社群经济愈发火热的今天，如何打造出一个高质量的社群依然是令众品牌方头疼的问题。

在建立一个社群之前，如果没有摸透社群的本质，明确社群的目标，那么一切都是白搭。那么，我们应该如何理解社群呢？

首先，组建社群为了谁？"为了谁"这个初心层面的问题，是所有品牌方在组建社群之前最该明确的，答案也是最毋庸置疑的——为了用户。只有出发点是真正为"粉丝"着想的社群，才具备长远发展的能力。

其次，维护社群依靠谁？"粉丝"的力量是很强大的，"星星之火，可以燎原"就是对它最生动的比喻。但是，要想"粉丝"成为品牌方的依靠，品牌方就得好好思考、好好回答"为了谁"这个根源性的问题。

再者，社群能满足用户什么层次的需求？归属感是人性深层次的渴望。归属感是"粉丝"产生黏性的根源，是"粉丝"愿意为品牌买单的原因。只有其深层次的需求被满足，用户才会成为忠实"粉丝"。

最后，社群营销如何达到效果？社群营销从来都不是单打独斗，而是需要品牌方和用户的相互成就。用户之间的多向互动关系，在社群发展到一定程度后会进行自我运作，不断分享，自主创造，从而进行各种产品和价值的生产和再生产。"粉丝"会为品牌方达成社群目标与愿景，当然，前提是品牌方得让"粉丝"觉得"这是一项伟大的使命"。

思考题

一、名词解释

1. 促销
2. 公共关系
3. 销售促进
4. 新媒体营销
5. 社群

二、选择题

1. 借助社会热点事件开展营销活动的营销方式是（　　）。
   A. 跨界营销　　　B. 事件营销
   C. 裂变营销　　　D. 社群营销
2. 下列选项中，不属于游戏化营销带来的好处的是（　　）。
   A. 增加用户参与度
   B. 培养用户的使用习惯
   C. 增加游戏时间
   D. 增加用户黏性
3. 支付宝游戏化营销——蚂蚁森林活动的哪一个举措不能帮助其增加用户黏性（　　）。
   A. 防偷能量保护罩
   B. 每日收取种树能量
   C. 能量不及时收取就会消失
   D. 利用支付宝支付可以获得能量
4. 内容营销不包含以下哪个方向（　　）。
   A. 企业生产的内容
   B. 学校生产内容
   C. 专业生产的内容
   D. 用户生产的内容
5. 打折、回扣、赠品属于以下哪一种促销方式（　　）。
   A. 广告　　　　　B. 人员推销
   C. 公共关系　　　D. 营业推广

三、简答题

1. 促销的推式和拉式策略主要方法各有哪些？
2. 如何理解社群对于企业的作用？
3. 公关营销的方法有哪些？
4. 什么是新媒体营销？除了本章所提的新媒体营销策略，你还知道哪些其他的新媒体营销策略？请举例说明。

四、案例题

茶香也怕巷子深：龙润茶业的新媒体营销之路

案例思考题：

1. 龙润茶业为什么要开启新媒体营销之路？
2. 龙润茶业如何提高其新媒体营销账号的关注度？
3. 从新媒体矩阵视角分析龙润茶业新媒体营销策略。
4. 龙润茶业斥资投放央视广告、聘任品牌形象大使的动因，及其与新媒体营销方式之间的关系是什么？

延伸阅读

1. 万后芬，杜鹏，樊帅 . 市场营销教程 [M].4 版 . 北京：高等教育出版社，2018.

2. 杜鹏，樊帅 . 人人学点营销学 [M]. 北京：机械工业出版社，2020.

3. 国家级精品在线开放课程"人人学点营销学"（课程主讲人：杜鹏），网址：https://www.icourse163.org。

4. 国家精品视频课程"价值营销概说"（主讲人：万后芬、费显政、杜鹏、汤定娜），网址：http://open.163.com/special/cuvocw/jiazhi.html。

5. 国家精品资源共享课"市场营销学"（课程团队：汤定娜、万后芬、杜鹏），网址：http://www.icourses.cn/coursestatic/course_3151.html。

6. 杜鹏 . 消费心理学 [M]. 上海：上海交通大学出版社 .2016.

7. 杜鹏，佟玲 . 新媒体营销（微课版）[M]. 北京：人民邮电出版社，2021.

参考文献

[1] SCHOENBACHLER D D, GORDON G L. Trust and customer willingness to provide information in database-driven relationship marketing[J]. Journal of Interactive Marketing, 2002（3）.

[2] 卢泰宏 . 品牌资产评估的模型与方法 [J]. 中山大学学报（社会科学版），2002, 42（3）：88-96.

[3] 王海忠 . 中国消费者品牌知识结构图及其营销管理内涵 [J]. 财经问题研究，2006（12）：59-66.

[4] 陈阳 . 市场营销学 [M]. 3 版 . 北京：北京大学出版社，2016.

[5] 杜凤林 . 新零售：打破渠道的边界 [M]. 广州：广东经济出版社，2017.

[6] 杜鸣皓 . 无公关，不品牌：公关 36 计：思维训练与实战进阶 [M]. 北京：团结出版社，2017.

[7] 考德威尔 . 价格游戏：如何巧用价格让利润翻倍 [M]. 钱峰，译 . 杭州：浙江大学出版社，2017.

[8] 梁文玲 . 市场营销学 [M]. 北京：中国人民大学出版社，2014.

[9] 西奥迪尼 . 影响力 [M]. 闾佳，译 . 杭州：浙江人民出版社，2015.

[10] 庞守林 . 品牌管理 [M]. 2 版 . 北京：清华大学出版社，2016.

[11] 施炜 . 深度分销：掌控渠道价值链 [M]. 北京：企业管理出版社，2018.

[12] 宋彧 . 市场营销原理与实务 [M]. 北京：清华大学出版社，2013.

[13] 王海忠 . 品牌测量与提升：从模型到执行 [M]. 北京：清华大学出版社，2006.

[14] 庞德斯通 . 无价：洞悉大众心理玩转价格游戏 [M]. 闾佳，译 . 北京：北京联合出版公司，2017.

[15] 杨芳平 . 品牌学概论 [M]. 上海：上海交通大学出版社，2009.

[16] 余鑫炎 . 品牌战略与决策 [M]. 3 版 . 大连：东北财经大学出版社，2015.

[17] 郑毓煌，苏丹 . 理性的非理性：人人都需要的十堂营销心理课 [M]. 北京：中信出版社．2016.

后　记

值本教材即将面世之际，恰逢全面贯彻落实党的二十大精神的开局之年，也是实施"十四五"规划承前启后的关键一年，未来国家将围绕加快数字化发展、推动经济体系优化升级的目标开展战略部署。当前，数字化的发展在不断助力我国进入消费新时代，未来几年，国家将会坚持扩大内需这个战略基点，抓住居民消费结构升级的大趋势，从供给和需求两端协同推进相关政策调整与体制改革。由此，我国巨大内需潜力释放不仅将有利于短期经济增长，还将成为夯实中长期经济增长的重要基础。从营销视角来看，消费结构升级，实质是消费需求从生理需求、安全需求向更高层级的社交需求、归属需求、自我实现需求升级，是消费逻辑从强调性价比的价格逻辑向强调体验的价值逻辑转型。"这是一个最好的时代"，因为互联网、数字化的赋能，天天都在上演"草根逆袭"的一幕；"这也是一个最坏的时代"，因为互联网思维的渗透，行业边界正在逐渐消融，时时面临"跨界打劫"的尴尬。

传统的营销理论框架是否适应日新月异的实践变化？现有的营销观点是否受到专业交叉融合的挑战？带着这些思考以及大批忠实读者的建议，我们开启了本教材的编写与修订工作，前后历时三年。

山再高，往上攀，总能登顶；路再长，走下去，定能到达。书稿的完成不是句号，我们对市场营销的思考将永不停歇。

在本教材的写作和修订过程中，要特别感谢中南财经政法大学工商管理学院的同人们，感谢营销管理专业研究生高翔威、蒲虹竹、王宜凡、国际商务专业研究生程鑫燕等。他们不同程度地参与了本教材的写作、资料收集和讨论。尽管我们对本教材的内容进行了多次修改，但不足之处在所难免。诚恳地欢迎广大营销管理理论和实践工作者批评指正，欢迎读者提出宝贵的意见。

编者

2023 年 1 月于中南财经政法大学